Honrath - Die New York Poets und die Bildende Kunst

EPISTEMATA

WÜRZBURGER WISSENSCHAFTLICHE SCHRIFTEN

Reihe Literaturwissenschaft

Band 118 — 1994

Barbara Honrath

Die New York Poets
und die Bildende Kunst

Königshausen & Neumann

Umschlagabbildung: Ölskizze "Wave" von Barbara Guest / Mary Abbott

Die Deutsche Bibliothek — CIP-Einheitsaufnahme

Honrath, Barbara:
Die New York poets und die bildende Kunst / Barbara
Honrath. – Würzburg : Königshausen und Neumann, 1994
 (Epistemata : Reihe Literaturwissenschaft ; Bd. 118)
 Zugl.: Bonn, Univ., Diss., 1992
 ISBN 3-88479-872-3
NE: Epistemata / Reihe Literaturwissenschaft

D 5

© Verlag Königshausen & Neumann GmbH, Würzburg 1994
Umschlag: Hummel / Homeyer, Würzburg
Druck: Verlag Königshausen & Neumann, GmbH
Gedruckt auf säurefreiem, alterungsbeständigem Papier
Bindung: Rimparer Industriebuchbinderei GmbH
Printed in Germany
ISBN 3-88479-872-3

VORBEMERKUNG

Die vorliegende Arbeit wurde im Januar 1992 an der Rheinischen Friedrich-Wilhelms-Universität Bonn als Dissertation eingereicht. Während der Auseinandersetzung mit meinem Forschungsprojekt habe ich vielfältige Unterstützung empfangen. Besonders dankbar bin ich dafür, daß mir Barbara Guest, Kenneth Koch und James Schuyler in persönlichen Gesprächen überaus freundlich und offen zahlreiche wichtige Informationen und Anregungen vermittelt haben. Auch John Ashbery war zu einem Gespräch über sein Werk bereit, doch leider hielt er sich während meiner Besuche in New York immer gerade an anderen Orten auf. Darüber hinaus konnte ich mit den folgenden Malern und Kunsthistorikern höchst informative Gespräche über die New York School führen: Mary Abbott, Dore Ashton, Ann E. Gibson, Fay Lansner, Larry Rivers und Irving Sandler. Sehr hilfreich bei meinen kunsthistorischen Recherchen waren außerdem mehrere Mitarbeiter des Museum of Modern Art in New York, insbesondere Clive Phillpot und seine Kollegen in der MoMA-Bibliothek sowie Kathleen Stavin vom Prints and Drawings Department. Bei der Beschaffung von amerikanistischer Fachliteratur haben mich vor allem die Mitarbeiter des John F. Kennedy-Instituts für Nordamerikastudien in Berlin, namentlich John Muirhead, sachkundig unterstützt.

Zu besonderem Dank verpflichtet bin ich auch Lothar Hönnighausen und Frank J. Kearful von der Universität Bonn, die diese Untersuchung von Anfang an mit großem Interesse und Engagement begleitet haben. Ganz wesentliche und unverzichtbare Beiträge zum Zustandekommen dieser Arbeit haben darüber hinaus jene Freunde geleistet, die einzelne Aspekte meiner Dissertation mit mir diskutiert und konstruktive Kritik an bestimmten Teilen des Manuskripts geübt haben: Christa Buschendorf, David Constantine, Ulla Hans, Kirsten Kramer, Mary Orr und Richard Sheppard. Sehr dankbar bin ich nicht zuletzt für die geduldige technische Hilfe meines Bruders, Henning Honrath, sowie für die verständnisvolle Ermutigung durch meine Eltern, Kurt und Ingeborg Honrath, denen die vorliegende Untersuchung gewidmet ist.

Freiburg, im Juni 1993   Barbara Honrath

INHALTSVERZEICHNIS

ABKÜRZUNGEN

AC: F. O'Hara, *Art Chronicles 1954-1966*, New York 1975

AG: J. Ashbery, *April Galleons*, New York 1987

AL: K. Koch, *The Art of Love*, New York 1975

AN: *Art News*

AWK: J. Ashbery, *As We Know*, New York 1979

BMA: K. Koch, *The Burning Mystery of Anna in 1951*, New York 1979

BS: B. Guest, *The Blue Stairs*, New York 1968

CFM: B. Guest, *The Countess from Minneapolis*, Providence, R.I. 1976

CL: J. Schuyler, *The Crystal Lithium*, New York 1972

CP: F. O'Hara, *The Collected Poems*, ed. D. Allen, New York 1971

DDS: J. Ashbery, *The Double Dream of Spring*, New York 1970

DN: K. Koch, *Days and Nights*, New York 1982

FC: J. Ashbery, *Flow Chart*, New York 1991

FD: J. Schuyler, *A Few Days*, New York 1985

FE: J. Schuyler, *Freely Espousing*, New York 1969

FR: B. Guest, *Fair Realism*, Los Angeles 1989

HB: J. Schuyler, *The Home Book: Prose and Poems, 1951-1970*, ed. T. Winkfield, Calais, Vt. 1977

HD: J. Ashbery, *Houseboat Days*, New York 1977

HL: J. Schuyler, *Hymn to Life*, New York 1974

MM: B. Guest, *Moscow Mansions*, New York 1973

MP: J. Schuyler, *The Morning of the Poem*, New York 1980

NYHT: *New York Herald Tribune*, Paris edition

OE: K. Koch, *On the Edge: Poems*, New York 1986

P: B. Guest, *Poems: The Location of Things, Archaics, The Open Skies*, Garden City, N.Y. 1962

PP: K. Koch, *The Pleasures of Peace and Other Poems*, New York 1969

RM: J. Ashbery, *Rivers and Mountains*, New York 1966

10

RS: J. Ashbery, *Reported Sightings: Art Chronicles, 1957-1987*, ed. D. Bergman, New York 1989

SE: K. Koch, *Seasons on Earth*, New York 1987

ShT: J. Ashbery, *Shadow Train*, New York 1981

SP: J. Ashbery, *Self-Portrait in a Convex Mirror*, New York 1975

SSW: F. O'Hara, *Standing Still and Walking in New York*, ed. D. Allen, San Francisco 1983

ST: J. Ashbery, *Some Trees*, New York 1956

TCO: J. Ashbery, *The Tennis Court Oath*, Middletown, Conn. 1962

TP: J. Ashbery, *Three Poems*, New York 1972

TY: K. Koch, *Thank You and Other Poems*, New York 1962

W: J. Ashbery, *A Wave*, New York 1984

WS: K. Koch, *When the Sun Tries to Go On*, Los Angeles 1969

1. EINLEITUNG

> The last ten years have seen American composers, painters and poets assuming leading roles in the world of international art to a degree hitherto unexpected. Led by the painters, our whole cultural milieu has changed and is still changing. The "climate" for receptivity to the new in art has improved correspondingly, and one of the most important aspects of this change has been the inter-involvement of the individual arts with one another. [...] The influence of esthetic ideas has also been mutual: the very extremity of the differences between the arts has thrown their technical analogies into sharp relief. (1)

Diese Bemerkungen bilden die Einleitung zu einem 1961 entstandenen Essay, den der Dichter Frank O'Hara (1926-1966) dem befreundeten Komponisten Morton Feldman widmete. O'Hara faßt hier sehr prägnant einige wesentliche Tendenzen der amerikanischen Kunst nach 1945 zusammen. Er weist darauf hin, daß in den fünfziger Jahren von der amerikanischen Kunst vielfältige international richtungweisende Impulse ausgingen, hebt hervor, daß innerhalb der Avantgarde die Maler eine Führungsrolle übernahmen, und erwähnt, daß es in dieser Periode radikaler Neuerungen zu einem zuvor ungekannten wechselseitigen Austausch zwischen den einzelnen Künsten kam. O'Hara war nicht bloß ein passiver Beobachter dieser sich hauptsächlich in New York vollziehenden Entwicklungen, sondern er hat als Dichter sowie als Kunstkritiker und Museumskurator aktiv dazu beigetragen, daß in der amerikanischen Kunst nach dem Zweiten Weltkrieg neue Maßstäbe gesetzt wurden. Ähnliches gilt auch für verschiedene andere New Yorker Lyriker, die in den fünfziger Jahren ihre schriftstellerische Laufbahn begannen und die man vielfach - in Anlehnung an die Malerei (2) - als New York School oder New York Poets bezeichnet.

Die New York Poets, zu denen neben O'Hara im allgemeinen noch John Ashbery (*1927), Barbara Guest (*1920), Kenneth Koch (*1925) und James Schuyler (1923-1991) gerechnet werden (3), bilden zwar keine Schule in dem Sinne, daß sie einem klar

---

(1) F. O'Hara, "New Directions in Music: Morton Feldman", *SSW*, 115.
(2) Vgl. *The Poets of the New York School*, ed. J.B. Myers, Philadelphia 1969, hier bes. 7-9.
(3) In der Sekundärliteratur besteht allerdings im Hinblick auf die Frage, welche Dichter im einzelnen zu den New York Poets gerechnet werden sollen, eine gewisse Uneinheitlichkeit. Ashbery, Koch und O'Hara werden auf jeden Fall erwähnt, Guest und / oder Schuyler kommen in den meisten Quellen hinzu, und außerdem wird mitunter Edwin Denby zu den New York Poets in einem engeren - das heißt, nicht nur rein geographischen - Sinne gezählt. Ich verzichte darauf, Denby miteinzubeziehen, weil er sich eher als Tanzkritiker denn als Dichter hervorgetan hat und weil sein Oeuvre auch wesentlich weniger umfangreich ist als das der anderen genannten Lyriker. In einigen wenigen Studien wird der Begriff "New York Poets" auf eine Reihe jüngerer Dichter ausgedehnt, die sich an den oben aufgeführten Lyrikern - die alle in den zwanziger Jahren geboren wurden - orientiert haben. Vgl. *An Anthology of NEW YORK POETS*, ed. R. Padgett / D. Shapiro, New York 1970; R. Berke, *Bounds Out of Bounds: A Compass for Recent American and British Poetry*, New York 1981, Kap. 6: "Neon in Daylight'": The New York Poets", 90-106; J. Cott, "The New American Poetry", in: *The New American*

umrissenen gemeinsamen Programm folgen, doch sie teilen einige ästhetische Grundvorstellungen, die sie zur gleichen Zeit am gleichen Ort entwickelt haben. Und vor allem
zu Beginn ihrer Karriere standen sie nicht nur miteinander in engem Kontakt, sondern sie
pflegten zugleich einen intensiven Gedankenaustausch mit den Musikern und besonders
den Malern und Bildhauern ihrer Zeit. Frank O'Hara ist daher nicht der einzige, der
explizit auf die vielfältigen Verbindungen zwischen New Yorker Lyrik und Malerei
aufmerksam gemacht hat. Auch die anderen New York Poets haben verschiedentlich zum
Ausdruck gebracht, daß ihnen die Auseinandersetzung mit der bildenden Kunst wichtige
Anregungen vermittelt habe. James Schuyler etwa schreibt 1959 in einem "Poet and
Painter Overture" betitelten Text:

> New York poets, except I suppose the color blind, are affected most by
> the floods of paint in whose crashing surf we all scramble.
> Artists in any genre are of course drawn to the dominant art movement in
> · the place where they live; in New York it is painting. [...] In New York the art
> world is a painters' world; writers and musicians are in the boat, but they don't
> steer. (4)

John Ashbery stellt 1976 in einem Gespräch mit Richard Kostelanetz fest: "We were all
young and ambitious then. American painting seemed the most exciting art around.
American poetry was very traditional at that time, and there was no modern poetry in the
sense that there was modern painting. So one got one's inspiration and ideas from
watching the experiments of others." (5) Und Kenneth Koch bemerkt 1979 in einem
Interview: "We three poets [=Ashbery, Koch, O'Hara] and certain painters like Larry
Rivers and Jane Freilicher seemed to find each other because we were excited in the
same way about similar things. [...] So there was a common feeling, as much as there
was influence. Also, the painters were our social world." (6)

Angesichts solcher Selbst-Kommentare nimmt es nicht wunder, daß es auch in
der Sekundärliteratur zu den New York Poets etliche Hinweise auf die

---

Arts, ed. R. Kostelanetz, New York 1965, 117-161, bes. 137-154; C. Friedman, *The
New York School of Poetry*, Ph.D. diss. Columbia University, New York 1984; D.
Hoffman, "Poetry: Schools of Dissidents", in: *Harvard Guide to Contemporary
American Writing*, ed. ders., Cambridge, Mass. / London 1979, 496-563, bes. 553-563;
S. Fauchereau, *Lecture de la poésie américaine*, Paris 1968, bes. 247-255; S. Koch,
"The New York School of Poets: The Serious at Play", *The New York Times Book
Review*, 11.2.1968, 4f.; K. Malkoff, *Crowell's Handbook of Contemporary American
Poetry*, New York 1973, bes. 22-25; *Poets of the New York School*.
(4) In: *The New American Poetry*, ed. D.M. Allen, New York / London 1960, 418. Als
er in einem Interview aus dem Jahre 1985 auf die zitierte Aussage angesprochen wird,
macht Schuyler freilich die folgende Einschränkung: "I guess I believed that at that time.
It doesn't seem so true to me now." (M. Hillringhouse, "James Schuyler: An Interview",
The American Poetry Review 14, March / April 1985, 10)
(5) R. Kostelanetz, *The Old Poetries and the New*, Ann Arbor 1981, 92.
(6) D. Spurr, "An Interview with Kenneth Koch", *Contemporary Poetry* 3, Winter 1978,
8.

Wechselbeziehungen zwischen New Yorker Lyrik und bildender Kunst gibt. Diese Hinweise sind jedoch sehr verstreut, da es bislang nur relativ wenige - außerdem fast immer recht summarische - Überblicksdarstellungen zu den New York Poets gibt. Kommentare zu Verbindungen zwischen New Yorker Dichtung und Malerei finden sich also vornehmlich in den einzelnen Lyrikern gewidmeten Studien. Sie sind freilich von sehr unterschiedlicher Qualität, was schon allein daher rührt, daß die verschiedenen New York Poets eine höchst ungleichmäßige Rezeption erfahren haben. Die Sekundärliteratur zu Frank O'Hara und vor allem zu John Ashbery ist mittlerweile sehr umfassend und vielfältig und enthält daher auch einige aufschlußreiche Bemerkungen zu den Wechselbeziehungen zwischen der Lyrik dieser beiden Schriftsteller und der bildenden Kunst. Die Dichtung von Barbara Guest, Kenneth Koch und James Schuyler dagegen ist bisher generell auf eine vergleichsweise schwache Resonanz gestoßen, und so liefern die entsprechenden Studien auch nur wenige, überdies zumeist oberflächliche Informationen, was das Verhältnis dieser Dichter zur Malerei angeht. Dennoch: insgesamt ist das Thema der Verbindungen zwischen New Yorker Dichtern und Malern bereits des öfteren angeschnitten worden, und deshalb möchte ich zunächst einen Überblick über den gegenwärtigen Forschungsstand vermitteln, bevor ich meine eigenen Ziele formuliere. Es erscheint mir freilich sinnvoll, mich in erster Linie auf die Sekundärliteratur zu Frank O'Hara und zu John Ashbery sowie auf die kleine Zahl der bis heute veröffentlichten übergreifenden Studien zu konzentrieren. Denn die Anspielungen auf die bildende Kunst, denen man in den Aufsätzen über Barbara Guest, Kenneth Koch und James Schuyler begegnet, sind, wie gesagt, in der Regel weder quantitativ noch qualitativ besonders bemerkenswert. Nur in einem Essay wird die Bedeutung der Malerei für das Schaffen eines dieser drei Dichter etwas genauer erörtert: Brooke Horvath trägt in seinem Aufsatz "James Schuyler's Early Art Criticism and the Poetics of Action Poetry" (7) einige sich um die "notion of art as activity" (8) drehende Zitate aus Schuylers kunstkritischen Texten zusammen, stellt diesen ein paar Auszüge aus Harold Rosenbergs Essay "The American Action Painters" gegenüber und skizziert, ausgehend von kurzen Gedichtanalysen, inwiefern er Schuylers Lyrik als "Action Poetry" ansieht. Horvath gelangt, wenngleich er Rosenbergs Einfluß auf die Literatur wohl überschätzt, zu einleuchtenden Einzelergebnissen, die aber, wie er auch selbst am Ende seines Aufsatzes unterstreicht, einer Ergänzung und Vervollständigung bedürfen.

---

(7) *Denver Quarterly* 24, Spring 1990, 53-68.
(8) Ibid., 56.

1.1. Der Stand der Forschung

1.1.1. Die Sekundärliteratur zu Frank O'Hara

In den Essays und Monographien über Frank O'Hara findet man schon deshalb recht zahlreiche Hinweise auf die bildende Kunst, weil der Dichter von 1955 bis zu seinem Tode im Jahre 1966 am Museum of Modern Art arbeitete und sich infolgedessen in noch größerem Umfang als die anderen New York Poets mit der Malerei beschäftigte. In etlichen Studien, seien es nun knappe Buchrezensionen oder ausführliche Monographien, wird daher zumindest stichwortartig auf die Bedeutung der bildenden Kunst im Alltagsleben O'Haras aufmerksam gemacht. Im Rahmen dieser Aussagen zur Biographie des Dichters werden auch gelegentlich seine kunstkritischen Schriften und seine Gemeinschaftsprojekte mit Malern erwähnt, aber nur sehr selten eingehender kommentiert (9). Eine erfreuliche Ausnahme bildet in dieser Hinsicht lediglich Marjorie Perloffs Studie *Frank O'Hara: Poet Among Painters* (New York 1977): Perloff arbeitet eine Reihe inhaltlicher und stilistischer Kennzeichen der kunstkritischen Texte des Dichters heraus und beschreibt verschiedene Beispiele der zusammen mit Malern hervorgebrachten Werke, insbesondere einige mit Norman Bluhm gestaltete *Poempaintings* und mehrere Blätter der von O'Hara und Larry Rivers geschaffenen Lithographie-Serie *Stones* (10). Die *Stones* werden freilich auch in diversen anderen Untersuchungen besprochen (11).

Darüber hinaus gibt es in der Sekundärliteratur etliche Hinweise auf Ähnlichkeiten zwischen den Werken oder künstlerischen Grundprinzipien von Frank O'Hara auf der einen und verschiedenen Malern auf der anderen Seite. Abgesehen von einigen wenigen Verweisen auf die Pop-art, die freilich schon wegen ihrer Kürze nicht sehr signifikant sind (12), bezieht sich die überwiegende Mehrheit dieser Vergleiche auf eine Reihe von Künstlern, die zu den Repräsentanten des Abstrakten Expressionisten gehören oder zumindest von dieser sich nach dem Zweiten Weltkrieg vornehmlich in New York herausbildenden Kunstrichtung beeinflußt wurden. Man gewinnt allerdings

---

(9) Besonders aufschlußreiche biographische Informationen vermitteln die Texte, die in der von Bill Berkson und Joe LeSueur herausgegebenen Anthologie *Homage to Frank O'Hara*, Berkeley 1980, zusammengetragen worden sind.
(10) Vgl. die Abschnitte "'Sitting in a corner of the gallery'" und "Poem-paintings", 86-96 bzw. 96-112.
(11) Besonders detaillierte Ausführungen enthält: H. Koriath, *Larry Rivers: Bildende Kunst in Beziehung zur Dichtung Frank O'Haras*, Frankfurt/Main etc. 1990, 149-171.
(12) Vgl. C. Altieri, *Enlarging the Temple: New Directions in American Poetry in the 1960s*, Lewisburg / London 1980, 109, 111; *Lesarten: Gedichte, Lieder, Balladen*, ausgew. u. kommentiert v. U. Krechel, Darmstadt / Neuwied 1982, 172.

den Eindruck, daß die Kritiker oft mehr oder weniger willkürlich ein paar wichtige Namen fallen lassen, dabei unter Umständen in einem Atemzug so unterschiedliche Maler wie zum Beispiel Jackson Pollock und Mark Rothko erwähnen und somit nicht differenziert genug überlegen, mit welchen bildenden Künstlern O'Hara tatsächlich bestimmte Dinge gemeinsam hat. Hinzu kommt, daß es sich bei den meisten Vergleichen mit einzelnen Abstrakten Expressionisten um impressionistische Aperçus oder Pauschalurteile handelt, die nicht weiter begründet oder erläutert werden. Besonders zahlreiche und zugleich besonders eklatante Beispiele für solche nicht näher präzisierten Vergleiche finden sich, wie die folgende Auswahl illustrieren mag, ausgerechnet in dem so vielversprechend klingenden Aufsatz "Rapports de style dans l'oeuvre de Frank O'Hara: de la poésie à la peinture" von Régine Lussan (13):

> [...] dans cette volonté de se raconter, les mots se bousculent, les détails se retrouvent comme dans les peintures de Grace Hartigan qui s'efforce de les y retenir. [...] Après avoir déclaré que sa force est dans le mouvement, le poète veut préserver, "little oases in case the heart gets thirsty en route". Comme dans certaines peintures de Newman et de Rothko, "le pouvoir émotif découlera de la monotonie et du statisme", selon l'expression de Serge Fauchereau. [...]On peut rapprocher une situation passionnelle extrême qui est immobilité [...] de cette sorte d'équilibre affectif que O'Hara retrouve dans l'Art en noir et blanc de Franz Kline, dans les moments où la pesanteur cesse comme le poète lui-même l'écrit dans son essai *Nature and New painting*. (14)

Diese und ähnliche Vergleiche zwischen O'Haras Lyrik und der bildenden Kunst lösen zwar vielleicht bei manchen gut mit dem Schaffen der jeweiligen Maler vertrauten Lesern recht anregende Assoziationen aus, aber in der Form, wie Lussan sie verwendet, das heißt, ohne jede Konkretisierung oder Erklärung, sind sie viel zu vage, als daß sie einen ergiebigen Beitrag zum Verständnis der Affinitäten zwischen O'Hara und verschiedenen bildenden Künstlern leisten könnten.

Nicht alle eher beiläufigen Anspielungen auf Parallelen zwischen O'Haras Lyrik und der Malerei erweisen sich indes als so wenig aussagekräftig wie die soeben zitierten Beispiele. So halte ich es etwa für durchaus erhellend, wenn Richard Howard bestimmte Gedichte - er nennt in diesem Zusammenhang unter anderem den Text "In Memory of My Feelings" - mit einem aus der Kunstwissenschaft übernommenen Begriff als "over-all poems" bezeichnet und hinzufügt: "the energy is distributed in a pattern of looping enunciations, without linear impulse or accumulated tension, but rather with the obsessive ubiquity of a Pollock drip painting" (15). Gewiß, auch dieser Kommentar hätte noch besser fundiert werden können, aber er vermittelt einen durch den kurzen Vergleich mit

(13) *Révue française d'études américaines* 7, 1982, 395-410.
(14) Ibid., 399, 402f.
(15) R. Howard, *Alone in America: Essays on the Art of Poetry in the United States since 1950*, enlarged ed., New York 1980, 472.

Pollock um so lebhafteren ersten Eindruck von der nicht-linearen Grundstruktur vieler O'Hara-Gedichte.

Neben einer relativ großen Zahl mehr oder minder oberflächlicher Randbemerkungen gibt es immerhin auch ein paar detailliertere Ausführungen zum Thema der Analogien zwischen Frank O'Haras Lyrik und der bildenden Kunst. Anthony Libby zum Beispiel macht die folgende These zum Ausgangspunkt seines recht instruktiven Aufsatzes "O'Hara on the Silver Range": "Visualizing O'Hara as an Action Painter operating in essentially abstract realms leads not only to a sense of the richness of his trivia but to the depths in his deliberately flat surfaces." (16) Libby argumentiert, daß O'Hara ebenso wie die Action-painters das Kunstwerk als "action-happening-now" (17) verstanden, will sagen, versucht habe, so spontan wie möglich die sich im Prozeß des Schreibens entfaltenden Wahrnehmungen, Gedanken und Assoziationen festzuhalten. Dabei habe der Lyriker häufig nicht nur ganz disparate Einzelheiten in seine Gedichte aufgenommen, sondern diese auch teilweise so fragmentarisch wiedergegeben, daß der Leser sich mit "a flicker of half-formed images" (18) ohne "explicable meaning" (19) konfrontiert sehe. Libby veranschaulicht diese Behauptungen, indem er eine Reihe von O'Hara-Texten mit Gemälden von Willem de Kooning und Jackson Pollock vergleicht. Diese Gegenüberstellungen sind auch meistens durchaus plausibel, doch Libby betrachtet primär diverse von einer surrealen Bildlichkeit geprägte Texte wie "Easter" oder "Second Avenue". Die vielen sehr direkt und unzweideutig auf das Alltagsleben O'Haras Bezug nehmenden Gedichte, die im Oeuvre dieses New York Poet eine wenigstens ebenso wichtige Rolle spielen und für deren Interpretation Libbys Ansatz nicht unbedingt fruchtbar wäre, läßt er weitgehend außer acht.

Eine andere Studie zur Lyrik Frank O'Haras, die unter anderem die Beziehungen zur bildenden Kunst näher beleuchtet, ist das diesem Dichter gewidmete Kapitel in James E.B. Breslins Untersuchung *From Modern to Contemporary: American Poetry, 1945-1965* (Chicago / London 1984) (20). Anders als Libby und auch fast alle übrigen Literaturwissenschaftler, die sich mit O'Hara beschäftigt haben, hebt Breslin gleich zu Beginn seines Aufsatzes zu Recht hervor: "it is not as if the visual arts offered a simple, fixed reference point to which we can relate - and by means of which we can unlock - O'Hara's work. His taste in painting and sculpture was eclectic." (21) Dementsprechend

---

(16) *Contemporary Literature* 17, 1976, 241.
(17) Ibid., 255.
(18) Ibid., 245.
(19) Ibid., 251.
(20) Die zentralen Thesen dieses Kapitels werden in verkürzter Form auch in einem Aufsatz dargelegt, den Breslin in einem Kunstbuch veröffentlicht hat: "Frank O'Hara, Popular Culture, and American Poetry in the 1950s", in: S. Stich, *Made in U.S.A.: An Americanization in Modern Art, The 50's and 60's*, Berkeley etc. 1987, 212-219.
(21) Breslin, *American Poetry*, 212.

weist er im Rahmen einer Analyse des Gedichts "Why I Am Not a Painter" zunächst darauf hin, daß sich im Hinblick auf den jeweiligen Schaffensprozeß interessante Parallelen
zwischen O'Hara und den Abstrakten Expressionisten feststellen lassen. Kurz darauf
arbeitet er dann an Hand des Textes "On Seeing Larry Rivers' *Washington Crossing the
Delaware* at the Museum of Modern Art" prägnant heraus, inwiefern der Dichter auch
viel gemeinsam hat mit einem Maler wie Larry Rivers, der zwar am Anfang seiner
Laufbahn wesentliche Impulse vom Abstrakten Expressionismus empfing, sich aber
schon bald in mehrerlei Hinsicht davon distanzierte. Letzteres erläutert Breslin vor allem,
eine Formulierung von O'Hara selbst aufgreifend, am Beispiel der sowohl für diesen
Lyriker als auch für Künstler wie Rivers charakteristischen "'fluctuation between figurative absence and abstract presence'" (22). Breslins Kommentare zu den Korrelationen
zwischen der Dichtung O'Haras und den Werken bestimmter Maler zeichnen sich also
nicht nur durch eine verhältnismäßig große Differenziertheit aus, sondern werden auch
stichhaltig exemplifiziert und vermitteln deshalb - wiewohl sie noch erheblich erweitert
und gleichzeitig vertieft werden können - mannigfaltige Anregungen.

Aufschlußreiche Ansätze zu einer Erörterung der Frage, inwiefern Frank O'Hara
von der bildenden Kunst inspiriert wurde, enthält ferner die bereits in einem anderen
Kontext erwähnte Monographie von Marjorie Perloff. Ähnlich wie Breslin konstatiert die
Autorin, O'Hara sei einerseits beeinflußt worden von: "such major concepts of Abstract
Expressionism as 'push and pull,' 'all-over painting' (composition as continuum with no
beginning or end), and Harold Rosenberg's famous observation that in Action Painting
the canvas becomes an arena upon which to *act* rather than a space in which to
reproduce." (23) Andererseits, so Perloff, bekunden seine Gedichte "a certain
ambivalence to the great Abstract Expressionists", denn: "he was really more at home
with painting that retains at least some figuration than with pure abstraction." (24) Diese
meines Erachtens zutreffenden Aussagen werden jedoch leider nicht genauer ausgeführt.
Auch gibt Perloff lediglich sehr knappe Definitionen der von ihr genannten zentralen
Konzepte des Abstrakten Expressionismus, da sie durchweg auf detailliertere
Kommentare zur Kunstauffassung oder zu einzelnen Werken bestimmter Maler
verzichtet. Vielmehr berührt sie die bildende Kunst meist nur in Form von so
stichwortartigen Verweisen wie zum Beispiel: "Like an action painting, 'Music' presents
the poet's act of coming to awareness rather than the results of that act." (25) Das heißt:
Perloff bringt, was das Verhältnis von O'Haras Lyrik zur Malerei angeht, interessante
Forschungsansätze zum Ausdruck, doch sie beschränkt sich eben wirklich auf die Ver-

---

(22) Ibid., 230.
(23) Perloff, *Poet Among Painters*, 85.
(24) Ibid.
(25) Ibid., 124.

balisierung von *Ansätzen* und bemüht sich nicht um eine Entwicklung und Ausarbeitung dieser Ansätze.

Abschließend möchte ich noch auf eine in erster Linie kunsthistorische Dissertation aufmerksam machen, in der zugleich verschiedene Wechselbeziehungen zwischen der Lyrik Frank O'Haras und dem Werk von Larry Rivers eine wichtige Rolle spielen (26). Unter anderem beschreibt die Verfasserin, Helen Koriath, einige für O'Hara und Rivers gleichermaßen charakteristische Stilmittel, wobei sie es freilich, da sie die beiden Künstler getrennt betrachtet, dem Leser überläßt, die diesbezüglichen Analogien zu erkennen. Der Schwerpunkt ihrer Untersuchung liegt jedoch auf der Erörterung diverser sowohl von O'Hara als auch von Rivers behandelter Motive und Themen ("Berdie"; Heldenbilder und Klischeevorstellungen; New York). Dieser Approach ist durchaus originell, aber die Resultate scheinen mir nicht immer vollständig überzeugend; zum Beispiel stellt Koriath meiner Meinung nach nicht klar genug heraus, daß die von ihr betrachteten Inhalte zum Teil für den Dichter eine andere Bedeutung hatten als für den Maler.

1.1.2. Die Forschungsliteratur zu John Ashbery

Über John Ashbery, den bekanntesten und wohl auch bedeutendsten New York Poet, gibt es zwar eine besonders umfangreiche und ganz unterschiedliche Facetten seines Schaffens beleuchtende Sekundärliteratur, doch er wird seltener mit der bildenden Kunst in Verbindung gebracht als Frank O'Hara. Gleichwohl wird mehrfach erwähnt, daß Ashbery - wie sein deutscher Übersetzer Joachim Sartorius es formuliert - "ein heftiges Interesse an der Malerei" (27) hat, ja sogar selbst Maler werden wollte, bevor er sich der Lyrik zuwandte. Manche Autoren teilen dem Leser auch mit, daß der Dichter nebenher etliche kunstkritische Texte verfaßt hat. Abgesehen von David Bergmans informativer Einführung zu einer 1989 veröffentlichten Anthologie dieser Texte (28) liegen indes keine nennenswerten Kommentare zu Ashberys Kunstkritik vor.

---

(26) S. Anm. 11.
(27) J. Sartorius, "Was in unseres Kopf alles los ist: die Diskurse eines porösen Subjekts", in: J. Ashbery, *Selbstporträt im konvexen Spiegel: Gedichte 1956-1977*, aus d. Amerikan. v. C. Cooper u. J. Sartorius, München 1977, 117.
(28) D. Bergman, "Introduction", *RS*, xi-xxiii.

Ähnlich wie wir es bereits in den Studien zur Lyrik Frank O'Haras kennengelernt haben, handelt es sich bei der Mehrheit der Anspielungen auf die bildende Kunst um knappe Vergleiche, in denen Ashbery vornehmlich mit verschiedenen Abstrakten Expressionisten assoziiert wird. So ist etwa Wolfgang Karrer der Ansicht: "'Leaving the Atocha Station' ist [...] eine Art 'action painting' Pollocks oder Rothkos: Kreation und Kunstwerk fallen zusammen." (29) Dieser impressionistische Kommentar ist schon deshalb unbefriedigend, weil Mark Rothko nicht zu den Action-painters gehört. Ein anderes Beispiel für nicht gerade aussagekräftige Kurzvergleiche mit der Malerei liefert Alan Williamsons nicht weiter begründete These, die für den Band *The Tennis Court Oath* typische Collagetechnik gleiche "the mode of modern painting, from the Cubists to De Kooning, in which representational areas are interrupted or even interpenetrated by purely abstract areas." (30) Diese und ähnliche Bemerkungen sind zwar nicht unbedingt falsch, aber viel zu oberflächlich und unspezifisch, als daß sie wesentliche Verständnishilfen bieten könnten. Dies gilt auch für einige en passant gezogene Vergleiche, die sich nicht auf Abstrakte Expressionisten, sondern auf andere Künstler beziehen, wie etwa die beiden folgenden Verweise auf Robert Rauschenberg dokumentieren: "'Daffy Duck in Hollywood' [...] exhibits the poet at his wackiest, complete with a catalogue straight from [...] a Rauschenberg 'combine'" (31) und: "Following the lead of the painter Robert Rauschenberg, Ashbery admits everything into 'Europe': [...] Like the pieces of a painter's collage, the words refer to themselves and to the 'idea' of collage." (32)

Von den wenigen Studien, die sich um eine detailliertere Betrachtung der Analogien zwischen Ashberys Lyrik und der bildenden Kunst bemühen, sei als erstes Jonathan Holdens Aufsatz "Syntax and the Poetry of John Ashbery" vorgestellt (33). Holden geht aus von der Behauptung: "syntax in writing is the equivalent of composition in painting" und der damit verknüpften Annahme: "each *sentence* is analogous to a brushstroke (or to any discrete gesture) recorded in paint on a canvas" (34). Seine zentrale These lautet nun, daß der "Inhalt" - Holden verwendet das Wort "content" immer mit Anführungsstrichen - der Sätze eines Ashbery-Gedichts dem "Inhalt" der Pinselstriche in einem abstrakt-expressionistischen Gemälde gleiche. Er argumentiert, daß sowohl die Lyrik John Ashberys als auch die Bilder Willem de Koonings - andere

(29) W. Karrer, "Sein und Sehen in John Ashberys 'Leaving the Atocha Station'", in: *Tradition und Innovation in der englischen und amerikanischen Lyrik des 20. Jahrhunderts: Arno Esch zum 75. Geburtstag*, ed. K.J. Höltgen et al., Tübingen 1986, 168.
(30) A. Williamson, *Introspection and Contemporary Poetry*, Cambridge, Mass. / London 1984, 120.
(31) R. Miklitsch, "John Ashbery", *Contemporary Literature* 21, 1980, 131.
(32) R. Richman, "Our 'Most Important' Living Poet", *Commentary* 74, July 1982, 64.
(33) Dieser erstmals 1979 veröffentlichte Aufsatz konstituiert in leicht veränderter Form das sechste Kapitel von Holdens Buch *The Rhetoric of Contemporary Lyric*, Bloomington 1980, 98-111.
(34) Ibid., 99.

Abstrakte Expressionisten werden nicht erwähnt - den Rezipienten mit "a gestalt that is recognizable without reference to a specific context" (35), das heißt, mit einem einerseits ganz vertraut anmutenden, andererseits aber vollkommen ungreifbaren "Inhalt" konfrontierten. Diese Spannung wird am Beispiel von Ashberys "Evening in the Country" recht anschaulich illustriert, doch die korrespondierenden Erläuterungen zur Malerei sind sehr summarisch und daher weniger instruktiv.

Es ist aber meines Erachtens sehr fraglich, ob die von Holden richtig erfaßte Tatsache, daß die Werke von John Ashbery und Willem de Kooning jeweils eine Bedeutung haben, die sich nie endgültig festmachen läßt, wirklich die Schlußfolgerung beziehungsweise Begründung erlaubt, daß einzelne Sätze den gleichen "Inhalt" hätten wie einzelne Pinselstriche. Mir scheint vielmehr, daß Holden aus einer richtigen Beobachtung einen unpassenden Vergleich ableitet, unpassend deshalb, weil malerische Gesten eine andere Struktur haben als Sätze. Darüber hinaus halte ich es für problematisch, daß Holden seine sehr pauschal formulierte Überzeugung "John Ashbery is the first American poet to carry out successfully the possibilities of analogy between poetry and abstract-expressionist painting" (36) lediglich auf eine Gegenüberstellung von John Ashbery und Willem de Kooning stützt, alle anderen Abstrakten Expressionisten also völlig außer acht läßt.

Differenzierter ist da schon Leslie Wolfs Aufsatz "The Brushstroke's Integrity: The Poetry of John Ashbery and the Art of Painting" (37). Wolf geht am Anfang seiner Studie kurz auf "the presence of painting as 'subject matter' in Ashbery's poetry" (38) ein, konzentriert sich dann aber, ähnlich wie Holden, in erster Linie auf Analogien hinsichtlich der Kunstauffassung Ashberys auf der einen und der Abstrakten Expressionisten auf der anderen Seite. Dabei beschränkt sich auch Wolf im wesentlichen auf einen Vergleich mit Willem de Kooning, doch dieser Vergleich wird, anders als bei Holden, vorbereitet durch einen hilfreichen Überblick über die im 19. Jahrhundert beginnende Geschichte des "gradual relinquishing of 'the object'" (39) in Malerei und Lyrik. Dieser Überblick schließt nicht nur eine konzise Definition des Abstrakten Expressionismus ein, sondern auch den Hinweis auf die andernorts meist übersehene Tatsache: "The evolution we see in some painters' work [...] of painting without depiction of any kind will not find a true analogy in poetic art. The movement away from 'signification' is not entirely possible in language." (40)

---

(35) Ibid., 105.
(36) Ibid., 98.
(37) In: *Beyond Amazement: New Essays on John Ashbery*, ed. D. Lehman, Ithaca / London 1980, 224-254.
(38) Ibid., 224.
(39) Ibid., 228.
(40) Ibid., 241; vgl. auch 233.

Was nun die Parallelen zwischen den Gedichten John Ashberys und den Gemälden Willem de Koonings angeht, so stellt Wolf vor allem diese These auf: "Both Ashbery's poetry and de Kooning's painting mean to challenge our thresholds of assimilation through a deft art of suggestion and metamorphosis." (41) Dichter und Maler sind, so Wolf, nicht an einer mimetischen Reproduktion der Alltagswirklichkeit interessiert, sondern nehmen bewußt nur andeutungsweise Bezug auf die Realität, da sie das Ziel verfolgen, sich selbst und dem Rezipienten neue Dimensionen zu erschließen, "where we can move with a freedom impossible in any representational art" (42). Des weiteren hebt Wolf hervor, daß Ashbery, ebenso wie de Kooning, eine möglichst spontane Schaffensweise bevorzuge, was sich dann auch in seinen Texten widerspiegle: "The surface of his poetry, like that of [...] abstract expressionist painting [...], is striking for its freshness and unpredictability" (43). Solche allgemeinen Kommentare werden nicht nur von - freilich stets sehr knappen - Erläuterungen zu Auszügen aus Ashbery-Texten begleitet, sondern auch einmal durch eine Beschreibung des de Kooning-Gemäldes *Gotham News* ergänzt, an die eine Interpretation des Gedichts "Daffy Duck in Hollywood" anknüpft. Wolf zieht zwar nur ansatzweise einen Vergleich zwischen Text und Bild, doch immerhin macht er somit zumindest an einer Stelle den Versuch, seine theoretischen Überlegungen auch im Bereich der Malerei, und nicht nur auf dem Gebiet der Lyrik, zu konkretisieren. Resümierend können wir festhalten, daß Wolf mehrere fruchtbare Anregungen gibt, seine Kernthesen auch recht schlüssig belegt, aber insofern einen etwas begrenzten Blickwinkel hat, als er bei seinem Vergleich der Dichtung Ashberys mit der bildenden Kunst zwar den Abstrakten Expressionismus schlechthin anvisiert, dann aber nur das Oeuvre Willem de Koonings berücksichtigt.

Erwähnenswert ist schließlich noch der Aufsatz "Painting, Poetry, Abstraction, and Ashbery" von James Applewhite (44), obwohl dieser Essay, wie bereits der Titel signalisiert, sich nicht nur um das Schaffen John Ashberys dreht, sondern zugleich einige übergreifende Überlegungen zum Phänomen der Abstraktion in der Dichtung und der Malerei des 19. und vor allem des 20. Jahrhunderts behandelt. Denn bevor Applewhite auf Ashbery zu sprechen kommt, definiert er erst einmal den Begriff des Abstrakten, und danach schildert er, wie die seit der Romantik sowohl in der bildenden Kunst als auch in der Lyrik zu beobachtenden Tendenzen zur "expressiveness without explicitness" (45) in den fünfziger Jahren ihren Höhepunkt erreichten. Er skizziert, wie sich in diesem Jahrzehnt zum einen die bei allem Verzicht auf feste referentielle Bezüge sehr ausdrucksstarke Malerei der Abstrakten Expressionisten etablierte und wie zum anderen

---

(41) Ibid., 242.
(42) Ibid., 253.
(43) Ibid., 244.
(44) *The Southern Review* 24, 1988, 272-290.
(45) Ibid., 273.

verschiedene Dichter - Applewhite nennt hier neben Ashbery Theodore Roethke und Sylvia Plath - zu einer neuartigen "erosion of language's meaning-order" (46) gelangten. Diese "Erosion" wird dann am Beispiel mehrere Gedichte Ashberys genauer beschrieben und analysiert. Und gerade diese Textinterpretationen enthalten auch einige aufschlußreiche Kommentare zu der Tatsache, daß Ashberys Gedichte oft zwar sehr evokativ, aber dennoch nicht-paraphrasierbar sind, daß sie uns "tone without situation, climate without particular landscape, expression without the song" (47) vermitteln. Applewhites Bemerkungen zum Abstrakten Expressionismus erscheinen mir aber, auch wenn sie den Leser im Prinzip recht gut auf die Ausführungen zu Ashberys Dichtung vorbereiten, weniger überzeugend: der Autor stützt sich fast ausschließlich auf Texte der Kunstkritiker Clement Greenberg und Harold Rosenberg, was meiner Meinung nach zu kurz greift; man sollte noch andere Quellen - seien es kunsthistorische Untersuchungen, seien es programmatische Äußerungen der Maler selbst - heranziehen.

1.1.3. Drei übergreifende Studien zum Verhältnis der New York Poets zur Malerei

Es gibt bislang nur drei Versuche, eine über die Betrachtung einzelner Dichter hinausgehende Darstellung der Korrelationen zwischen der Lyrik der New York Poets und der bildenden Kunst ihrer Zeit vorzulegen. Als erstes ist der Aufsatz "John Ashbery and Frank O'Hara: The Painterly Poets" von Fred Moramarco zur Kenntnis zu nehmen (48). Auf einen Abriß der mannigfaltigen persönlichen Kontakte zwischen Ashbery und O'Hara und bestimmten zeitgenössischen New Yorker Malern folgt der Hauptteil des Aufsatzes, in dem Moramarco die "the esthetic relationship between their poetry and the canvases of the New York School" (49) aufzeigen möchte. Er stellt die These auf, daß die beiden Dichter, ebenso wie andere avantgardistische Lyriker ihrer Zeit, zum Beispiel Charles Olson, eine dem Action-painting vergleichbare Kunstauffassung verträten:

> Just as American painters were experiencing the exhilarating freedom of discovering the act of painting as the "event" to be captured and frozen on the canvas, American poets were discovering, in the very act of poetic composition, the subject matter of their poetry. Just as action painters were calling our attention to the basic materials of their art - paint, color, canvas - and seeing the latter as a field of action, poets began calling our attention to the basic materials

---

(46) Ibid., 282.
(47) Ibid., 285.
(48) *Journal of Modern Literature* 5, September 1976, 436-462.
(49) Ibid., 440.

of theirs - words interacting with one another to fill the white space of a page and create autonomous worlds. (50)

Nachdem er seine Kernthese formuliert hat, erläutert Moramarco zuerst, warum er Frank O'Hara, und danach, warum er John Ashbery mit der Malerei assoziiert.

Bei Frank O'Haras Lyrik fühlt er sich vor allem an das Schaffen Jackson Pollocks erinnert. Moramarco streift zwar auch ein paar "apparent affinities with Pop-Art", aber er betont: "the sense of playfulness and social satire O'Hara's poems share with Pop-Art seems to me less substantial than the 'action' involvement of the writer within the poem" (51). Und auf Grund dieses "'action' involvement" konzentriert er sich eben auf eine Gegenüberstellung O'Haras mit dem Action-painter par excellence, Jackson Pollock. Ausgangspunkt dieser Gegenüberstellung ist die an ein Zitat aus O'Haras Pollock-Monographie anknüpfende Behauptung, daß der Dichter, ähnlich wie der Maler, Kunst nicht als "'an occasion of extreme cultural concern'" ansehe, sondern sein Augenmerk auf "the hundreds of minor details which make up all of our days" richte, in seinen Texten also primär aktuelle Alltagsereignisse thematisiere: "The 'action' of O'Hara's life is in his poetry in the same way that Pollock's creative life is directly captured in his paintings." (52) Der in diesem Satz artikulierte Vergleich zwischen O'Hara und Pollock wird dann jedoch nicht genauer erklärt, sondern durch knappe Kommentare zu verschiedenen O'Hara-Gedichten abgelöst, die allenfalls höchst indirekte Anspielungen auf Pollock, das heißt, sogar wieder nur auf O'Haras Pollock-Monographie, enthalten. Lediglich im Rahmen seiner Interpretation von "The Day Lady Died" zieht Moramarco noch einmal einen - freilich sehr impressionistischen - direkten Vergleich mit Pollock: "Like Pollock's 'Blue Poles,' a painting O'Hara considered 'one of the great masterpieces of Western art,' random and frenetic activity is contrasted with luminous and perceptive sensitivity." [sic!] (53) Doch auch diesmal wird der Vergleich mit Pollock nur durch eine Abbildung des entsprechenden Gemäldes, nicht aber durch eine Begründung ergänzt. Insgesamt ist die von Moramarco vorgenommene - potentiell keineswegs uninteressante - Gegenüberstellung O'Haras mit Pollocks daher viel zu unpräzise, als daß sie schlüssig verdeutlichen würde, was diese beiden Künstler möglicherweise gemeinsam haben.

Seine - insgesamt detaillierteren - Erläuterungen zu der Dichtung John Ashberys leitet Moramarco ein mit dem Hinweis: "The painterly dimension of Ashbery's work is broader than that of O'Hara's and not limited strictly to Abstract Expressionism or Pop-Art, but incorporates a painterly sensibility drawn from various periods of art history."

---

(50) Ibid., 438.
(51) Ibid., 442f.
(52) Ibid., 441.
(53) Ibid., 444.

(54) Diese Aussage ist zwar vom Ansatz her nicht ganz falsch, hat aber deshalb einen nur geringen Informationswert, weil der Autor so vage Begriffe wie "painterly dimension" und "painterly sensibility" verwendet. Sprachlich oder inhaltlich sehr vage sind auch etliche andere Bemerkungen, in denen Ashberys Lyrik in der einen oder anderen Form mit der Malerei in Verbindung gebracht wird. So halte ich es zum Beispiel für wenig erhellend, wenn Moramarco das Gedicht "The Instruction Manual" mit so blumigen Beschreibungen bedenkt wie: "His vision of Guadalajara fills the remainder of the poem, and we become caught up in *the rich, vitalized verbal canvas he has painted for us*" (55). Noch unbefriedigender sind so willkürliche und - wie gehabt - nicht näher erläuterte Vergleiche wie: "Phrases such as 'The worn stool blazing pigeons from the roof' are a continuum of ordinary perceptions which enter and disappear from the narrator's consciousness but are recorded permanently in the landscape of the poem. They are like Rothko's yellows and oranges: glowing and fixed moments." (56) oder:

> [Ashbery] loves to give poems weighty and portentous titles like "Civilization and Its Discontents" and "Europe" and then proceed to construct a poem which frustrates the aroused expectations. A painterly analogy here is to the massive color and line canvases of Barnett Newman, where totally formal and abstract patterns are given titles like "Dionysius" and "Achilles". (57)

Wenn man solche Textpassagen liest, gewinnt man den Eindruck, daß Moramarco fast wahllos Vergleiche um der Vergleiche willen anstellt, durch die aber die Auseinandersetzung mit der Lyrik Ashberys kaum eine Bereicherung erfährt (58).

Dennoch macht Moramarco gelegentlich auch recht anregende Kommentare zum Verhältnis zwischen Ashberys Gedichten und der bildenden Kunst. So kann es zum Beispiel nützlich sein, bei der Lektüre des Bandes *The Tennis Court Oath* seinem Vorschlag zu folgen, "to view each poem in the work as a totally self-contained world, not mimetic in nature, but autonomous and self-expressive like a Pollock canvas." (59) Desgleichen birgt Moramarcos Gegenüberstellung der "self-reflective quality" des Gedichts "The Skaters" mit entsprechenden "painterly developments" durchaus aufschlußreiche Denkanstöße (60). Ebenfalls als plausibel erweist sich seine Idee, die Interpretation der *Three Poems* auf einige Selbst-Kommentare Giorgio de Chiricos zu stützen (61). Aber da auch Moramarcos grundsätzlich einleuchtende Einzelbeob-

---

(54) Ibid., 448.
(55) Ibid., meine Hervorhebung.
(56) Ibid., 453.
(57) Ibid., 451.
(58) Darüber hinaus ist Moramarcos Vergleich bestimmter Ashbery-Titel mit typischen Newman-Titeln schon deshalb fragwürdig, weil die Titel des Malers keineswegs, wie Moramarco nahelegt, ironisch gemeint sind.
(59) Moramarco, "Painterly Poets", 450.
(60) Ibid., 455f.
(61) S. ibid., 459-461.

achtungen bedauerlicherweise nie richtig vertieft werden, bleiben sie Stückwerk. Und so ist es nicht sehr überzeugend, wenn der Autor am Ende seines Aufsatzes resümiert: "[Ashbery and O'Hara] are our painterly poets, and we need to look at a great many paintings to read them well." (62) Denn dieses - bezeichnenderweise schon in sich ziemlich holzschnittartige - Fazit wird durch die vorangehenden Ausführungen Moramarcos nicht hinreichend untermauert.

Eine wesentlich genauere Untersuchung der Beziehungen zwischen New Yorker Dichtung und Malerei bietet die 1984 an der Columbia University abgeschlossene Dissertation *The New York School of Poetry* von Carmel Friedman. Das Hauptziel der Verfasserin besteht darin, einige grundlegende Stilmerkmale der Lyrik der New York Poets - sie berücksichtigt John Ashbery, Edwin Denby, Barbara Guest, Kenneth Koch, Frank O'Hara und James Schuyler - herauszuarbeiten. Da sie davon ausgeht, daß diese Dichter in den fünfziger bis siebziger Jahren ähnliche "aesthetic concerns" wie bestimmte Maler in den vierziger bis sechziger Jahren hatten, versucht sie, diverse von ihr als charakteristisch erachtete Besonderheiten ihrer Lyrik mit Hilfe von Begriffen zu beschreiben, die sie kunstkritischen Texten entlehnt. Als erstes erörtert sie die beiden Komponenten des Terminus "Abstrakter Expressionismus", und danach behandelt sie sechs ihrer Ansicht nach zentrale "aesthetic devices" (63) der Abstrakten Expressionisten: "juxtaposition", "palpability", "inscaping", "collage", "parody", "surrealism". Diese Ausdrucksmittel werden zunächst kurz definiert und dienen sodann als Bezugspunkte für Gedichtinterpretationen.

Friedmans methodischer Ansatz - die vergleichende Betrachtung verschiedener künstlerischer Strategien - ist im Prinzip durchaus sinnvoll. Die Art und Weise, wie sie diesen Ansatz in die Praxis umsetzt, weist jedoch, scheint mir, einige Mängel auf. Für nicht in jeder Hinsicht überzeugend halte ich bereits die Auswahl der von Friedman betrachteten Strategien. Diese Auswahl basiert, wie gesagt, auf der Analyse kunstkritischer Texte. Dabei stützt sich die Autorin auf Quellen, die sich, je nachdem, welches Ausdrucksmittel sie gerade behandelt, auf so unterschiedliche Künstler wie zum Beispiel Arshile Gorky und Robert Rauschenberg beziehen. Nichtsdestoweniger bringt Friedman zum Ausdruck, daß die von ihr ausgewählten Stilmerkmale für alle Repräsentanten der - bezeichnenderweise nie genauer eingegrenzten - New York School of Painting charakteristisch seien. Dies ist eine inakzeptable Verallgemeinerung. Parodistische Elemente beispielsweise kommen in den Werken der in Friedmans Dissertation im Mittelpunkt stehenden "Ersten Generation" der New York School (64) - sie selbst ver-

---

(62) Ibid., 462.
(63) Friedman, *New York School*, 42.
(64) Zur "Ersten Generation" der New York School zählt man jene Künstler, die den Abstrakten Expressionismus hervorgebracht haben (z.B. Franz Kline, Willem de

wendet diesen Begriff allerdings nicht - nur äußerst selten vor. Auch Collagetechniken und die Tendenz zum "inscaping" - Friedman versteht darunter, in Anlehnung an Harold Rosenberg, die Gestaltung von "'inner landscapes'", die zu "'metaphors for feelings'" werden (65) - sind keineswegs typisch für alle Maler der New York School.

Ähnliches gilt für die sechs Dichter, mit denen Friedman sich auseinandersetzt: sie teilen durchaus nicht alle der oben aufgeführten Stilmerkmale. Die Autorin berücksichtigt denn auch weder in ihren Erläuterungen zu den einzelnen von ihr analysierten künstlerischen Strategien noch in der tabellarischen Übersicht über "Common Aesthetic Preferences of the New York School of Painting and Poetry", in der sie unter anderem konkrete Bild- und Gedichtbeispiele auflistet (66), bei jedem Punkt alle der sechs fraglichen Lyriker. Darüber hinaus räumt sie einmal ein: "Not every poem by New York poets contains within it all the preferences, but every poem can be found to contain several" (67). Friedman ist sich also offenbar der zwischen den New York Poets bestehenden Unterschiede bewußt, wobei diese Unterschiede freilich noch erheblich weiter reichen, als die soeben zitierte Aussage nahelegt. Doch anstatt auch die Unterschiede zu thematisieren oder ihnen zumindest in höherem Maße Rechnung zu tragen, konzentriert sich die Autorin, um ihr - meines Erachtens zu starres - Klassifizierungsschema durchhalten zu können, fast ausschließlich auf die von ihr postulierten Gemeinsamkeiten.

Meine Hauptkritik an Friedmans Dissertation richtet sich also gegen die Neigung der Autorin zur Simplifizierung und Pauschalisierung. Dieser Mangel an Differenziertheit tritt nicht nur in der Grundkonzeption, sondern auch in einzelnen Abschnitten von Friedmans Untersuchung zutage. Das dokumentieren vor allem die Aussagen zur bildenden Kunst. Gewiß, Friedman strebt in erster Linie eine Erörterung verschiedener Merkmale der Lyrik der New York Poets an, das heißt, sie begreift ihre Arbeit als eine primär literaturwissenschaftliche Studie. Dennoch ist es unbefriedigend, daß sie sich in den der bildenden Kunst gewidmeten Passagen meistens damit begnügt, den Leser nur mit einer Aneinanderreihung einer relativ kleinen Zahl mehr oder weniger kommentarlos

Kooning, Robert Motherwell, Barnett Newman, Jackson Pollock, Mark Rothko). Nützliche Einführungen bieten z.B.: *Abstract Expressionism: The Critical Developments*, organized by M. Auping, London 1987; I. Sandler, *Abstrakter Expressionismus: Der Triumph der Amerikanischen Malerei*, Herrsching 1974; W.C. Seitz, *Abstract Expressionist Painting in America*, Cambridge, Mass. / London 1983 (Druckfassung der Dissertation Seitz' von 1955). Zur "Zweiten Generation" werden eine Reihe jüngerer Maler gerechnet, die zwar vom Abstrakten Expressionismus richtungweisende Impulse empfangen haben, aber spätestens Mitte der fünfziger Jahre eigene Wege zu beschreiten, indem sie z.B. wieder stärker figurative Werke schufen. Vgl. Kap. 2 der vorliegenden Arbeit (bes. 39-42).
(65) Friedman, *New York School*, 107.
(66) Ibid., 166f.
(67) Ibid., 155.

zitierter Auszüge aus kunstkritischen Schriften zu konfrontieren, welche überdies oft ziemlich oberflächliche Informationen enthalten. Auch bei den direkten Vergleichen, die sie gelegentlich zwischen bestimmten Gedichten und Gemälden zieht, verzichtet Friedman in der Regel auf detailliertere Erläuterungen oder Begründungen, und so sind diese Vergleiche viel zu knapp, als daß sie wirklich erhellende Erkenntnisse hinsichtlich der in ihnen jeweils angesprochenen Parallelen zwischen Texten und Bildern vermitteln könnten. Gleich zwei typische Beispiele für solche schon wegen ihrer Kürze und ihres impressionistischen Charakters nicht sehr ergiebigen Anspielungen auf die Werke bestimmter Maler liefert die Interpretation des Gedichts "The Blue Stairs" von Barbara Guest:

> Her work is filled with dividing joints or junctures that both cut and bind sections together, somewhat in the way that Rothko separates and yet combines space in his "Four Darks in Red" [...] we see one-line phrases, like a flourish, trailing off after two- and three-line stanzas; this can be compared with splatterings of paint as Motherwell does them, with a calligraphic swirl. (68)

Diese beiden Verweise auf die bildende Kunst erscheinen mir zusätzlich deshalb nicht besonders hilfreich, weil es meiner Meinung nach fragwürdig ist, einen Vergleich zwischen Lyrik und Malerei, wie Friedman es hier tut, auf die äußere Gestalt eines (ja nicht etwa der konkreten Poesie zuzurechnenden) Gedichts auszurichten.

Bei aller Kritik muß man jedoch auch hervorheben, daß Friedman punktuell - zum Beispiel in ihren Bemerkungen zum Phänomen der Abstraktion im Schaffen der New York Poets - zu vollkommen einleuchtenden Einzelergebnissen gelangt. Nützlich ist ferner der letzte Teil ihrer Dissertation, der eine Reihe von Illustrationen zu einzelnen Gedichten oder Gedichtsammlungen sowie mehrere Gemeinschaftsprojekte von Lyrikern und Malern vorstellt, wobei diese "works-together" in manchen Fällen auch genauer besprochen werden.

Bei der dritten - und insgesamt anregendsten - Überblicksdarstellung zu den Lyrikern der New York School handelt es sich um Philip Auslanders Dissertation *The New York School Poets as Playwrights: O'Hara, Ashbery, Koch, Schuyler and the Visual Arts* (New York etc. 1989). Diese Untersuchung versteht sich zwar in erster Linie als Einführung in die Dramen der vier im Titel genannten New York Poets, enthält aber gleichzeitig einige recht interessante Überlegungen zum Verhältnis dieser Dichter zur bildenden Kunst. Denn Auslander geht von der These aus, daß die Theaterstücke bestimmte gerade auch durch die zeitgenössische Malerei geprägte ästhetische Leitvorstellungen reflektieren: "the poets' plays reflect aesthetic ideas in the air during a moment of transition within the New York School sensibility, the moment at which the

---

(68) Ibid., 96, 98.

Abstract Expressionist sensibility was being undermined by the Pop Art sensibility." (69) Dementsprechend legt er im ersten Kapitel seiner Arbeit unter anderem dar, was O'Hara, Ashbery, Koch und Schuyler seiner Ansicht nach mit den Abstrakten Expressionisten auf der einen und was sie mit den Pop-artists auf der anderen Seite gemeinsam haben. Mit den Abstrakten Expressionisten teilen sie, so Auslander, "the influence of Surrealism, an interest in producing an autonomous, self-referential, and self-conscious art, and a particular concern with the assertion of surface in that art." (70) Als Indiz für die Beeinflussung der New York Poets durch die Pop-art betrachtet der Autor namentlich "their ironic stance with respect to their own work" (71).

Ich finde Auslanders Idee, beim Vergleich der Lyriker mit verschiedenen bildenden Künstlern ihrer Zeit nicht nur die Abstrakten Expressionisten ins Auge fassen, grundsätzlich überzeugend. Und obwohl er die Parallelen zwischen den Dramen der New York Poets und der Pop-art gegenüber den Analogien zum Abstrakten Expressionismus meiner Meinung nach insgesamt etwas überbewertet, gelingt es dem Autor wegen seines relativ breiten Blickwinkels, bei den von ihm analysierten Texten auch solche Facetten zu beleuchten, die ein allein auf die Abstrakten Expressionisten beschränkter Vergleich nicht zutage fördern würde. So ist es zum Beispiel meines Erachtens durchaus fruchtbar, wenn er im Rahmen eines Kommentars zu der Art und Weise, wie sich John Ashbery in seinem Stück *The Compromise* einer sehr banal anmutenden Sprache bedient, auf ganz ähnliche Strategien Andy Warhols und Roy Lichtensteins aufmerksam macht; die zentrale Aussage zu diesem Thema lautet: "Ashbery uses the language of old movies and melodrama here much the way Andy Warhol uses the design of a soup can label or Roy Lichtenstein uses a comicbook panel: the resemblance between the original image and its new version is strong, but the original image has been altered and recontextualized." (72) Mit solchen inhaltlich verhältnismäßig ungewöhnlichen Verweisen auf die bildende Kunst gibt Auslander mehrere recht originelle Denkanstöße, was verschiedene Affinitäten zwischen den von ihm berücksichtigten Theaterstücken und den Werken bestimmter Maler anbelangt. Auf methodischer Ebene haftet seiner Studie jedoch eine gewisse Unausgewogenheit an: die im ersten Kapitel umrissenen Thesen werden im Hauptteil, das heißt, in den vier Kapiteln, in denen der Autor nach Dichtern getrennt ausgewählte Dramen bespricht, in ziemlich uneinheitlicher Form weiterverfolgt. Während Auslander zum Beispiel in seinen Ausführungen zu repräsentativen Theaterstücken Frank O'Haras recht eingehend diverse Ähnlichkeiten mit dem Abstrakten Expressionismus wie auch mit der von ihm als "proto-Pop" bezeichneten Kunst Larry Rivers' und Robert

---

(69) P. Auslander, *The New York School Poets as Playwrights: O'Hara, Ashbery, Koch, Schuyler and the Visual Arts*, New York etc. 1980, 2.
(70) Ibid., 21.
(71) Ibid.
(72) Ibid., 92.

Rauschenbergs behandelt, enthält das James Schuyler gewidmete Kapitel fast gar keine Verweise auf die bildende Kunst. In den Kapiteln über John Ashbery und Kenneth Koch fallen die Vergleiche von Literatur und Malerei ebenfalls oft recht knapp aus. Diese methodischen Unebenheiten sind aber auf Grund des inhaltlichen Interesses von Auslanders Arbeit nicht allzu gravierend.

Es stellt sich indes die Frage, inwiefern die von Auslander erörterten Ähnlichkeiten zwischen der bildenden Kunst und den Dramen O'Haras, Ashberys, Kochs und Schuylers auch für die Lyrik dieser Schriftsteller relevant sind. Auslander kündigt zwar anfangs an, er wolle nicht zuletzt aufzeigen, "how the plays reflect the stylistic strategies and thematic concerns evident in the poetry" (73). Im weiteren Verlauf seiner Untersuchung geht er jedoch nur am Rande auf einige wenige Gedichte ein. Mir scheint nun aber, daß man bei einem Vergleich zwischen der Lyrik der New York Poets und der bildenden Kunst zum Teil andere Aspekte betrachten beziehungsweise andere Schwerpunkte setzen müßte. Denn in den Gedichten eines John Ashbery - um zumindest stichwortartig ein Beispiel herauszugreifen - begegnet man in weitaus geringerem Umfang an die Pop-art erinnernden Elementen als in den Dramen dieses Schriftstellers. Diese und ähnliche Diskrepanzen werden von Auslander nicht thematisiert, was allerdings angesichts seiner Intention, vornehmlich die Besonderheiten der von ihm ausgewählten Dramen zu verdeutlichen, nicht unverständlich ist.

1.2. Zielbestimmung

Die Übersicht über die Sekundärliteratur zeigt, daß die Beziehungen zwischen den New York Poets und diversen bildenden Künstlern ihrer Zeit recht häufig zur Sprache gebracht, wenn auch von den meisten Kritikern nur mehr oder weniger beiläufig berührt werden. Darüber hinaus sind die einzelnen Hinweise auf diese Wechselbeziehungen in etlichen verschiedenen Quellen verstreut. Lediglich die Dissertationen von Carmel Friedman und Philip Auslander bieten zwei relativ detaillierte und umfassende Darstellungen, die man aber vielfältig ergänzen, ja denen man eine ganz anders strukturierte Gesamtdarstellung des Verhältnisses der New York Poets zur bildenden Kunst hinzufügen kann. Im Falle Auslanders hängt das schon allein damit zusammen, daß sich dieser Autor primär auf Drameninterpretationen konzentriert und nur oberflächliche Kommentare zu Gedichten abgibt. Zu Friedmans Studie läßt sich vor

---

(73) Ibid., 3.

allem aus den folgenden Gründen eine Alternative vorlegen: zunächst einmal wäre es, wenn man wichtige Merkmale der Lyrik der New York Poets vor Augen führen möchte, sinnvoll, eine Methode anzuwenden, die nicht so sehr nach Harmonisierung trachtet, sondern stärker den zwischen den einzelnen Dichtern existierenden Unterschieden Rechnung trägt. Ferner sollte man den Kreis der zum Vergleich herangezogenen bildenden Künstler klarer eingrenzen und dabei zugleich andere Maler in den Vordergrund rücken, nämlich verschiedene jüngere Repräsentanten der New York School, zu denen die Kontakte der Lyriker immer besonders eng gewesen sind. Dies wiederum würde implizieren, daß man bei der Erörterung von ästhetischen Affinitäten zwischen Dichtern und Malern andere Aspekte untersucht, als Friedman es tut.

Die vorliegende Arbeit will nun folgendermaßen ein möglichst nuancenreiches Bild von der Rolle der bildenden Kunst in Leben und Werk der New York Poets zeichnen: zum einen soll veranschaulicht werden, wie intensiv sich die fünf von mir berücksichtigten Dichter auf unterschiedlichen Schaffensgebieten beziehungsweise durch unterschiedliche Aktivitäten stets mit der bildenden Kunst auseinandergesetzt haben, und zum anderen möchte ich darlegen, daß sie gerade im Hinblick auf künstlerische Grundkonzepte, die in ihrer Lyrik von zentraler Bedeutung sind, einiges mit verschiedenen zeitgenössischen Malern gemeinsam haben. Ich habe also die Absicht, einerseits darzustellen, welch ein breites Spektrum von Berührungspunkten zwischen New Yorker Dichtung und bildender Kunst es gibt, und andererseits diverse Grundzüge der für alle New York Poets charakteristischen dichterischen Theorie und Praxis zu erläutern, die man bei einer Kenntnis analoger Tendenzen in der Malerei noch besser versteht. Im einzelnen werde ich dabei so vorgehen: als erstes möchte ich durch eine Schilderung der New Yorker Kunstszene skizzieren, in welchem Rahmen namentlich in den fünfziger und sechziger Jahren ein sehr lebhafter Gedankenaustausch zwischen avantgardistischen Lyrikern und bildenden Künstlern stattfand, der sich bis zu einem gewissem Grade bis in die Gegenwart fortsetzt. In diesem Kontext sollen auch kurz einige von Dichtern und Malern gemeinsam hervorgebrachte Werke beschrieben werden. Sodann werde ich die quantitativ wie qualitativ sehr beeindruckenden kunstkritischen Schriften der New York Poets analysieren, zumal diese nicht nur für sich allein genommen interessant sind, sondern auch ästhetische Präferenzen der Autoren widerspiegeln. Danach soll - im wesentlichen an Hand von Einzelinterpretationen ausgewählter Gedichte - beleuchtet werden, inwiefern die bildende Kunst auf inhaltlicher Ebene für die Lyrik der New York Poets von Belang ist. Das umfangreichste Kapitel meiner Arbeit wird schließlich grundlegenden Übereinstimmungen in den Kunstauffassungen von John Ashbery, Barbara Guest, Kenneth Koch, Frank O'Hara und James Schuyler auf der einen und verschiedenen gut mit ihnen befreundeten bildenden Künstlern auf der anderen Seite gewidmet sein. In einem ersten Schritt möchte ich hier bei einer vergleichenden Betrachtung der programmatischen Äußerungen der betreffenden Dichter und Maler der Frage nachgehen, welche ästhetischen Leitvorstellungen die in unterschiedlichen Medien tätigen Künstler teilen. Da meine Arbeit in erster Linie literaturwissenschaftlich ausgerichtet ist, werde ich dann in einem zweiten Schritt - und zwar einmal mehr mit Hilfe exemplarischer Textanalysen - aufzeigen, wie die einzelnen Lyriker jene ästhetischen Leitvorstellungen, denen sowohl in ihren eigenen als auch in den Selbst-Kommentaren bestimmter bildender Künstler eine besondere Bedeutung beigemessen wird, in die Praxis umsetzen. Schon bei einer kursorischen Lektüre bemerkt man freilich, daß sich ihre Gedichte, auch wenn sie von sehr ähnlichen Grundimpulsen geprägt sind, oft erheblich voneinander unterscheiden. Es erscheint mir daher sinnvoll, die fünf New York Poets in den Teilen meiner Arbeit, die sich mit der praktischen Realisierung der in ihren programmatischen Äußerungen formulierten Konzepte beschäftigen, getrennt zu behandeln.

2. DIE NEW YORK POETS UND DIE KUNSTSZENE IHRER ZEIT

2.1. Biographische Notizen

Schon einige biographische Fakten spiegeln das bemerkenswerte Interesse der New York Poets für die bildende Kunst und ihr Eingebundensein in die New Yorker Kunstwelt. Vor allem Frank O'Hara und John Ashbery haben sich bereits im Rahmen diverser beruflicher Aktivitäten intensiv mit der bildenden Kunst auseinandergesetzt. Besonders augenfällig ist dieses berufliche Engagement für die bildende Kunst bei Frank O'Hara, der nach Abschluß seines Englisch-Studiums in Harvard und an der University of Michigan in Ann Arbor 1951 nach New York zog, wo er ab Dezember am Katalog- und Informationsstand des Museum of Modern Art arbeitete. 1953 gab er diese Tätigkeit auf, um bei *Art News* eine Stelle als *editorial associate* (1) aufzunehmen, die er bis 1955 inne-hatte. Ab 1955 arbeitete O'Hara wieder im Museum of Modern Art. Zunächst war er Assistent im *International Program*, 1960 wurde er in der gleichen Abteilung *assistant curator* und 1965 *associate curator*. Im Juli 1966 schließlich, kurz vor seinem Tode, verließ O'Hara das *International Program*, da er zum *Associate Curator of Painting and Sculpture* ernannt worden war. Unabhängig von seiner Museumstätigkeit schrieb er außerdem regelmäßig Texte für Kataloge zu Ausstellungen in Privatgalerien und Aufsätze für verschiedene Kunstzeitschriften. Rein zeitlich betrachtet, widmete sich der Dichter also viele Jahre weniger seiner Lyrik als vielmehr der Kunstkritik und der Orga-nisation von Ausstellungen.

John Ashbery wollte sogar ursprünglich Maler werden und erhielt auch während seiner Schulzeit entsprechenden Unterricht, aber als er dann in Harvard und an der Columbia University Englisch studierte, gab er die Malerei fast ganz auf. Statt dessen befaßte er sich eine Weile mit der Gestaltung von Collagen, doch gleichzeitig wandte er sich mehr und mehr der Lyrik zu (2). Aber auch nachdem er endgültig den Entschluß gefaßt hatte, Dichter zu werden, beschäftigte er sich weiterhin eingehend mit der

---

(1) Die mindestens vier *editorial associates* von *Art News* - die Anzahl war erheblichen Schwankungen unterworfen - hatten hauptsächlich die Aufgabe, über Wechselausstellungen zu informieren. Jeder *editorial associate* erhielt am Monatsanfang von Thomas B. Hess, dem Herausgeber der Zeitschrift, eine Liste mit Ausstellungen, die rezensiert werden sollten, das heißt, die Kritiker suchten nicht selber aus, über welche Ausstellungen sie berichteten. Sie waren indes nicht verpflichtet, alle von Hess vorgeschlagenen Ausstellungen zu berücksichtigen und hatten außerdem die Mög-lichkeit, zusätzlich Artikel über Themen ihrer Wahl zu schreiben.
(2) Genauere Informationen zu seinen eigenen Aktivitäten auf dem Gebiet der bildenden Kunst vermittelt Ashbery in einem unbetitelten Katalogtext für eine Überblicks-Ausstel-lung über Dichter als Maler: *Literary Visions*, AK Jack Tilton Gallery, New York 1988, [o. S.]; in diesem Katalog ist auch ein 1955 von Ashbery geschaffenes Ölbild abgebildet.

bildenden Kunst. Denn auch Ashbery betätigte sich in beträchtlichem Umfang als Kunstkritiker. In den Jahren 1958 und 1959 gehörte er zu den *editorial associates* von *Art News*. Von 1960 bis 1965 war er Kunstkritiker bei der europäischen Ausgabe der *New York Herald Tribune* in Paris, wo er - freilich mit mehreren Unterbrechungen - von 1955 bis 1965 lebte. Ab 1964 gab er gemeinsam mit Anne Dunn, Rodrigo Moynihan und Sonia Orwell (ab Herbst 1965 nur noch mit Dunn und Moynihan) die bis 1967 existierende, in Zürich erscheinende Zeitschrift *Art and Literature* heraus. Nach seiner Rückkehr in die USA war der Dichter bis 1972 *executive editor* von *Art News*. Von 1978 bis 1980 war er Kunstkritiker für das Magazin *New York*, von 1980 bis 1985 für *Newsweek*. Darüber hinaus hat Ashbery schon seit den fünfziger Jahren kontinuierlich auch für andere als die genannten Zeitungen oder Zeitschriften sowie für Künstlermonographien und Ausstellungskataloge kunstkritische Texte verfaßt.

Auch Barbara Guest, die nach Abschluß ihres Studiums an der U.C.L.A. und in Berkeley Ende der vierziger Jahre nach New York kam, war als Kunstkritikerin tätig: sie gehörte von 1951 bis 1954 zu den *editorial associates* von *Art News*, und auch später hat sie immer wieder Beiträge für Kunstzeitschriften und andere Kunstpublikationen geschrieben. Darüber hinaus hat sie seit Beginn ihrer schriftstellerischen Laufbahn nebenher Collagen hervorgebracht (3).

James Schuyler, der das Bethany College in West Virginia besuchte, 1947 und 1948 in Italien lebte und im Anschluß daran nach New York zog, war - ähnlich wie Frank O'Hara - über mehrere Jahre hinweg in erster Linie als Kunstkritiker und Museumsangestellter tätig. Auch Schuyler bekam eine Stelle als *editorial associate* bei *Art News*, die er von 1956 bis 1962 innehatte. Von 1957 bis 1961 war er außerdem als Assistent im *Department of Circulating Exhibitions* des Museum of Modern Art an der Vorbereitung von Sonderausstellungen beteiligt.

Kenneth Koch, der ebenso wie John Ashbery in Harvard und Columbia Englisch studierte, hat zwar in den frühen fünfziger Jahren für ungefähr ein Jahr viel gemalt und gezeichnet (4), aber nie für einen längeren Zeitraum irgendwelche professionellen Aktivitäten im Bereich der bildenden Kunst entfaltet. Dies hängt zweifellos auch damit zusammen, daß er schon seit 1953 als Universitätsdozent für englische Literatur - 1971 wurde er Professor am *English Department* der Columbia University - tätig ist.

---

(3) Vgl. den Kommentar Guests und die Reproduktion einer ihrer Collagen in: ibid.
(4) Details hierzu finden sich in: H.A. Harrison, "A Conversation With Kenneth Koch", in: *Larry Rivers: Performing for the Family: An Exhibition of Paintings, Sculpture, Drawings, Mixed Media Works, Films and Video 1951-1981*, AK Guild Hall Museum, East Hampton, N.Y. 1983, 12.

Die New York Poets sind freilich nicht nur auf Grund unterschiedlicher neben-
oder sogar hauptberuflicher Verpflichtungen mit der bildenden Kunst in Berührung
gekommen. Die Lyriker haben stets auch zahlreiche private Kontakte zu zeitgenössischen
Malern und Bildhauern gepflegt und sogar gelegentlich mit bestimmten Künstlern
Gemeinschaftsprojekte geschaffen. Daß sich zwischen Dichtern und bildenden Künstlern
so gute persönliche Bekanntschaften entwickelten, ist nicht zuletzt auf das besondere
geistige und soziale Klima zurückzuführen, das die New Yorker Kunstwelt der Nach-
kriegszeit prägte.

2.2. Die Dichter als integraler Bestandteil der New Yorker Künstlergemeinschaft

Wenn Maler, Dichter oder Kritiker die New Yorker Kunstwelt charakterisieren,
heben sie immer wieder hervor, daß vor allem in den fünfziger Jahren, als die Avantgarde
noch relativ überschaubar war (5), zwischen den Künstlern und Kunstinteressierten "a lot
of socializing" (6) und, damit verknüpft, ein äußerst lebhafter Gedankenaustausch
stattfand. Dore Ashton schreibt in ihrem Überblickswerk über die New York School:
"Any attempt to assess the situation of the New York School cannot ignore the
astonishing outburst of talk that occurred during that period." (7) Die Repräsentanten
der Avantgarde waren also ständig miteinander im Gespräch, und es herrschte ein
ausgeprägtes Gemeinschaftsgefühl, verbunden mit einer inspirierenden Auf-
bruchsstimmung. Die Malerin Jane Freilicher faßt diese Situation sehr anschaulich
zusammen, wenn sie im Rückblick festhält: "The whole period was very enjoyable and
productive. There were lots of parties and fun, lots going on both socially and artistically.
We were the bright young things of our day, or at least we felt like we were." (8)

Im Mittelpunkt der New Yorker Künstlergemeinschaft standen die Maler und
Bildhauer, die insgesamt früher als Schriftsteller und Komponisten damit begonnen
hatten, neue künstlerische Konzepte in die Praxis umzusetzen, und denen es auch eher
gelungen war, die Aufmerksamkeit der Öffentlichkeit auf sich zu ziehen (9). Es ist daher

---

(5) Irving Sandler bemerkte in einem Gespräch mit der Verfasserin am 15. August 1989,
daß die New Yorker Avantgarde in den fünfziger Jahren nur etwa 200 bis 250 Mitglieder
gehabt habe.
(6) Ibid.
(7) D. Ashton, *The New York School: A Cultural Reckoning*, New York 1973, 53.
(8) R. Doty, "Interview with the artist", in: *Jane Freilicher: Paintings*, ed. R. Doty, New
York 1986, 49.
(9) Es würde hier zu weit führen, den "Triumph des Abstrakten Expressionismus"
genauer zu beschreiben. Ich verweise daher auf einschlägige kunsthistorische

nicht verwunderlich, daß sich die jungen New Yorker Dichter, die in dieser Zeit nach neuen Ausdrucksformen suchten, hauptsächlich an Malern oder Bildhauern orientierten. Die Teilnahme der Lyriker an den Aktivitäten der zeitgenössischen bildenden Künstler ist auch von den Dichtern selbst mehrfach angesprochen worden, so zum Beispiel von Kenneth Koch:

> We [= Ashbery, O'Hara, Koch] were together a lot with Larry Rivers and Jane Freilicher, always in their studios and the studios of other painters. So we shared that whole painting scene. Whatever the painters gave us artistically, which was certainly something, I think we probably gave it back to them just as much. They also gave us their company and their social life. They usually had lofts as apartments and studios. They had openings, which were occasions for parties. They worked hard all day and so had some reason to be happy at night. They could actually make some money from their work and we couldn't. The other poets who were around that we know of were [...] always thinking about "the myth, the missus, and the midterms." They seemed to be sort of stuffy, precious, academic types, who were writing symbolically about things. (10)

Zwei der in diesem Koch-Statement enthaltenen Aussagen möchte ich noch etwas vertiefen. Der Dichter nennt zwei Maler beim Namen, zu denen Ashbery, O'Hara und er besonders enge Kontakte hatten: Larry Rivers (*1923) und Jane Freilicher (*1924). Beide gehören zu einer Gruppe von Künstlern, die man oft als "Zweite Generation" der New York School bezeichnet, da die entsprechenden Künstler von den Repräsentanten der sogenannten "Ersten Generation" (11) zwar maßgeblich beeinflußt wurden, aber die Anregungen, die sie von Malern wie Jackson Pollock (1912-1956) oder Willem de Kooning (*1904) empfangen haben, so verarbeiteten, daß ihre eigenen Werke markante Unterschiede zu den Arbeiten ihrer 'Lehrer' aufweisen (12). Für uns besonders

---

Überblickswerke: *Abstract Expressionism: The Critical Developments*, organized by M. Auping, London 1987; Ashton, *New York School*; I. Sandler, *Abstrakter Expressionismus: Der Triumph der amerikanischen Malerei*, Herrsching 1974; ders., *The New York School: The Painters and Sculptors of the New York School*, New York 1978; W.C. Seitz, *Abstract Expressionist Painting in America*, Cambridge, Mass. / London 1983 (Druckfassung der Dissertation Seitz' von 1955).
(10) "Frank O'Hara and His Poetry: An Interview with Kenneth Koch", in: *American Writing Today*, Bd. 1, ed. R. Kostelanetz, Washington, D.C. 1982, 254. Ähnlich äußert sich Koch in: D. Spurr, "An Interview with Kenneth Koch", *Contemporary Poetry: A Journal of Criticism* 3, Winter 1978, 8f.
(11) Vgl. Kap. 1, Anm. 64.
(12) Eine relativ ausführliche Einführung in die von der Kunstkritik recht wenig beachteten Künstler der "Zweiten Generation" vermittelt: Sandler, *New York School*. Eine der frühesten Publikationen zur "Zweiten Generation" ist der Ausstellungskatalog *Artists of the New York School: Second Generation*, Introduction by L. Steinberg, AK The Jewish Museum, New York 1957. Zehn Mitglieder der "Zweiten Generation" werden vorgestellt in: *School of New York: Some Younger Artists*, ed. B.H Friedman, New York 1959, einer Sammlung von Aufsätzen, in der auch Essays von Guest, O'Hara und Schuyler enthalten sind. Um eine Neueinschätzung von sechs Vertretern der "Zweiten Generation" aus einer gewissen zeitlichen Distanz heraus bemühen sich die Autoren des Ausstellungskatalogs *Action / Precision: The New Direction in New York 1955-60*, organized by P. Schimmel, AK Newport Harbor Art Museum, Newport Beach, Calif. 1984, sowie ein Aufsatz von Kenneth Baker, der auf diese Ausstellung Bezug nimmt: "Second Generation: Mannerism or Momentum?", *Art in America* 73, June 1985,

interessante Mitglieder der "Zweiten Generation" sind neben Rivers und Freilicher Mary Abbott (*1921), Nell Blaine (*1922), Norman Bluhm (*1920), Helen Frankenthaler (*1928), Michael Goldberg (*1924), Robert Goodnough (*1917), Grace Hartigan (*1922), Jasper Johns (*1930), Lester Johnson (*1919), Alex Katz (*1927), Elaine de Kooning (1920-1989), Fay Lansner, (*1921), Alfred Leslie (*1927), Joan Mitchell (*1926), der erst relativ spät als Maler bekanntgewordene Fairfield Porter (1907-1975) und Robert Rauschenberg (*1925). Denn obwohl sie meistens auch die Vertreter der "Ersten Generation" persönlich kannten, waren die New York Poets - was in der Sekundärliteratur oft übersehen wird - vor allem mit den etwa gleichaltrigen Mitgliedern der "Zweiten Generation" befreundet. Dies spiegelt sich nicht zuletzt darin wider, daß sie gerade von diesen jüngeren Malern der New York School mehrfach porträtiert worden sind. Insbesondere Larry Rivers, Fairfield Porter und Jane Freilicher - letztere ist bezeichnenderweise als "[p]ainter to the New York Poets" (13) und als "the sybil who seemed to draw poets around her" (14) charakterisiert worden - haben etliche Bildnisse ihrer Dichterfreunde hervorgebracht. Rivers allein schuf zum Beispiel mindestens 19 O'Hara-Porträts (15), und Porter und Freilicher haben von allen New York Poets außer Barbara Guest ein oder mehrere Bildnisse angefertigt (16). Andere erwähnenswerte Porträts sind beispielsweise von Alex Katz, Elaine de Kooning und Fay Lansner gestaltet worden (17).

102-111. Dasselbe Heft von Art in America enthält auch Interviews mit den betreffenden Künstlern (Alfred Leslie, Joan Mitchell, Norman Bluhm, Michael Goldberg, Grace Hartigan, Al Held): S. Westfall, "Then and Now: Six of the New York School Look Back", 112-121. Hauptsächlich Mitglieder der "Zweiten Generation" behandelt ferner der - übrigens Thomas B. Hess, John Bernard Myers und Frank O'Hara gewidmete - Ausstellungskatalog The Figurative Fifties: New York Figurative Expressionism, organized by P. Schimmel / J.E. Stein, AK Newport Harbor Art Museum, Newport Beach, Calif. 1988. Konzise Informationen bietet außerdem ein Aufsatz von Barbara Rose: "The Second Generation: Academy and Breakthrough", Artforum 4, September 1965, 54-63.
(13) So lautet die Überschrift eines Aufsatzes über Freilicher, den der ebenso wie die New York Poets sehr an der bildenden Kunst interessierte Lyriker Ted Berrigan verfaßt hat (AN 64, November 1965, 44).
(14) J.B. Myers, "Frank O'Hara: A Memoir", in: Homage to Frank O'Hara, ed. B. Berkson / J. LeSueur, Berkeley 1980, 35.
(15) Vgl. A. Smith, Jr., Frank O'Hara: A Comprehensive Bibliography, New York / London 1980, Sektion G: "Artwork and Music Relating to Frank O'Hara", 231-242. Abbildungen einiger von Rivers ausgeführter O'Hara-Bildnisse finden sich z.B. in: Homage to O'Hara, 57-60, 62; Larry Rivers. Retrospektive: Bilder und Skulpturen, ed. C. Haenlein, AK Kestner-Gesellschaft, Hannover 1980, 121, 122, 129; L. Rivers, with C. Brightman, Drawings and Digressions, New York 1979, 78, 80, 82-85, 170, 172-174; S. Hunter, Larry Rivers, New York 1989, 19, 23, 59, 264, 269, 277. Darüber hinaus hat Rivers auch John Ashbery und Kenneth Koch porträtiert; Abbildungen enthalten z.B.: Rivers, Drawings and Digressions, 75, 76, 208, 238, 240; Hunter, Larry Rivers, 117, 262.
(16) Einige der entsprechenden Werke Porters sind abgebildet in: Figurative Fifties, 138 (Schuyler), 140 (O'Hara); Homage to O'Hara, 40; D.K. Kermani, John Ashbery: A Comprehensive Bibliography, New York / London 1976, Frontispiz; K. Koch, Selected Poems 1950-1982, New York 1985, Umschlag; Fairfield Porter: Realist Painter in an Age of Abstraction, Essays by J. Ashbery / K. Moffett, AK Museum of Fine Arts, Boston, Mass. 1982, 23 (Ashbery und Schuyler), 40 (Schuyler), 71 (Schuyler).

Wichtig ist ferner Kenneth Kochs Bemerkung, daß die Dichter von den Malern nicht nur Anregungen bezogen, sondern ihnen auch viel zurückgegeben hätten. In der Tat waren die Lyriker offenbar eine Art "mentors" (18) für die bildenden Künstler, welche vor allem am Anfang der fünfziger Jahre bei ihren Versuchen, neue Wege zu beschreiten, Unterstützung und Ermutigung brauchten. Jedenfalls waren die Maler sehr daran interessiert, die Reaktionen und Meinungen der avantgardistischen Dichter kennenzulernen, und so nahmen sie auch, wie zum Beispiel Barbara Guest hervorgehoben hat (19), deren kunstkritische Texte sehr ernst. Was die Beziehung der bildenden Künstler zur literarischen Produktion der New York Poets betrifft, ist festzuhalten, daß sie darüber durchaus "au courant" (20) waren, auch die Lesungen der Dichter besuchten, doch keine längeren Diskussionen über die zeitgenössische Lyrik führten und auch natürlich, da sie ja in einem anderen Medium arbeiteten, keine schriftlichen Kommentare dazu veröffentlichten. Die Maler gaben den Dichtern also, obwohl sie ihnen richtungweisende künstlerische Impulse vermittelten, wohl zumindest nicht im gleichen Grade jene greifbare Bestätigung, die sie selbst durch die Kritiken der Lyriker erhielten.

Namentlich Frank O'Hara war bis zu seinem Tode eine zentrale Schlüsselfigur der New Yorker Kunstszene. "[T]he Apollinaire of our world" (21), "universal energy source in the lives of the few hundred most creative people in America" (22), "a kind of ministering angel to artists" (23), "everyone's greatest and most loyal audience" (24),

---

Abbildungen der von Freilicher hervorgebrachten Dichter-Porträts und genauere Informationen hierzu enthält besonders Ted Berrigans Aufsatz "Painter to the New York Poets" (s. Anm. 13).

(17) Reproduktionen finden sich z.B. in: L. Campbell, "Elaine de Kooning: Portraits in a New York scene", *AN* 62, April 1963, 39 (O'Hara); *Homage to O'Hara*, 97; *Alex Katz: Prints*, organized by E.M. Solomon / R. Field, AK Whitney Museum of American Art, New York 1974, 14 (Koch); *Fay Lansner*, Introduction by B. Guest, Swarthmore, Pa. 1976, 14 (Guest); R. Marshall, *Alex Katz*, New York 1986, 59 (O'Hara), 88f. (Ashbery); J. Schuyler, "Alex Katz paints a picture", *AN* 60, February 1962, 39-41 (Schuyler).

(18) Dieser Begriff stammt von Dore Ashton, die ihn in einem Gespräch mit der Verfasserin am 19. September 1989 verwendete.

(19) In einem Gespräch mit der Verfasserin am 18. September 1989.

(20) D. Ashton in ihrem Gespräch mit der Verfasserin am 19. September 1989. Zu den Malern, die sich in besonderem Maße stets auch recht intensiv mit Literatur befaßt haben, zählen z.B. Jane Freilicher, Grace Hartigan, Fay Lansner, Joan Mitchell, Fairfield Porter und Robert Goodnough.

(21) A. Waldman in der Einführung zu der Podiumsdiskussion "The New York School", die am 9. April 1988 im Rahmen des von The Poetry Project organisierten Symposions "Poetry of Everyday Life" (7.-10. April 1988, St. Mark's Church, New York) stattfand. Die Mitarbeiter des Poetry Project haben die Diskussion auf Kassette aufgenommen und mir freundlicherweise die Gelegenheit gegeben, diese Kassette abzuhören.

(22) P. Schjeldahl, "Frank O'Hara: 'He Made Things & People Sacred'" (1966), in: *Homage to O'Hara*, 139.

(23) J. Freilicher zit. in: G. Henry, "Jane Freilicher and the Real Thing", *AN* 84, January 1985, 82.

(24) L. Rivers, "Eulogy for Frank O'Hara", in: ders., *Drawings and Digressions*, 172.

"everybody's catalyst" (25) - dies ist nur eine kleine Auswahl aus den zahlreichen Aussagen, die dokumentieren, wie sehr O'Hara von den zeitgenössischen Künstlern geschätzt wurde und wie engagiert er sich für sie einsetzte (26). Besonders aufschlußreich scheinen mir ferner einige Bemerkungen von Joseph LeSueur, einem Journalisten und Schriftsteller, der über neun Jahre mit O'Hara zusammenlebte. LeSueur bringt einerseits zum Ausdruck, daß der Dichter ein enthusiastischer Förderer der Maler war, erinnert aber andererseits noch einmal daran, daß die bildenden Künstler zumindest indirekt das literarische Schaffen O'Haras inspirierten:

> "he seemed to be inspired and exhilarated by all his painter friends, [...] He devoted so much time to looking at and thinking about their work you'd have thought he had a vested interest in their development as artists. But I don't entirely go along with the idea [...] that his generosity took him away from his own woark [sic!]. That wasn't exactly what happened. He offered them encouragement, inspired them with his insights and his passion; they impinged upon and entered his poetry, which wouldn't have been the same and probably not as good without them." (27)

Ein weiteres Indiz dafür, daß die New Yorker Lyriker vor allem in den fünfziger Jahren ein integraler Bestandteil der Kunstwelt waren, ist das Faktum, daß sie gern dieselben Treffpunkte besuchten wie die Maler und Bildhauer und dort auch so willkommen waren, daß der Galerist John Bernard Myers rückblickend bemerkt hat: "No gathering was complete without poets." (28) Zwei Orte waren besonders populär: der Club und die Cedar Tavern oder Cedar Bar (29). Beim Club handelt es sich um eine im Herbst 1949 von einigen Malern, unter anderen von Willem de Kooning, Franz Kline und Ad Reinhardt, gegründete Künstlervereinigung, die ihre Versammlungsräume in der Eighth Street einrichtete, einer Gegend, in der besonders viele Ateliers lagen. Bis zu seiner Auflösung im Frühjahr 1962 war der Club "the focal point of New York School talk" (30): er fungierte für seine Mitglieder und deren Freunde nicht nur als "a surrogate

(25) E. Denby, zit. in: J. Gruen, *The Party's Over Now: Reminiscences of the Fifties - New York's Artists, Writers, Musicians, and their Friends*, New York 1967, 166.
(26) Weitere Kommentare zur Bedeutung O'Haras für die New Yorker Kunstwelt finden sich vor allem in: *Homage to O'Hara*, passim.
(27) J. LeSueur, "Four Apartments" (1968), in: *Homage to O'Hara*, 50.
(28) J.B. Myers, *Tracking the Marvelous: A Life in the New York Art World*, New York 1983, 147.
(29) Meine Ausführungen zum Club und zur Cedar Tavern stützen sich im wesentlichen auf Gespräche mit Irving Sandler, Barbara Guest und Dore Ashton (15. August, 18. September, 19. September 1989), auf diverse schriftliche Selbst-Kommentare der New York Poets, von denen im laufenden Text repräsentative Beispiele zitiert werden, und auf die folgenden Quellen: Ashton, *New York School*, 198f.; R. Goldwater, "'Everyone knew what everyone else meant'", *It Is* 4, Autumn 1959, 35; Gruen, 32, 128f., 176-178, 217; Myers, *Tracking the Marvelous*, 100f., 105-107, 148, 169; I. Sandler, "The Club: How the Artists of the New York School Found Their First Audience - Themselves", *Artforum* 4, September 1965, 27-31; ders., *New York School*, passim, bes. 30-32; J. Tworkov, "Four Excerpts from a Journal", *It Is* 4, Autumn 1959, 12f.
(30) Ashton, *New York School*, 198.

Parisian café" (31), sondern organisierte darüber hinaus regelmäßig Diskussions-
veranstaltungen, an denen neben den bildenden Künstlern häufig auch andere
Repräsentanten der Avantgarde teilnahmen. Besondere Aufmerksamkeit erregten die
jeden Freitagabend auf dem Programm stehenden Vorträge oder Podiumsgespräche, die
auch für Nichtmitglieder offen waren und in denen ein bemerkenswert breites
Themenspektrum behandelt wurde. Der Schwerpunkt lag zwar auf unterschiedlichen
Aspekten der bildenden Kunst, doch es gab auch oft Vorträge über Themen wie "The
Modernity of the Modern World" (Lionel Abel, 23. November 1951), "Contemporary
Music" (John Cage, 14. März 1952) oder "Creativeness in Art and Neurosis" (Dr.
Frederick Perls, 2. Mai 1952) (32). Gerade an diesen Veranstaltungen am Freitagabend
nahmen auch die New York Poets regen Anteil, sei es als Zuhörer, sei es als
Diskussionsteilnehmer. Einmal mehr war vor allem Frank O'Hara aktiv an verschiedenen
Gesprächsrunden beteiligt, von denen übrigens einige sowohl die Lyrik als auch die Ma-
lerei betrafen (zum Beispiel "The Image in Poetry and Painting", 11. April 1952, und
"The Painter As His Own Poet", 19. April 1957) (33). Die anderen Dichter waren zwar
häufig im Club zu Gast, traten jedoch selbst nur relativ selten in den dort stattfindenden
Veranstaltungen auf. Der Club gehörte aber mit zu jenen Orten, wo sie ihre ersten öffent-
lichen Lesungen hielten. Und am 14. Mai 1952 moderierte Larry Rivers hier eine
Podiumsdiskussion über "New Poets", zu der John Ashbery, Barbara Guest, Frank
O'Hara und James Schuyler eingeladen wurden.

Ganz in der Nähe des Club lag die Cedar Tavern, die bis zum Frühjahr 1963, als
sie vorübergehend geschlossen und vollkommen neugestaltet wurde, ein wichtiger
Künstlertreffpunkt war. Ähnlich wie der Club wurde diese - einmal als "a place that
typified the atmosphere of the creative fifties" (34) charakterisierte - Bar hauptsächlich
von bildenden Künstlern frequentiert. Sie zog jedoch auch avantgardistische Dichter an,
zumal diese, wie etwa den folgenden Erinnerungen Frank O'Haras zu entnehmen ist,
unter den dort anwesenden Malern viel eher ein Publikum fanden als beim "literary
establishment":

> We were all in our early twenties. John Ashbery, Barbara Guest, Kenneth Koch
> and I, being poets, divided our time between the literary bar, the San Remo, and
> the artists' bar, the Cedar Tavern. In the San Remo we argued and gossiped; in
> the Cedar we often wrote poems while listening to the painters argue and gossip.
> So far as I know nobody painted in the San Remo while they listened to the

---

(31) Ibid.
(32) Vgl. Sandler, "The Club". Sandler war übrigens nicht zuletzt deshalb gut mit dem
Club vertraut, weil er selbst von 1956 bis 1962 für das Programm der Freitagabend-
Aktivitäten verantwortlich war.
(33) Vgl. I. Sandler, "Sweeping Up After Frank", in: *Homage to O'Hara*, 78-80. Dieser
Essay enthält auch eine Zusammenfassung der Beiträge O'Haras zu der Podiumsdiskussion "The Painter As His Own Poet". Gesprächsprotokolle sind leider nicht erhalten.
(34) Gruen, 129.

writers argue. An interesting sidelight to these social activities was that for most of us non-academic, and indeed non-literary poets in the sense of the American scene at the time, the painters were the only generous audience for our poetry, and most of us read first publicly in art galleries or at The Club. The literary establishment cared about as much for our work as the Frick cared for Pollock and de Kooning, not that we cared any more for establishments than they did, all of the disinterested parties being honorable men. (35)

Der Club und die Cedar Tavern erlangten im Verlauf der fünfziger Jahre eine weit über New York hinausreichende Berühmtheit, und zwar nicht nur unter bildenden Künstlern, sondern auch unter Lyrikern, die ähnlich experimentelle Texte schrieben wie die New York Poets. Um nur zwei Beispiele herauszugreifen: Robert Creeley, der zwischen 1954 und 1956 des öfteren vom Black Mountain College (North Carolina) nach New York reiste, nahm sich bei seinen Aufenthalten an der Ostküste immer gern Zeit für ausgedehnte Besuche in der Cedar Tavern - in seinen "Notes on Artists & Poets 1950-1965" etwa schreibt er: "I sat for hours on end listening to Franz Kline in the Cedar Bar, fascinated by, literally, all he had to say." (36) -, und Allen Ginsberg war, als er 1956 und 1958/59 jeweils mehrere Monate in New York lebte, ein Stammgast sowohl des Club als auch der Cedar Tavern (37).

Neben dem Club und der Cedar Tavern gab es auch noch verschiedene andere kulturelle 'Institutionen', die nicht nur bildenden Künstlern, sondern auch Dichtern ein Forum boten. Dazu gehört zum Beispiel das 1953 gegründete Artists' Theater, das bis zu seiner Schließung im Jahre 1956 16 vorwiegend von Lyrikern verfaßte Theaterstücke aufführte, zu denen zeitgenössische Maler die Bühnenbilder entwarfen. Ashbery, Guest, Koch, O'Hara und Schuyler haben alle speziell für das Artists' Theater Stücke geschrieben, und Künstler der "Zweiten Generation" - Nell Blaine, Jane Freilicher, Grace Hartigan, Elaine de Kooning und Larry Rivers - gestalteten jeweils, oft in Zusammenarbeit mit den Autoren, die Bühne (38).

(35) F. O'Hara, "Larry Rivers: A Memoir" (1965), SSW, 169.
(36) R. Creeley, "On the Road: Notes on Artists & Poets 1950-1965" (1974), in: ders., The Collected Essays, Berkeley etc. 1989, 371. In diesem Zusammenhang möchte ich auch auf ein Interview hinweisen, in dem Creeley sehr humorvoll erzählt, wie er in der Cedar Bar Jackson Pollock kennenlernte (die Begegnung begann mit Handgreiflichkeiten, aber als Creeley und Pollock erfuhren, mit wem sie es jeweils zu tun hatten, wurde ihr Verhalten "[i]nstantly affable"): L. Wagner, L. MacAdams, Jr., "The Art of Poetry X: Robert Creeley", The Paris Review 11, Fall 1968, 163-165.
(37) Vgl. Ashton, New York School, 225-228. Besonders amüsant ist vielleicht das folgende Detail: "Allen Ginsberg was often at the Club, exhorting his informal audience to read Shelley, while they toasted him with paper cups full of the crudest bourbon available." Ibid., 225.
(38) Aufgeführt wurden: J. Ashbery, The Heroes, Bühnenbild von N. Blaine; B. Guest, The Lady's Choice, Bühnenbild von J. Freilicher; K. Koch, Little Red Riding Hood, Bühnenbild von G. Hartigan; F. O'Hara, Try! Try!, Bühnenbild von L. Rivers; J. Schuyler, Presenting Jane, Bühnenbild von E. de Kooning. In allen Fällen handelt es sich um Inszenierungen aus dem Jahre 1953. Weitere Informationen zum Artists' Theater bieten: H. Machiz, "Introduction", in: Artists' Theatre: Four Plays, ed. ders., New York / London 1960, 7-13; Myers, Tracking the Marvelous, 164-167. Auch bei späteren und

Die Idee, avantgardistische Dichter und Maler dazu einzuladen, für das Artists' Theater zu arbeiten, stammte übrigens von John Bernard Myers, der von 1950 bis 1969 Direktor der von ihm mitbegründeten Tibor de Nagy Gallery (39) war und von Anfang an sehr engagiert dafür eintrat, daß diese Galerie nicht nur junge bildende Künstler vorstellte, sondern in gewissem Umfang auch zeitgenössische Schriftsteller förderte. So gründete er schon kurz nach der Eröffnung der Galerie die Tibor de Nagy Editions, einen kleinen auf moderne Lyrik spezialisierten Verlag, in dem zum Beispiel bereits 1952 beziehungsweise 1953 die jeweils ersten Gedichtbände von Frank O'Hara, John Ashbery und Kenneth Koch erschienen, die mit Zeichnungen von Larry Rivers, Jane Freilicher beziehungsweise Nell Blaine ausgestattet waren (40). Gleichfalls mit Myers' Galerie liiert war die Tiber Press, die unter anderem limitierte Auflagen kostbarer Lyrikbände mit Originalgraphiken publizierte. Von Interesse ist für uns vor allem eine 1960 veröffentlichte Kassette mit vier großformatigen, sehr schön gemachten Gedichtbänden von O'Hara, Ashbery, Koch und Schuyler, für die Michael Goldberg, Joan Mitchell, Alfred Leslie und Grace Hartigan Siebdrucke hervorbrachten (41). Darüber hinaus gab Myers zwischen 1954 und 1954 die wiederum von der Tibor de Nagy Gallery verlegte

---

in anderen Theatern gezeigten Dramen der New York Poets wurden die jeweiligen Bühnenbilder oft von mit den Autoren befreundeten Malern entworfen; das gilt z.B. für: K. Koch, *George Washington Crossing the Delaware*, Bühnenbild von A. Katz (1962); ders., *The Tinguely Machine Mystery*, Bühnenbild von J. Tinguely (1965); F. O'Hara, *Love's Labor, an eclogue*, Bühnenbild von N. Bluhm (1959); ders., *Awake in Spain*, Bühnenbild von A. Leslie (1964); J. Schuyler, *Shopping and Waiting*, Bühnenbild von A. Katz (1964). Für allgemeine Informationen zu den Theaterstücken der New York Poets verweise ich nochmals auf die im ersten Kapitel dieser Arbeit besprochene, speziell diesem Thema gewidmete Studie von Philip Auslander.
(39) Die Galerie trug zwar den Namen seines Kompagnons, doch die Idee, sie zu eröffnen, ging ausschließlich auf Myers zurück, der auch für das künstlerische Programm verantwortlich war, bis er sich 1969 von der Tibor de Nagy Gallery trennte und eine neue Galerie aufmachte, die bis 1975 existierte.
(40) Der Band mit Gedichten O'Haras trug den Titel *A City Winter, and Other Poems* und enthielt zwei Zeichnungen von Larry Rivers; Ashberys erster Gedichtband hieß *Turandot, and Other Poems* und war mit vier Zeichnungen von Jane Freilicher ausgestattet; Kenneth Kochs *Poems* wurden begleitet von Illustrationen von Nell Blaine. Nähere Informationen hierzu enthält: C. Friedman, *The New York School of Poetry*, Ph.D. diss. Columbia University, New York 1984, 177-180. Ein paar Jahre später, und zwar 1960, kam bei den Tibor de Nagy Editions übrigens auch Barbara Guests erster Gedichtband - *The Location of Things* - heraus, dessen Frontispiz mit einer Collage von Robert Goodnough geschmückt war.
(41) Im einzelnen handelt es sich um die folgenden Werke: F. O'Hara, *Odes*, Graphiken von M. Goldberg; J. Ashbery, *The Poems*, Graphiken von J. Mitchell; K. Koch, *Permanently*, Graphiken von A. Leslie; J. Schuyler, *Salute*, Graphiken von G. Hartigan. Eine informative Rezension all dieser Bände ist von Fairfield Porter verfaßt worden ("Poets and Painters in Collaboration", *Evergreen Review* 5, September / October 1961, 121-125). Weitere - zum Teil freilich recht eng an Porters Essay angelehnte - Kommentare finden sich in: C. Friedman, *New York School*, 183-188. Daten und Fakten zu O'Haras *Odes* bzw. Ashberys *Poems* nennen: Smith, *O'Hara: Bibliography*, 21-23 (mit Abb. der Titelseite: ibid., 20); Kermani, *Ashbery: Bibliography*, 11f. (mit Abb. der Titelseite: ibid., 10). Bei dem Band *Salute* handelt es sich übrigens um Schuylers ersten Gedichtband überhaupt.

Zeitschrift *Semi-Colon* heraus (42). In diesem kleinen Magazin, das in Myers' Galerie, im Club und in der Cedar Tavern verkauft wurde und dessen Leserschaft hauptsächlich aus "collectors, gallery-goers and painters" (43) bestand, erschienen, abgesehen von ein paar Essays über Fragen der bildenden Kunst, in erster Linie abseits des *mainstream* liegende literarische Texte. Von den New York Poets wurden Ashbery, Koch und O'Hara berücksichtigt, die gleichzeitig mit zu den wenigen Autoren zählten, die Myers mehrmals um Beiträge bat, da sie von der New Yorker Avantgarde allgemein als "very 'far out'" (44) betrachtet wurden. Das erste Heft des zweiten Bandes war sogar ausschließlich Koch und O'Hara gewidmet. Überhaupt regte Myers Dichter und Maler immer wieder zur Zusammenarbeit an und schlug ihnen zum Beispiel vor, gemeinsam *picture-poems* zu gestalten (45). Von den zahlreichen Projekten, die von Myers' Engagement für die avantgardistische Lyrik Zeugnis ablegen, sei schließlich noch die von ihm herausgegebene Anthologie *The Poets of the New York School* (Philadelphia 1969) erwähnt, zu der er eine ausführliche Einleitung schrieb, die mit zu den ersten Überblicksdarstellungen zur New Yorker Dichtung gehört (46).

John Bernard Myers, der von Zeitgenossen mit so sprechenden Epitheta wie "a kind of impresario of the avant-garde" (47) oder "a sort of young American Diaghilev" (48) bedacht worden ist, war vielleicht der vielseitigste, aber nicht der einzige Kunstförderer, der dazu beigetragen hat, daß die avantgardistischen Dichter im New

---

(42) Die insgesamt zwölf in zwei Bänden gesammelten Hefte von *Semi-Colon*, die nicht datiert und lediglich durch Semikola 'paginiert' waren, wurden in unregelmäßigen Abständen immer dann veröffentlicht, wenn Myers genügend Material zusammengetragen hatte. Ich verwende die Ausdrücke 'Zeitschrift' und 'Bände' in Ermangelung passenderer Wörter, denn die einzelnen Ausgaben von *Semi-Colon* erschienen in Form von Faltblättern, die mit Ausnahme der letzten beiden Nummern, die eine Doppelausgabe bildeten, nur jeweils vier Seiten umfaßten. Myers hatte übrigens schon Erfahrung als Herausgeber von Zeitschriften: bereits in seiner High-School-Zeit in Buffalo hatte er begonnen, an einem literarischen Magazin namens *Upstate* mitzuarbeiten und damit immerhin auch in New York soviel Aufmerksamkeit erregt, daß er 1944 das Angebot bekam, *managing editor* bei *View* zu werden, einem Magazin, das vor allem surrealistische Kunst und Literatur präsentierte. Diese Tätigkeit, die er bis 1947, als die Publikation von *View* eingestellt wurde, ausübte, trug maßgeblich dazu bei, daß Myers ein prominentes Mitglied der New Yorker Kunstwelt wurde. Vgl. Myers' Kommentare zu den genannten Zeitschriften in seiner Autobiographie (*Tracking the Marvelous*, passim).
(43) J.B. Myers, "The Poets of the New York School", in: *The Poets of the New York School*, ed. ders., Philadelphia 1969, 15.
(44) Myers, *Tracking the Marvelous*, 150.
(45) In seinem Aufsatz "Frank O'Hara: A Memoir" beschreibt Myers, wie er initiierte, daß O'Hara mit Grace Hartigan *picture-poems* ausführte. Er erwähnt zugleich, daß diese - um 1956 entstandenen - Arbeiten auch die anderen New York Poets dazu angeregt hätten, mit Malern *picture-poems* zu gestalten, macht aber leider keine genaueren Angaben hierzu.
(46) In dieser ja bereits mehrfach zitierten Anthologie werden neben Ashbery, Guest, Koch, O'Hara und Schuyler auch noch verschiedene jüngere Autoren vorgestellt.
(47) Sandler, *New York School*, 36.
(48) B.H. Friedman, "Background", in: ders. / B. Guest, *Goodnough*, Paris 1962, 24.

York der fünfziger Jahre aktiv an der Welt der Maler und Schriftsteller partizipierten. Ein anderer wichtiger Mittler zwischen den Künsten war Thomas B. Hess, der zum Beispiel in seiner Eigenschaft als Herausgeber von *Art News* (1946-1972) nicht nur verschiedene Maler der "Zweiten Generation" (49), sondern auch mehrere junge Dichter einlud, für diese Zeitschrift als Kunstkritiker zu arbeiten. Mit Ausnahme von Kenneth Koch haben daher, wie ja auch aus den biographischen Daten hervorgeht, alle hier diskutierten New York Poets über mehrere Jahre hinweg Ausstellungsberichte oder Künstlerporträts für *Art News* verfaßt. Bezeichnend ist außerdem, daß Hess im Oktober 1957 die Reihe "Poets on painting" (beziehungsweise: "Poets and painters" oder: "Poets on pictures") einführte: in dieser Reihe wurden bis zum März 1959 in unregelmäßigen Abständen Gedichte von zeitgenössischen Autoren veröffentlicht, die in der einen oder anderen Form auf die bildende Kunst Bezug nahmen. Dabei waren auch die drei New York Poets John Ashbery, Kenneth Koch und Frank O'Hara vertreten (50). Es ist nicht verwunderlich, daß Irving Sandler einmal bemerkt hat, *Art News* sei unter Hess' Leitung "the 'family magazine' of the New York School" gewesen (51).

Überhaupt spiegeln nicht zuletzt diverse New Yorker Zeitschriften der fünfziger und auch der sechziger Jahre, welche sich auf neue Tendenzen in den Künsten konzentrierten, die engen Verbindungen zwischen Malern und Dichtern dieser Zeit. Diese Magazine erreichten zwar in der Regel nur verhältnismäßig kleine Auflagen und waren überdies oft recht kurzlebig, doch sie dokumentieren nichtsdestoweniger, daß die einzelnen Repräsentanten der Avantgarde die sich in den jeweils anderen Medien vollziehenden Entwicklungen aufmerksam mitverfolgten. Das bestätigen vor allem jene Zeitschriften, die versuchten, in etwa gleichem Umfang auf verschiedene Bereiche avantgardistischer Kunst einzugehen. Unter den Magazinen dieser Art, in denen die für die vorliegende Untersuchung relevanten Maler und Dichter eine wichtige Rolle spielten, verdienen *Kulchur* (52), *Location* (53), *Locus Solus* (54) und *Art and Literature* (55)

---

(49) Z.B. Robert Goodnough, Elaine de Kooning und Fairfield Porter, die alle über einen längern Zeitraum hinweg *editorial associates* waren.
(50) Im einzelnen wurden von diesen Dichtern die folgenden Texte publiziert: F. O'Hara, "About Courbet", *AN* 56, January 1958, 44, 51; K. Koch, "The Artist", *AN* 57, March 1958, 45, 64-66; J. Ashbery / K. Koch, "Death Paints a Picture", *AN* 57, September 1958, 24, 63.
(51) Sandler, *New York School*, 261.
(52) *Kulchur* erschien vom Frühjahr 1960 bis zum Winter 1965 viermal jährlich; es wurden also insgesamt 20 in fünf Bänden gesammelte Ausgaben publiziert. Die Zeitschrift wurde zunächst von Marc D. Schleifer, ab dem Herbst 1962 von Lita Hornick herausgegeben. Außerdem gab es mehrere - rasch wechselnde - *contributing editors*, die zum Teil selbst Schriftsteller waren. Auch Frank O'Hara gehörte bei den beiden im Sommer und im Herbst 1964 veröffentlichten Heften zu den *contributing editors*.
(53) *Location* erschien erstmals im Frühjahr 1963. Von besonderem Interesse sind für uns die in nicht zuletzt in der Text- und Bildgestaltung sehr schönen ersten Hefte, bei denen die Kunstkritiker Thomas B. Hess und Harold Rosenberg als *editors* und der Schriftsteller Donald Barthelme als *managing editor* fungierten.

besondere Beachtung: all diese Publikationen enthielten eine Mischung von literarischen Texten, Künstler-Selbst-Kommentaren sowie Essays über Literatur und bildende Kunst und manchmal auch über Musik, Film und übergreifende kulturelle Fragen. Darüber hinaus waren sie - wenn auch in unterschiedlichem Ausmaß - mit Abbildungen zeitgenössischer Kunstwerke illustriert. Besonders interessant sind für uns die direkten Verknüpfungen oder Verschränkungen von bildender Kunst und Lyrik, denen man in diesen Zeitschrifen immer wieder begegnet: zum Beispiel war der Dichter Frank O'Hara vom Sommer 1962 bis zum Frühjahr 1964 bei *Kulchur* als *art editor* tätig, schrieb der Maler Larry Rivers für *Location* einen Essay über die gemeinsam mit O'Hara hervorgebrachte Lithographie-Serie *Stones* (56), wurden in einem von John Ashbery her-ausgegebenen Heft von *Locus Solus* Gedichte von Rivers veröffentlicht (57), gab James Schuyler in *Art and Literature* eine Einführung in die Kunst Jane Freilichers (58), gestaltete Freilicher ein Werbeplakat für *Locus Solus* (59).

Interessant sind außerdem verschiedene Zeitschriften, die zwar einen bestimmten thematischen Schwerpunkt setzten, das heißt, entweder vorwiegend literarisch orientiert oder aber primär auf die bildende Kunst ausgerichtet waren, doch gleichzeitig auch andere künstlerische Handlungsbereiche berücksichtigten. So veröffentlichte etwa das Magazin *Folder* (60) hauptsächlich neue Literatur, enthielt aber zusätzlich stets Reproduktionen zeitgenössischer Kunstwerke, in jedem Heft eine Originalgraphik und darüber hinaus gelegentlich Essays über die bildende Kunst (61). Auf der anderen Seite

(54) *Locus Solus* existierte von 1961 bis 1962. Die insgesamt fünf Ausgaben (wobei Nr. 3 und Nr. 4 als Doppelausgabe erschienen) wurden zwar im französischen Lans-en-Vercors (Isère) veröffentlicht, doch die vier Herausgeber - John Ashbery, Kenneth Koch, Harry Mathews, James Schuyler - waren Amerikaner und konzentrierten sich auch fast ausschließlich auf amerikanische Kunst und Literatur.
(55) Diese Zeitschrift erschien zwar in Zürich und nicht in New York und behandelte dementsprechend nicht nur die amerikanische, sondern auch die europäische Avantgarde, doch sie ist für uns deshalb von Interesse, da sie, wie schon in einem anderen Zusammen-hang erwähnt, von John Ashbery mitherausgegeben wurde. Dies ist vielleicht einer der Gründe dafür, daß das Magazin gerade den Malern und Dichtern der New York School viel Raum zur Verfügung stellte.
(56) L. Rivers, "Life Among the Stones", *Location* 1, Spring 1963, 90-98.
(57) Ders., "Six Poems", *Locus Solus* 3-4, Winter 1962, 38-48.
(58) J. Schuyler, "The Painting of Jane Freilicher", *Art and Literature* 10, Autumn 1966, 147-159.
(59) Vgl. *Paris - New York: Echanges littéraires au vingtième siècle*, AK Bibliothèque Publique d'Information, Centre Georges Pompidou, Paris 1977, 111.
(60) Diese Zeitschrift existierte von 1953 bis 1956 und erschien bei der Tiber Press. Es sollte eigentlich zwei Ausgaben pro Jahr geben, doch insgesamt wurden nur vier Hefte veröffentlicht. Anläßlich der Gündung von *Folder* fand am 27. November 1953 in der Wohnung der New Yorker Filmemacherin und Schriftstellerin Daisy Aldan mit mehreren in der ersten Ausgabe vorgestellten Dichtern statt, an der unter anderen John Ashbery, Frank O'Hara und James Schuyler beteiligt waren. 1955 konzipierte und drehte Aldan außerdem den Film *Once upon an El*, in dem 18 mit *Folder* assoziierte Maler und Lyriker auftraten (z.B. Ashbery, Freilicher, Hartigan, O'Hara, Schuyler).
(61) Einer dieser Essays hat übrigens eine 'Geschichte', die ein aufschlußreiches Licht auf das New Yorker Kulturleben der fünfziger Jahre wirft: im Winter 1954/55 erschien im

wurden in Zeitschriften wie *It Is* (62), einem in erster Linie der bildenden Kunst gewidmeten Magazin, dessen Titel gleichwohl auf einen Text von Gertrude Stein zurückgeht (63), gerade auch Schriftsteller eingeladen, Beiträge über zeitgenössische Malerei, manchmal auch über zeitgenössische Literatur (64), zu publizieren.

Die soeben vorgestellten Zeitschriften führen uns teilweise in die sechziger Jahre und legen Zeugnis davon ab, daß es auch in diesem Jahrzehnt Kontakte zwischen Dichtern und bildenden Künstlern gab. Doch mit Ausnahme von Frank O'Hara, der gerade in den sechziger Jahren stark von seinen beruflichen Verpflichtungen im Museum of Modern Art in Anspruch genommen wurde, verfolgten die New York Poets die Entwicklungen im Bereich der bildenden Kunst nun mit größerer Distanz. Dies liegt zum einen darin begründet, daß sich ihre eigenen künstlerischen Positionen mittlerweile gefestigt hatten, sie also nicht mehr so sehr der 'Rückversicherung' durch Gleichgesinnte bedurften. Darüber hinaus hatten einige allgemeine Veränderungen im kulturellen Leben der Stadt New York Auswirkungen auf die Beziehungen zwischen Dichtern und zeitgenössischen Malern und Bildhauern. Besonders bedeutsam ist, daß der in den fünfziger Jahren so ausgeprägte "sense of community", der die in unterschiedlichen Medien tätigen Repräsentanten der Avantgarde verbunden hatte, ab dem Ende des Jahrzehnts immer mehr abnahm (65). Bis zu diesem Zeitpunkt waren die Mitglieder der New Yorker Avantgarde ja eine verhältnismäßig kleine Gemeinschaft, und es herrschte jene "camaraderie that small numbers can sustain" (66). An den Foren für neue Kunst - seien

dritten Heft von *Folder* Frank O'Haras Aufsatz "Nature and New Painting" (dieser acht Seiten lange, unpaginierte Aufsatz ist wiederabgedruckt in: *SSW*, 41-51). Der Text wurde von einer Zeichnung von Jane Freilicher begleitet, die bereits als eine der vier Illustrationen von Ashberys *Turandot, and Other Poems* (s. Anm. 40) verwendet worden war. Am 21. Januar 1955 fand dann im Club eine speziell diesem O'Hara-Essay gewidmete Podiumsdiskussion statt, die von John Bernard Myers moderiert wurde und an der außerdem die Kunstkritiker Clement Greenberg und Hilton Kramer und der langjährige Direktor des Museum of Modern Art, der Kunsthistoriker Alfred H. Barr, Jr. teilnahmen. Am 28. Januar und 11. Februar folgten noch zwei weitere Gesprächsrunden zu dem Essay, an denen unter anderen O'Hara selbst, Thomas B. Hess sowie mehrere Maler beteiligt waren (z.B. Michael Goldberg, Grace Hartigan, Franz Kline, Elaine de Kooning und Willem de Kooning). 1964 schließlich erschien anläßlich einer Freilicher-Ausstellung in der Tibor de Nagy Gallery ein Sonderdruck von O'Haras Aufsatz (Auflage: etwa 300 Exemplare).
(62) *It Is* hatte den programmatischen Untertitel *A Magazine for Abstract Art*. Es erschien erstmals im Frühjahr 1958 und wurde zunächst bis zum Frühjahr 1960 veröffentlicht. Im Herbst 1965 wurde die Publikation von *It Is* wiederaufgenommen, doch besonders interessant sind für uns die fünf Ausgaben, die zwischen 1958 und 1960 von Sebastion Gallo (Nr. 1-2) beziehungsweise Phillip G. Pavia (Nr. 3-5) herausgegeben wurden.
(63) "Twenty years after, as much as twenty years after in as much as twenty years after, after twenty years and so on. It is it is it is it is." G. Stein, *Portraits and Prayers*, zit. in: *It Is* 4, Autumn 1959, 3.
(64) Z.B. veröffentlichte Allen Ginsberg in *It Is* 3, Winter / Spring 1959, den Aufsatz "Abstraction in Poetry" (73-75).
(65) Vgl. Sandler, *New York School*, 42.
(66) Ashton, *New York School*, 229.

es Zeitschriften, seien es bestimmte Lokale und Galerien - kamen im Grunde immer wieder dieselben Künstler zusammen, und so entfaltete sich gleichsam wie von selbst ein intensiver und kontinuierlicher Gedankenaustausch zwischen den in unterschiedlichen Medien arbeitenden avantgardistischen Künstlern. In den sechziger Jahren nun wurde die New Yorker Kunstszene - dies gilt vor allem für die bekanntlich im Mittelpunkt des öffentlichen Interesses stehenden bildenden Künstler - infolge des von hier ausgehenden internationalen "Triumphs der amerikanischen Malerei" (67) rasch erheblich größer (68) und damit auch unpersönlicher. Die in New York lebenden avantgardistischen Künstler bildeten nicht länger eine relativ geschlossene Gemeinschaft, in der sich schon auf Grund der Tatsache, daß quasi jeder jeden kannte, vielfältige Kontakte zwischen Malern und Lyrikern ergaben. Die Erweiterung der Kunstwelt brachte es außerdem mit sich, daß neue Kunstrichtungen, an erster Stelle die Pop-art, in den Vordergrund rückten. All dies führte dazu, daß sich die New York School auflöste, jedenfalls in dem Sinne, daß sie nicht mehr eine Art Sammelbewegung war, die die Aktivitäten der Avantgarde bündelte. Die einzelnen mit der New York School assoziierten Maler und Lyriker blieben zwar miteinander im Gespräch, teilten auch nach wie vor bestimmte ästhetische Grund-haltungen, wurden aber insgesamt unabhängiger voneinander und beschritten in zunehmendem Maße individuell verschiedene Wege, um ihre Kunst weiterzuentwickeln (69).

Doch obwohl sich die meisten New York Poets ab Beginn der sechziger Jahre vom Kunstbetrieb etwas zurückzogen, bewahrten sie ihr großes Interesse für die bildende Kunst: neben Frank O'Hara waren auch John Ashbery, Barbara Guest und James Schuy-ler weiterhin als Kunstkritiker tätig, und Ashbery, Guest und Koch pflegen bis heute gute private Freundschaften zu bestimmten Malern und Bildhauern. Überdies gibt es nach wie vor Aktivitäten, bei denen die New York Poets mit Malern zusammenkommen, und bezeichnenderweise sind die Dichter nicht zuletzt mit jenen bildenden Künstlern in Kontakt geblieben, die sie schon seit Beginn ihrer schriftstellerischen Laufbahn kennen. Zum Beispiel veranlaßten Kenneth Koch und John Ashbery bei Inszenierungen ihrer Theaterstücke am Ende der siebziger beziehungsweise am Anfang der achtziger Jahre, daß Jane Freilicher die Bühnenbilder gestaltete (70), und James Schuyler und Charles

---

(67) Dieser Untertitel von Sandlers Werk über den Abstrakten Expressionismus (s. Anm. 9) ist keineswegs übertrieben.
(68) Ashton weist etwa darauf hin, daß zu Beginn der fünfziger "about thirty respectable art galleries in New York" existierten, und fährt fort: "By 1961 there were more than 300 managing between them to stage close on 4,000 exhibitions a year." (dies., *New York School*, 229)
(69) Vgl. zur Auflösung der New York School: ibid., Kap. 15: "The end of an era", bes. 229f.; Sandler, *New York School*, 42.
(70) Im einzelnen handelt es sich um Aufführungen von Kochs *The Red Robins*, das 1979, und Ashberys *The Heroes*, das 1981 neu inszeniert wurde; an der Konzeption der Bühnenbilder für *The Red Robins* waren neben Freilicher auch noch mehrere andere Maler beteiligt, u.a. Red Grooms und Alex Katz.

North haben in zwei von ihnen herausgegebene, 1979 beziehungsweise 1989 publizierte "Dichter-und-Maler-Anthologien" (71) gerade auch Werke von Mitgliedern der "Zweiten Generation" der New York School aufgenommen (etwa von Mary Abbott, Nell Blaine, Jane Freilicher, Alex Katz und Fairfield Porter). Der Gedankenaustausch zwischen den New York Poets und zeitgenössischen bildenden Künstlern ist also nie abgerissen, doch insgesamt heute weniger intensiv als das "give-and-take between poetry and art", das sich in den fünfziger Jahren vollzog und das John Ashbery im Rückblick als "unique in America" bezeichnet hat (72).

2.3. Gemeinschaftsprojekte und Illustrationen

Einen sehr reizvollen konkreten Niederschlag fanden die Kontakte zwischen den New York Poets und den mit ihnen befreundeten Malern in einer Reihe von Gemeinschaftsprojekten, von denen ich hier eine Auswahl verschiedener mir besonders interessant erscheinender Beispiele vorstellen möchte. Es handelt sich um Kunstwerke, die Dichter und bildende Künstler simultan und / oder in direktem Gedankenaustausch miteinander schufen. Bis auf John Ashbery haben alle New York Poets zu irgendeinem Zeitpunkt solche Arbeiten entworfen. Bei James Schuyler haben sie freilich das Planungsstadium nie überschritten. Von Barbara Guest, Kenneth Koch und Frank O'Hara dagegen liegen jeweils mehrere Werke vor, die in unmittelbarer Zusammenarbeit mit bestimmten Malern hervorgebracht wurden. Die meisten dieser Werke stammen aus den späten fünfziger und frühen sechziger Jahren. Namentlich Barbara Guest führt indes auch heute noch ab und an Gemeinschaftsprojekte mit bildenden Künstlern aus (73).

Die von einzelnen Lyrikern zusammen mit Malern gestalteten Arbeiten sind zum Großteil ziemlich unbekannt, was allerdings insofern kaum verwunderlich ist, als sie vielfach recht private Unternehmungen waren. Einige Bemerkungen von Norman Bluhm über die von ihm und Frank O'Hara verwirklichten *Poem-paintings* (auf die ich noch zurückkommen werde) lassen sich auch auf etliche andere New Yorker Gemeinschaftsprojekte übertragen: "They were done as an event by two people who had this special feeling for each other and for art, music, and literature. [...] We thought of

(71) Die genauen Titel lauten: *Broadway: A Poets and Painters Anthology* und *Broadway 2: A Poets and Painters Anthology*.
(72) J. A[shbery], "Frank O'Hara, 1926-1966", *AN* 65, September 1966, 45.
(73) So wurde etwa im Winter 1990 ein Texte von Guest und Lithographien von Richard Tuttle kombinierendes Werk abgeschlossen, das in Kürze unter dem Titel *The Altos* publiziert werden soll.

our collaboration as a theatrical event, as an amusement. We did it for fun" (74). Gerade die Werke, die Frank O'Hara mit verschiedenen bildenden Künstlern realisierte, haben freilich mittlerweile einen relativ hohen Bekanntheitsgrad erreicht. An erster Stelle ist hier die bereits mehrfach kurz erwähnte, unlängst in der Londoner Tate Gallery wieder einmal der Öffentlichkeit präsentierte (75) Lithographie-Serie *Stones* zu nennen, die O'Hara zwischen 1957 und 1959 gemeinsam mit Larry Rivers schuf (76). Bei diesem Projekt gingen Maler und Dichter, wie Rivers in seinem aufschlußreichen Essay über die Entstehungsgeschichte der zwölf Blätter umfassenden Serie festgehalten hat (77), folgendermaßen vor: bei jeder Lithographie dachten sie sich zunächst einen thematischen Aufhänger aus, und sofort danach traten sie in einen improvisatorischen, auf spontaner wechselseitiger Inspiration beruhenden Arbeitsprozeß ein, in dessen Verlauf Rivers die - halb abstrakten, halb figurativen - Bildelemente ausführte und O'Hara Sätze oder Satzfragmente über die Grundfläche verteilte. Alle Lithographien spielen in der einen oder anderen Form auf Personen und Geschehnisse aus Rivers' und O'Haras Alltagsleben an, zeigen aber immer wieder neue Varianten der Kombination von Wort und Bild. In manchen Blättern - etwa in *Springtemps* (Abb. 1), wo im linken Drittel ein Gedicht O'Haras für Joseph Rivers, einen Sohn seines Malerfreundes, und rechts diverse stark abstrahierte, zum Teil als Blumen oder als menschliche Körper interpretierbare Motive zu sehen sind - stehen Text und Zeichnung mehr oder minder unverbunden nebeneinander. In den meisten Fällen gelangen Dichter und Maler jedoch zu einer überzeugenden Verschränkung von sich gegenseitig bereichernden Bild- und Textelementen. Durch ein mannigfaltiges Ineinandergreifen von Wort und Bild gekennzeichnet ist zum Beispiel ein Blatt mit dem Titel *Love* (Abb. 2): es konfrontiert den Betrachter mit einer auf Kontrasten basierenden ironischen Verknüpfung von ziemlich krassen, eine gewisse Härte und Aggressivität ausstrahlenden Darstellungen weiblicher und männlicher Körperformen und Sexualorgane mit nur implizit die Liebe thematisierenden Textpartien, die aber dennoch sehr gefühlvoll, nämlich melancholisch

---

(74) Bluhm in einem Gespräch mit Marjorie Perloff am 2. Dezember 1975; zit. in: M. Perloff, *Frank O'Hara: Poet Among Painters*, New York 1977, 106 u. 107.
(75) Die von der Tate Gallery 1989 erworbenen Exemplare der *Stones* waren im Rahmen einer im Sommer 1991 veranstalteten Sonderausstellung zur amerikanischen Druckgraphik nach 1960 zu sehen.
(76) Da die 1960 in einer Auflage von je 25 Exemplaren erschienenen *Stones* schon öfter kommentiert worden sind, verzichte ich hier auf genaue Einzelanalysen und verweise auf die detaillierten Beschreibungen in: H. Koriath, *Larry Rivers: Bildende Kunst in Beziehung zur Dichtung Frank O'Haras*, Frankfurt/Main etc. 1990, 149-171, sowie die ebenso konzisen wie instruktiven Erläuterungen in: Perloff, *Poet Among Painters*, 99-105. Über Daten und Fakten informiert ferner: Smith, *O'Hara: Bibliography*, 166-168. Smith gibt überhaupt eine nützliche Übersicht über "Artwork by or in Collaboration with Frank O'Hara": ibid. 165-178; aus dieser Übersicht geht hervor, daß O'Hara außer mit Rivers und Bluhm hauptsächlich mit Joe Brainard und Michael Goldberg Collagen, Zeichnungen etc. angefertigt hat. Abbildungen verschiedener *Stones* enthalten z.B.: Koriath, *Larry Rivers*, 211-217; Perloff, *Poets Among Painters*, Abb. 3-7; Rivers, "Life Among the Stones", 91, 93, 95; Rivers, *Drawings and Digressions*, 114.
(77) S. Anm. 56.

und wehmütig, anmuten und gerade deshalb in der Sekundärliteratur zu Recht als parodistisch charakterisiert worden sind (78). Ein anderes Beispiel für eine enge Verflechtung verbaler und bildlicher Elemente liefert *Melancholy Breakfast* (Abb. 3): in dieser Lithographie erzielen Rivers und O'Hara ein subtiles Zusammenspiel von gezeichneten Motiven, welche an Küchengegenstände und Nahrungsmittel denken lassen, und Gedichtzeilen, die Assoziationen an ein von einer 'Katerstimmung' geprägtes Frühstück wachrufen.

Ein zweites interessantes Gemeinschaftsprojekt, zu dem Frank O'Hara einen Beitrag leistete, bilden jene 26 schlicht *Poem-paintings* betitelten Gouachen, die der Dichter im Herbst 1960 mit Norman Bluhm hervorbrachte (79). In jeder dieser Gouachen werden weitgehend abstrakte Farbformen mit in der Regel recht kurzen Textfragmenten vereint (Abb. 4). Sowohl die rhythmisch bewegten, in etlichen Arbeiten partiell in einer gestischen Träufeltechnik über die Grundfläche verstreuten Bildelemente als auch die in einer sehr schwungvollen Handschrift fixierten verbalen Äußerungen erzeugen - selbst wenn man weder die ersteren noch die zweiteren zu paraphrasieren vermag - den Eindruck großer Energie und dynamischer Lebhaftigkeit. Schon allein wegen dieser Übereinstimmung fügen sich Wort und Bild in den einzelnen *Poempaintings* stets zu einem sehr homogenen Ganzen zusammen. Auf Grund der Kürze beziehungsweise Abstraktheit der Text- und Bildelemente gibt es zwischen ihnen jedoch nicht so vielfältige inhaltliche Berührungspunkte, wie sie bei den *Stones* beobachtet werden können. Vielmehr sind die inhaltlichen Korrelationen nun erheblich vager und offener. Eine wichtige Gemeinsamkeit mit den *Stones* besteht indes darin, daß auch die *Poem-paintings* jeweils das Resultat eines improvisatorischen Arbeitsprozesses sind, bei dem die beiden an diesem Werk beteiligten Künstler auf jede Vorausplanung verzichteten und sich ganz von spontanen Einfällen leiten ließen. Der Schaffensprozeß wurde allerdings in weniger Einzeletappen unterteilt, als O'Hara und Rivers es bei den *Stones* praktiziert hatten: entweder lieferte Bluhm eine zeichnerische Vorlage, die O'Hara dann durch passende Zusätze ergänzte, oder der Maler reagierte auf von dem Lyriker vorgegebenes Sprachmaterial; bei jedem Blatt wurden also nur zwei Arbeitsschritte vollzogen. Man könnte sagen, daß sich der Austausch zwischen Maler und Dichter bei den *Poem-paintings* immer nur auf flüchtige Momente konzentrierte und nicht, wie bei den *Stones* der Fall, eine dialogische Entwicklung durchmachte. Gleichwohl trifft zu, was John Perreault in einer Bluhms und O'Haras Gouachen gewidmeten Ausstellungsnotiz unterstreicht: "These works are never merely illustrated poems or abstract paints with

---

(78) Vgl. Koriath, *Larry Rivers*, 160; Perloff, *Poet Among Painters*, 105.
(79) Anregende Kommentare hierzu liefert, einmal mehr, Perloff, *Poet Among Painters*, 105-109. Knappe Sachinformationen finden sich in: Smith, *O'Hara: Bibliography*, 169-172. Abbildungen mehrerer *Poem-paintings* zeigen z.B.: *Homage to O'Hara*, 124-127; Perloff, *Poet Among Painters*, Abb. 8-10.

words as footnotes." (80) Statt dessen haben wir es bei den *Poem-paintings*, ähnlich wie bei den *Stones*, mit Zeugnissen einer echten Zusammenarbeit zu tun, in denen Text und Bild völlig gleichwertig und nicht voneinander zu trennen sind.

Frank O'Hara ist nicht der einzige New York Poet, der mit Larry Rivers ein Gemeinschaftsprojekt verwirklichte. Auch Kenneth Koch hat - sogar recht häufig - mit Rivers zusammengearbeitet. Insbesondere zu Anfang der sechziger Jahre haben Koch und Rivers zahlreiche Werke - der Dichter beziffert sie auf "about 30 works in all" (81) - gemeinsam gestaltet. Einen Höhepunkt erreichten die zwei Künstler mit dem 1961 entstandenen, Koch zufolge nicht zuletzt durch Rivers' und O'Haras *Stones* inspirierten Bild *New York 1950-1960* (82), das der Lyriker generell als "the most interesting collaboration with a painter I've done" (83) ansieht (Abb. 5). Wie bereits im Titel anklingt, hatten Maler und Dichter die Intention, in diesem von Rivers einmal mit "a colorfully decorated gossip column" (84) verglichenen Werk allerlei für beide von ihnen wichtige Alltagsereignisse und -situationen der fünfziger Jahre zu skizzieren. Dabei war die 'Arbeitsaufteilung' so ähnlich wie bei den *Stones*: Rivers führte mit Ölfarben in der für ihn so charakteristischen Mischung von Abstraktion und Figuration die Bildelemente aus, und Koch schrieb mit einem Kohlestift die äußerlich bisweilen relativ langen, dennoch überwiegend ziemlich bruchstückhaften Texteinheiten hinzu. Und genau wie Rivers und O'Hara bei den *Stones* ließen sich Rivers und Koch bei *New York 1950-1960* auf einen improvisatorischen Prozeß des Gebens und Nehmens ein, bei dem sie Schritt für Schritt assoziativ weiterentwickelten oder abwandelten, was der jeweils andere in einem bestimmten Stadium auf die Leinwand aufgetragen hatte. Das Produkt dieses kontinuierlichen "playing back and forth against one another" (85) ist freilich recht rätselhaft. So haben manche bildlichen und verbalen Äußerungen - sei es, weil sie allzu fragmentarisch sind, sei es, weil sie keine realistisch-deskriptive Darstellung der Alltagswelt bieten - bereits in sich keine feste Bedeutung. Darüber hinaus sind oft die Bezüge zwischen Wort und Bild sehr locker; Koch selbst nennt ein gutes Beispiel:

---

(80) J. P[erreault], "Reviews and previews: Norman Bluhm and Frank O'Hara", *AN* 65, February 1967, 11.
(81) Harrison, "Conversation With Koch", 12. Vgl. auch Kochs Reminiszenzen an mit Rivers realisierte Projekte in: K. Koch, "Larry Rivers", in: *Poets and Painters*, organized by D. Perry Vanderlip, AK Denver Art Museum, Denver, Col. 1979, 36. Eine Gouache mit dem Titel "Comic Collaboration with Kenneth Koch" aus dem Jahre 1956 ist abgebildet in: Hunter, *Larry Rivers*, 196, eine mit Rivers angefertigte Ölskizze von 1961 in: Rivers, "Life Among the Stones", 90.
(82) Nützliche Erläuterungen hierzu enthält vor allem ein Interview mit Koch: ibid., passim. Außerdem macht auch Rivers am Ende jenes Essays, in dem er primär die *Stones* behandelt, einige interessante Bemerkungen zu *New York 1950-1960*: Rivers, "Life Among the Stones", 97f.
(83) Harrison, "Conversation With Koch", 12.
(84) Rivers, "Life Among the Stones", 98.
(85) Koch in: Harrison, "Conversation With Koch", 12.

When Larry put some luscious red on, that suggested words to me, almost as if the color were creating them. I'd see a certain red and I'd write, "sandy kimonos." The connection would not be terribly clear - if I had looked for it, I might have found (or imagined) that it had something to do with lying on the beach or a girl named Sandy who had a red robe, but I didn't look for it. (86)

Und der Dichter war sich auch, als er sich 1983 im Rahmen eines Interviews erneut mit *New York 1950-1960* auseinandersetzte, bei verschiedenen Einzelheiten nicht sicher, welchen Sinn oder Bezugspunkt sie ursprünglich hatten (87). Es ist aber wohl durchaus legitim, daß jeder Betrachter - in Anlehnung an das bei vielen Gedichten der New York Poets fruchtbarste Rezeptionsverfahren - zu einer eigenen Interpretation der von Rivers und Koch akkumulierten Bild- und Textdetails findet.

Von den übrigen Werken, die Koch zusammen mit bildenden Künstlern hervorgebracht hat (88), möchte ich hier noch kurz ein Unternehmen vorstellen, das einen ganz anderen Typ von Gemeinschaftsprojekten repräsentiert als die bislang besprochenen Arbeiten. Es geht um das von Koch initiierte Theaterstück *The Construction of Boston* (1962) (89), für dessen Konzeption der Dichter gleich drei bildende Künstler gewann: Robert Rauschenberg, Jean Tinguely und Niki de Saint-Phalle. Bei diesem bemerkenswerten Projekt beschränkten sich die drei Maler beziehungsweise Bildhauer nicht nur auf den Entwurf von Kulissen, sondern sie waren schon an der Themenauswahl und an der Planung des Plots beteiligt: bevor der Text geschrieben wurde, einigten sich Koch, Rauschenberg, Tinguely und Niki de Saint-Phalle zunächst darauf, daß sich das Drama um die Geschichte und den Aufbau der Stadt Boston drehen sollte, und danach überlegten sich die drei bildenden Künstler, welche Rolle sie jeweils spielen wollten. Sie gelangten zu dem folgenden Ergebnis: "Rauschenberg chose to bring people and weather to Boston; Tinguely, architecture; and Niki de Saint-Phalle, art." (90) Gleichzeitig dachten sie sich konkrete Handlungsversatzstücke

---

(86) Ibid., 10.
(87) Vgl. ibid., 12.
(88) Koch hat z.B. auch gelegentlich mit Jim Dine und Red Grooms zusammengearbeitet. Mit Dine gestaltete er z.B. einen in *AN* 65, October 1966, 54-57, publizierten "Test in Art", eine Art parodistischen illustrierten Fragebogen, und mit Grooms eine Reihe von Cartoons. Eine mir besonders reizvoll erscheinende Idee für ein Buch-Objekt mit Dine wurde leider nie verwirklicht; Koch erklärt: "We decided it would be nice to do [...] a book of which each page would be made of a different material - there would be a tin page, an aluminum page, a plexiglass page, a wooden page, and so on. I was to write some words inspired by Jim's inspiring heavy pages. We shopped on Canal Street for materials but never made the work. I don't remember why." (K. Koch, "Jim Dine", in: *Poets and Painters*, 38) Einige, wenn auch nur stichwortartige Informationen zu gemeinsamen künstlerischen Aktivitäten mit Dine und Grooms vermitteln: ibid.; K. Koch "Red Grooms", in: *Poets and Painters*, 40.
(89) Der Text ist abgedruckt in: K. Koch, *A Change of Hearts: Plays, Films, and Other Dramatic Works 1951-1971*, New York 1973, 132-150. Meine Beschreibung der Entstehungsgeschichte und der Inszenierung des Stücks stützt sich auf ein Gespräch mit Koch am 26. September 1990 sowie auf seine einleitenden Erläuterungen in: ibid., 131f.
(90) Ibid., 131.

aus: Rauschenberg wollte eine Regenmaschine konstruieren und betätigen und schlug außerdem vor, daß sich am rechten Bühnenrand ein junges Paar einen Haushalt einrichtete. Tinguely hatte die Idee, daß sein Auftritt darin bestehen sollte, eine Tonne Bausteine aus grauem Sandstein auf das Proszenium zu karren und dort allmählich eine Mauer zu bauen. Niki de Saint-Phalle wollte, verkleidet als Napoleon und begleitet von drei Soldaten, vom Zuschauerraum her die Bühne betreten und dann mit einem Gewehr auf eine weiße Gipskopie der Venus von Milo schießen, so daß die Statue in bunten Farben 'blutete'. Nachdem Koch schließlich einen gut auf die so unterschiedlichen und eigenwilligen Vorschläge der bildenden Künstler abgestimmten Text verfaßt hatte, fand am 4. Mai 1962 im New Yorker Maidman Playhouse die Uraufführung von *The Construction of Boston* statt, bei der kein Geringerer als der Tänzer und Choreograph Merce Cunningham Regie führte. Cunningham regte unter anderem an, daß die Textpartien von Tinguely und Niki de Saint-Phalle - diese spielten freilich nicht selbst mit, sondern wurden durch Doubles verkörpert - zum Teil gesungen und daß die für Rauschenberg vorgesehenen Zeilen überhaupt nicht von irgendeiner Person vorgetragen, sondern auf eine Leinwand projiziert wurden. Letztlich kam eine sehr originelle Inszenierung zustande, die, scheint mir, einerseits an die Tradition des Gesamtkunstwerks anknüpfte, andererseits aber auch schon von den zu Beginn der sechziger Jahre ja noch ganz neuartigen *performances* beeinflußt wurde.

Bei den von Barbara Guest gemeinsam mit bildenden Künstlern geschaffenen Werken handelt es sich wiederum durchweg um Zeichnungen oder Graphiken. Zu ihren ersten Gemeinschaftsprojekten mit Malern gehören verschiedene Arbeiten auf Papier, die die Dichterin im Laufe der sechziger Jahre mit Mary Abbott gestaltete. Im Jahre 1961 zum Beispiel brachten die beiden gut befreundeten Künstlerinnen eine "Wave" betitelte Ölskizze hervor (91) (Abb. 6), bei der sie sich der gleichen Verfahrensweise bedienten, wie wir sie bereits bei den *Stones* und bei *New York 1950-1960* kennengelernt haben: Lyrikerin und Malerin arbeiteten - jeweils im Wechsel agierend und reagierend - unmittelbar neben- und miteinander, wobei Abbott essentiell abstrakte, dennoch manchmal gegenständliche Assoziationen erweckende Bildelemente über die Grundfläche verteilte, während Guest knappe, zumeist nur ein einziges Wort umfassende Texteinheiten aufschrieb. Und genauso wie Rivers und O'Hara beziehungsweise Rivers und Koch hatten auch Abbott und Guest während der Arbeit kein im voraus definiertes Ziel im Auge, sondern folgten spontanen Augenblickseinfällen. In dem fertigen Werk nun bilden die sich vielfältig überlagernden und durchdringenden Farbformen und verbalen Äußerungen ein organisches Ganzes, in dem Wort und Bild so ineinandergreifen, daß das eine nicht vom anderen losgelöst werden kann. Auf eine eindeutige Aussage ausgerichtet

---

(91) Informationen hierzu verdanke ich Gesprächen mit Abbott und Guest am 22. September 1990.

sind die verschiedenen Bestandteile jedoch nicht: zwar haben zum Beispiel ein paar Textelemente gemeinsam, daß sie, dem Titel entsprechend, auf Meeresmotive anspielen ("Tritons", "mermaids". "zephyr"), aber diese Anspielungen sind viel zu vage und fragmenthaft, als daß sie spezifische Interpretationshinweise enthielten. Die meisten anderen Texteinheiten und erst recht die ja weitgehend abstrakten Bildelemente erlauben ohnehin ganz unterschiedliche Auslegungen, nehmen von vornherein nicht nur auf einen Themen- oder Motivkomplex Bezug. In besonderem Maße gilt dies für einige Wörter, die übermalt und dadurch unlesbar geworden sind, weshalb ihnen eine ähnliche Bedeutungsoffenheit eignet wie ungegenständlichen Bildzeichen. Insgesamt bleibt es bei Abbotts und Guests Arbeit mindestens ebensosehr wie etwa bei Rivers' und Kochs *New York 1950-1960* dem Betrachter überlassen, die ihm dargebotenen Farbformen und Textbruchstücke assoziativ weiterzudenken und miteinander zu verbinden.

Als ein zweites Beispiel für die von Barbara Guest mit bildenden Künstlern gestalteten Werke sei die 1968 mit Sheila Isham geschaffene und 1969 in einer Edition von 70 Exemplaren erschienene Lithographie-Mappe *I-Ching* herangezogen (92) (Abb. 7). Mit diesem Werk wollten Guest und Isham moderne bildliche und verbale Illustrationen der acht Urzeichen des altchinesischen Orakelbuchs *I Ging* ('Buch der Wandlungen') (93) vorlegen. Ihre Mappe umfaßt dementsprechend acht Blätter, auf denen jeweils eine in Schwarzweiß gehaltene abstrakte Lithographie und ein kurzes, an die Konkrete Poesie erinnerndes Gedicht miteinander kombiniert werden. Dabei sind die einzelnen Gedichte und Lithographien stets klar voneinander abgesetzt, das heißt, es kommt nie zu jener engen Verflechtung, ja Verschmelzung von Wort und Bild, wie sie bei der gerade besprochenen Ölskizze von Guest und Abbott zu beobachten ist. Das hängt nicht zuletzt damit zusammen, daß Dichterin und Malerin ihre unterschiedlichen künstlerischen Handlungen diesmal nicht direkt nebeneinanderher ausführten. Die *I-Ching*-Mappe beruht aber auf einem intensiven Gedankenaustausch zwischen den zwei Urheberinnen. Guest und Isham entwickelten gemeinsam ein Konzept und waren auch bei der praktischen Verwirklichung ihrer Ideen in ständigem Kontakt miteinander: die Lyrikerin beobachtete bei einer Reihe von Atelierbesuchen, wie die Malerin an den Lithographien arbeitete, und zugleich entspannen sich zwischen den beiden Künstlerinnen lange Gespräche über die Bedeutung der ihren Texten beziehungsweise Lithographien zugrundeliegenden Urzeichen des *I Ging*. Guests Gedichte entstanden unmittelbar im

---

(92) Meine Bemerkungen hierzu basieren auf einem Gespräch mit Guest am 22. September 1990. Während dieses Gesprächs erwähnte Guest übrigens auch, daß sie neben den schon genannten Gemeinschaftsarbeiten einmal zusammen mit Joe Brainard ein paar Zeichnungen für *C Magazine* angefertigt habe.
(93) Es würde den Rahmen dieser Untersuchung sprengen, hier detaillierte Erklärungen zum *I Ging* im allgemeinen und zu den acht Urzeichen im besonderen abzugeben; ich verweise daher auf: *I Ging: Texte und Materialien*, übers. v. R. Wilhelm, München 1973.

Anschluß an diese Begegnungen. Sie wurden nicht nur inhaltlich, sondern auch formal sorgfältig auf die acht Urzeichen abgestimmt: die Autorin griff bestimmte durch diese Zeichen symbolisierte Begriffe auf und paßte ihre Zeileneinteilung an die verschiedenen Dreiergruppen von gebrochenen und ungebrochenen Strichen an, durch die die *I Ging*-Zeichen graphisch dargestellt werden. Als alle Gedichte und Lithographien vollendet waren, legten Guest und Isham fest, wie Text und Bild auf den einzelnen Blättern ihrer Mappe plaziert werden sollten. Diese Plazierung variiert von einem Blatt zum nächsten: mal werden die Gedichte den ihnen korrespondierenden Lithographien einfach gegen-übergestellt, mal werden sie in diese integriert. Was nun das Verhältnis von Wort und Bild in der *I-Ching*-Mappe betrifft, so können wir festhalten, daß sich die einzelnen Texte und Lithographien insofern hervorragend ergänzen, als sie jeweils - wie freilich nur ein mit dem *I Ging* vertrauter Rezipient erkennen wird - in ganz unterschiedlicher Art und Weise zentrale Aspekte der Zeichen, denen sie zugeordnet sind, evozieren. Doch zugleich erweisen sich sowohl Guests Gedichte als auch Ishams Lithographien - im Gegensatz zu den Text- und Bildelementen in Werken wie etwa den *Poem-paintings* oder *New York 1950-1960* - als durchaus autonome und in sich geschlossene Gefüge, die auch unabhängig voneinander gelesen beziehungsweise angeschaut werden können.

Soviel zu einigen exemplarischen Gemeinschaftsprojekten zwischen den New York Poets und bestimmten mit ihnen befreundeten bildenden Künstlern. In gewissem Sinne mit diesen Gemeinschaftsprojekten verwandt sind diverse Kunstwerke, die durch spezifische Texte, welche dann auch in der einen oder anderen Form in die fraglichen Bilder eingebaut wurden, inspiriert, aber von den jeweiligen Malern allein geschaffen wurden. Da die Dichter selbst somit keinen Anteil an der Gestaltung dieser Arbeiten hatten, möchte ich mich hier darauf beschränken, die wichtigsten Beispiele nur stichwortartig aufzulisten. Die frühesten Werke, zu denen Texte eines New York Poet den Anstoß gaben, sind zwölf im Jahre 1952 in Öl auf Papier ausgeführte, zu einer Serie mit dem Titel *Oranges* zusammengefaßte Bilder von Grace Hartigan, in die die Malerin zwölf gleichnamige Gedichte von Frank O'Hara integrierte (94). Ein anderer Text O'Haras, "[The clouds go soft]", wurde in die 1963 entworfene, aber erst 1965 zum Abschluß gebrachte Lithographie *Skin with O'Hara Poem* von Jasper Johns eingefügt (95). Als nächstes seien drei um 1975 entstandene Pastellzeichnungen von Joan Mitchell

---

(94) Vgl. Smith, *O'Hara: Bibliography*, 233; Hartigans Bilder wurden kurz nach ihrer Vollendung 1953 in der Tibor de Nagy Gallery ausgestellt; gleichzeitig gab die Galerie eine Mappe mit den korrespondierenden, schon 1949 verfaßten O'Hara-Texten (s. *CP*, 5-9) heraus, deren Deckblatt mit einer weiteren Ölskizze Hartigans geschmückt war; vgl. ibid., 7f. Das dritte Blatt von Hartigans *Oranges*-Serie ist reproduziert in: Perloff, *Poet Among Painters*, Abb. 1; das achte in: *Homage to O'Hara*, 28.
(95) Das auf den 11.7.1963 datierte Gedicht ist abgedruckt in: *CP*, 474f. Johns' Lithographie wird erläutert in: R. Castleman, *Jasper Johns: A Print Retrospective*, AK The Museum of Modern Art, New York 1986, 19f.; Abbildungen enthalten z.B.: ibid., 127; Perloff, *Poet Among Painters*, Abb. 12.

erwähnt, die auf James Schuylers Gedichten "Daylight", "Sunday" und "Sunset" basieren, welche auch in die jeweiligen Pastelle aufgenommen wurden (96). Gleich mehrere Arbeiten bildender Künstler, bei denen jeweils Texte der New York Poets der entscheidende Ausgangspunkt waren, stammen aus den frühen achtziger Jahren; auf Anregung von Jimmy Ernst fand nämlich 1982 im Guild Hall Museum in East Hampton (Long Island) eine Ausstellung statt, die sich ganz auf 42 an verschiedene Beispiele zeitgenössischer Lyrik anknüpfende Werke konzentrierte (97). Und in dieser Ausstellung vertreten waren unter anderen auch Fay Lansner mit drei Ölgemälden, die sich an Barbara Guests Gedicht "Tessera" (98) anlehnen (Abb. 8), und Larry Rivers mit einer auf Kenneth Kochs "In Bed" beruhenden, teils gezeichneten, teils collagierten Arbeit (99). Im Rahmen eines von den Herausgebern der Kunstzeitschrift *Artforum* initiierten Projekts hat Rivers fünf Jahre später erneut Texte von Koch - diesmal allerdings keine Gedichte, sondern extrem kurze Dramen - in acht Zeichnungen integriert, die im November 1987 in *Artforum* veröffentlicht wurden (100).

Es bietet sich an, an dieser Stelle auf zwei als Künstlerbücher klassifizierbare Bände aufmerksam zu machen, bei denen Kenneth Koch das in den gerade aufgezählten Kunstwerken angewendete Verfahren gleichsam umkehrte: in beiden Fällen leitete er bestimmte Texte von Zeichnungen ab und vereinte sie dann auch mit diesen Vorlagen zu Büchern, die den Rezipienten, eben weil sich die jeweiligen verbalen und bildlichen Komponenten wechselseitig bedingen, dazu veranlassen möchten, vor allem die zwischen Wort und Bild gegebenen Korrelationen als solche zu reflektieren (101). Bei dem ersten Beispiel reagierte Koch auf 21 Ende der sechziger Jahre hervorgebrachte, ein wenig an Cartoons erinnernde Schwarzweiß-Zeichnungen von Alex Katz, die leere Sprechblasen enthielten, welche, so Katz' Vorschlag, von Koch mit Texten gefüllt werden sollten. Der

---

(96) Schuylers Gedichte wurden veröffentlicht in: *HL*, 71, 80, 96. Kommentare zu Mitchells Pastellen und Abbildungen enthält: J.E. Bernstock, *Joan Mitchell*, New York 1988, 137f., 141.
(97) Meine Bemühungen, den Katalog dieser Ausstellung einzusehen (H.A. Harrison, *Art and Friendship*, AK Guild Hall Museum, East Hampton, N.Y. 1982), waren leider vergeblich. Leicht zugänglich ist jedoch ein recht detaillierter Ausstellungsbericht: M. Brenson, "Poets and Artists' Exhibition in East Hampton", *The New York Times*, 16.7.1982, C25. In diesem Artikel ist auch kurz von einem Gemälde von Darragh Park zu einem Gedicht von James Schuyler die Rede, doch präzisere Informationen hierzu fehlen.
(98) Der Text wurde später publiziert in: *FR*, 87-90.
(99) Ein Ausschnitt aus Rivers' Arbeit ist auf dem Einband von Kochs Sammlung *Days and Nights* zu sehen, welche mit "In Bed" eingeleitet wird (3-19). Vollständig reproduziert ist Rivers' *The Bed* in: H.A. Harrison, *Larry Rivers*, New York 1984, 125.
(100) S. *Artforum* 26, November 1987, 121-128. Die Rivers' Zeichnungen zugrundeliegenden Koch-Texte sind erschienen in: K. Koch, *One Thousand Avant-Garde Plays*, New York 1988.
(101) Hilfreiche Informationen zu den Entstehungsgeschichten dieser beiden Bücher ermittelte mir ein Gespräch mit Koch am 24. September 1990. Die jeweiligen Texte und Zeichnungen wurden übrigens konsequenterweise nie separat veröffentlicht.

Schriftsteller modifizierte diese Idee jedoch und schrieb statt Sprechblasentexten fünf kurze Geschichten. Diese setzen sich freilich aus je 21, manchmal aus nur einem Satz oder Satzfragment bestehenden Abschnitten zusammen, welche in der Regel auf Anhieb einleuchtende verbale Pendants zu den einzelnen Zeichnungen präsentieren, da sie, genau wie die bildlichen Vorlagen, banale Alltagsereignisse oder -situationen thematisieren. Dabei ist die Reihenfolge der Zeichnungen bei jeder Geschichte anders. 1970 kam dann in New York der alle fünf Geschichten umfassende Band *Interlocking Lives* heraus, in dem durchweg eine großzügige Zweiteilung eingehalten wird: links sind immer die Texteinheiten und rechts die dazugehörigen Zeichnungen zu sehen. Bei dem zweiten an spezifischen Bildvorlagen orientierten und diese auch mit dem entsprechenden Text kombinierenden Buch handelt es sich um den schmalen, 1979 in London erschienenen Band *From the Air*: diesmal wurde Koch durch sechs minuziöse Blattdarstellungen des britischen Künstlers Rory McEwen dazu angeregt, ein sich ebenfalls um Blätter drehendes, wenn auch eher surreales Gedicht zu schreiben, welches er so gliederte, daß außer auf der ersten Seite, ähnlich wie bei *Interlocking Lives*, stets eine Zeichnung mit einem sechszeiligen Textabschnitt konfrontiert wird.

Daß die New York Poets immer ein großes Interesse für die bildende Kunst gezeigt und mannigfaltige persönliche Kontakte zu etlichen Malern gepflegt haben, manifestiert sich schließlich auch in den zahlreichen Illustrationen und Titelblättern, die - nicht selten auf Wunsch der Autoren - zu ihren Gedichten oder Gedichtbänden angefertigt wurden. Auf die frühesten Beispiele für von Malerfreunden der Lyriker geschaffene Illustrationen - gemeint sind jene zu verschiedenen Zeitpunkten in den fünfziger Jahren entstandenen Arbeiten, die uns in Publikationen der Tibor de Nagy Editions beziehungsweise der Tiber Press begegnen - habe ich schon in einem anderen Zusammenhang hingewiesen (102). Unter den übrigen bis heute vorliegenden Veröffentlichungen einzelner oder mehrerer Gedichte, die von Illustrationen begleitet werden, verdienen folgende Beispiele besondere Beachtung: der 1967, das heißt, ein Jahr nach dem Tode Frank O'Haras von Bill Berkson im Auftrag des Museum of Modern Art herausgegebene, sowohl vom Inhalt als auch von der buchkünstlerischen Ausgestaltung her überaus eindrucksvolle Band *In Memory of My Feelings*, für den nicht weniger als 30 Maler, die O'Hara persönlich gekannt hatte, jeweils ein Gedicht illustrierten (103); der 1969 erschienene, das gleichnamige Langgedicht von Kenneth Koch enthaltende Band *When the Sun Tries to Go On*, der, Titelblatt und Frontispiz eingerechnet, mit insgesamt elf ganzseitigen, in fünf Fällen mehrfarbigen, in sechs Fällen schwarzweißen Reproduktionen von stets an einzelne Textzeilen anknüpfenden, halb abstrakten, halb figürlichen

---

(102) S. Anm. 40 und Anm. 41 bzw. Seite 48.
(103) Präzise Sachinformationen zu diesem Band liefert: Smith, *O'Hara: Bibliography*, 34-36; eine besonders schöne Rezension stammt aus der Feder John Ashberys: "In Memory of My Feelings", *AN* 66, January 1968, 50f., 67f.

Collagen von Larry Rivers ausgestattet ist (104); die ein paar Monate später im selben Jahr und bei demselben Verlag, der Black Sparrow Press, publizierte Sonderausgabe von John Ashberys Gedicht "Fragment", die mit 25 in Schwarzweiß wiedergegebenen, Personen oder Landschaften darstellenden Illustrationen von Alex Katz geschmückt ist, welche so plaziert sind, daß sich immer eine Text- und eine Bildseite gegenüberstehen (105); die 1988 veröffentlichte Sonderedition des Gedichts "Musicality" von Barbara Guest, die sich auszeichnet durch ein abwechslungsreiches Zusammenspiel von zumeist recht kurzen Texteinheiten und in unregelmäßigen Abständen aufeinanderfolgenden, sich mal über eine, mal über zwei Seiten erstreckenden Reproduktionen zwölf schwarzweißer Pastellzeichnungen von June Felter, auf denen die Künstlerin Landschaftsimpressionen eingefangen hat (106).

Noch wesentlich zahlreicher als die Illustrationen für solche relativ exklusiven, in limitierten Auflagen erschienenen Publikationen sind die Vorlagen für die Umschläge der Standardausgaben verschiedener Gedichtbände, die von diversen mit den New York Poets befreundeten bildenden Künstlern entworfen wurden. Namentlich Barbara Guest, Kenneth Koch und James Schuyler haben nach eigener Aussage (107) immer großen Wert darauf gelegt, daß die Einbände ihrer Bücher von Malern ihrer Wahl gestaltet wurden oder zumindest Reproduktionen bestimmter von ihnen selbst ausgesuchter, jedoch nicht eigens für ihre Gedichtsammlungen geschaffener Kunstwerke zeigen. So sind auf den Umschlägen der Bücher von Barbara Guest oft Werke von Zeitgenossen wie Robert Dash (108), Robert Fabian (109), Helen Frankenthaler (110) oder Leatrice Rose

---

(104) Drei dieser Collagen sind abgebildet in: Rivers, *Drawings and Digressions*, 124f., wo sie allerdings irrtümlicherweise auf 1970 datiert werden. Neben einer verhältnismäßig schlichten broschierten Ausgabe von *When the Sun Tries to Go On* (Auflage: 1500 Exemplare) gibt es 200 handgebundene und von beiden Künstlern signierte Exemplare mit einem Umschlag aus Karton sowie fünf wiederum von beiden Künstlern signierte Portfolios, denen zusätzlich je eine Collage von Rivers beigefügt wurde.
(105) Die Auflagenhöhe der broschierten Ausgabe von *Fragment* betrug 750, die der numerierten und von Dichter wie Maler signierten gebundenen Ausgabe 250 Exemplare; darüber hinaus wurde eine von beiden Künstlern signierte und durch je eine Tuschzeichnung von Alex Katz ergänzte Luxusausgabe gedruckt (Auflage: 20 Exemplare). Über weitere Details informiert: Kermani, *Ashbery: Bibliography*, 25f. (dort wird auch das Titelblatt abgebildet: ibid., 24). Interessant ist ferner ein von Ashbery selbst abgegebener Kommentar: "I felt my poem was so abstract and cerebral it would be interesting to have cool painting with it so [poem and painting] could play off each other. [...] Katz's pictures are very self-contained but my poem leads to endless speculation." (Ashbery im Juli 1983 in einem Gespräch mit Carmel Friedman, zit. in: C. Friedman, *New York School*, 192). "Fragment" wurde ohne Illustrationen wiederabgedruckt in: *DDS*, 78-94.
(106) Die Auflage ist auf 1000 Exemplare begrenzt, wobei 50 Exemplare einen handkolorierten Einbanddeckel haben und von Guest und Felter signiert worden sind. Der Text von "Musicality" ist auch enthalten in: *FR*, 82-86.
(107) In Gesprächen mit der Verfasserin am 22., 18. bzw. 24. September 1990.
(108) S. *Poems: The Location of Things, Archaics, The Open Skies.*
(109) S. Guests Roman *Seeking Air.*
(110) S. *The Blue Stairs.*

(111), aber auch einmal ein Ausschnitt aus einem Gemälde von Robert Koehler, einem Künstler des 19. Jahrhunderts (112), zu sehen. Kenneth Koch bat gleich bei mehreren Büchern Larry Rivers um passende Umschlagzeichnungen (113); bei anderen seiner Gedichtbände entschied er sich zum Beispiel für Arbeiten von Jane Freilicher (114) und Fairfield Porter (115). Ebenfalls auf Bildvorlagen von Freilicher (116) und Porter (117) basieren die Einbände verschiedener Bücher von James Schuyler, für den außerdem unter anderen Darragh Park (118) und Anne Dunn (119) Umschlagentwürfe hervorgebracht haben. John Ashbery hat zwar offenbar bei seinen ersten Gedichtsammlungen keine speziellen Wünsche hinsichtlich der Gestaltung der jeweiligen Einbände geäußert, doch seit Mitte der siebziger Jahre besitzen auch seine Bücher stets von spezifischen Bildern abgeleitete oder von bestimmten Malern konzipierte Umschläge; dabei reicht das Spektrum von Werken alter Meister wie Pieter Saenredam (120) und John Constable (121) bis zu Arbeiten von Zeitgenossen wie R.B. Kitaj (122), Vija Celmins (123) und Trevor Winkfield (124). Lediglich die Gedichtsammlungen Frank O'Haras - zu seinen Lebzeiten erschienen freilich sehr wenige, überdies sehr schmale Bände - sind sehr selten mit Einbänden ausgestattet, die von Malern gestaltet wurden; interessante Ausnahmen bilden nur die jeweils von Larry Rivers entworfenen Umschläge einer Sonderausgabe des Langgedichts "Second Avenue" und der *Selected Poems* O'Haras.

---

(111) S. *Fair Realism*.
(112) S. *The Countess from Minneapolis*.
(113) S. *The Burning Mystery of Anna in 1951, Days and Nights, On the Edge, Seasons on Earth* sowie Kochs Roman *The Red Robins* und die Dramen-Sammlung *A Change of Hearts*.
(114) S. *The Art of Love*. Vgl. Rivers' Einband-Studien für diesen Band in: Rivers, *Drawings and Digressions*, 128f.
(115) S. Kochs *Selected Poems* und sein Buch *Rose, Where Did You Get That Red? Teaching Great Poetry to Children*.
(116) S. Schuylers Roman *What's For Dinner*.
(117) S. *The Crystal Lithium, Hymn to Life*.
(118) S. *The Home Book, A Few Days, Selected Poems*.
(119) S. *The Morning of the Poem*.
(120) S. *As We Know*.
(121) S. *April Galleons*.
(122) S. *Houseboat Days*.
(123) S. *A Wave*.
(124) S. *Flow Chart*.

3. DICHTER ALS KUNSTKRITIKER

Die biographischen Notizen haben bereits gezeigt, daß mit Ausnahme von Kenneth Koch alle New York Poets über einen längeren Zeitraum hinweg als Kunstkritiker tätig waren. Vor allem Frank O'Hara und John Ashbery haben sich seit Beginn ihrer schriftstellerischen Laufbahn kontinuierlich auch mit der Kunstkritik befaßt, und es liegen mittlerweile recht umfassende Sammelbände ihrer kunstkritischen Schriften vor (1). Beide Dichter-Kritiker haben auch unter Fachleuten eine bemerkenswerte Beachtung und Anerkennung gefunden. Ihre Texte werden in anderen Kunstpublikationen erwähnt oder sogar zitiert (2), und Dore Ashton, eine hervorragende Kennerin der amerikanischen Kunst nach 1945, hebt ganz explizit hervor, daß O'Hara "one of the most acute commentators" der Malerei der New York School (3) und Ashbery "really a professional critic" (4) sei. Die - freilich auch weniger zahlreichen, überdies nach wie vor in Zeitschriften und Kunstbüchern verstreuten - kunstkritischen Essays von Barbara Guest und James Schuyler sind dagegen relativ unbekannt. Es ist bezeichnend, daß in zwei neueren Anthologien, die von verschiedenen Schriftstellern des 20. Jahrhunderts verfaßte Texte über die bildende Kunst enthalten, zwar sowohl O'Hara als auch Ashbery vertreten sind, Schuyler aber nur einmal, und Guest gar nicht berücksichtigt

---

(1) Die kunstkritischen Texte O'Haras sind, mit Ausnahme von knappen Ausstellungsrezensionen, fast vollständig wiederabgedruckt in *AC* und *SSW*. Der Sammelband mit Ashbery-Kritiken (*RS*) enthält zwar nur ein knappes Drittel der kunstkritischen Schriften dieses Autors, bietet aber dennoch eine repräsentative Auswahl.
(2) Vgl. z.B.: *Action / Precision: The New Direction in New York 1955-60*, organized by P. Schimmel, AK Newport Harbor Art Museum, Newport Beach, Calif. 1984, 153, 155; *Art USA Now*, ed. L. Nordness, Luzern 1963, nach 316, nach 404; D. Ashton, *American Art Since 1945*, London 1982, 81, 103; J.E. Bernstock, *Joan Mitchell*, New York 1988, 220, 221; *The Figurative Fifties: New York Figurative Expressionism*, organized by P. Schimmel / J.E. Stein, Newport Beach, Calif. / New York 1988, 26, 27, 28, 30, 31, 32, 33, 37, 38f., 43, 148; *Jane Freilicher: Paintings*, ed. R. Doty, New York 1986, 120, 121, 122; H.A. Harrison, *Larry Rivers*, New York 1984, 75, 103, 136, 138; E. Lucie-Smith, *Movements in Art Since 1945*, London 1969, 36, 162, 224; J. Ludman, *Fairfield Porter: A Catalogue Raisonné of His Prints*, Westbury, N.Y. 1981, 23, 149, 150; A. Mackie, *Art / Talk: Theory and Practice in Abstract Expressionism*, New York 1989, 173, 216, 281, 286, 291; R. Marshall, *Alex Katz*, AK Whitney Museum of American Art, New York 1986, 17, 148, 149; E. Munro, *Originals: American Women Artists*, New York 1979, 208, 335, 509; *Larry Rivers: Performing for the Family: An Exhibition of Paintings, Sculpture, Drawings, Mixed Media Works, Films and Video 1951-1981*, AK Guild Hall Museum, East Hampton, N.Y. 1983, 5; P. Rosenzweig, *The Fifties: Aspects of Painting in New York*, AK Hirshhorn Museum and Sculpture Garden, Washington, D.C. 1980, 18f., 21, 22, 27; I. Sandler, *Abstrakter Expressionismus: Der Triumph der amerikanischen Malerei*, Herrsching 1974, 116; 257; ders., *The New York School: The Painters and Sculptors of the Fifties*, New York 1978, 37, 60, 67, 75, 90, 99, 107, 108, 125, 127, 131, 148, 151, 180, 199, 263; W.C. Seitz, *Abstract Expressionist Painting in America*, Cambridge, Mass. / London 1983 (Druckfassung der Dissertation Seitz' von 1955), 111.
(3) D. Ashton, *The New York School: A Cultural Reckoning*, New York 1973, 227.
(4) Ashton in einem Gespräch mit der Verfasserin am 19. September 1989.

wird (5). Diese Anthologien führen übrigens vor Augen, daß moderne Lyriker generell vielfältige kunstkritische Aktivitäten entfaltet haben; die New York Poets reihen sich also in eine Tradition ein, die allerdings , wie J.D. McClatchy anmerkt, im englischen - im Gegensatz etwa zum französischen - Sprachraum eine "perhaps unrecognized line of force in the arts" (6) ist. Tatsächlich wird bislang auch in der Sekundärliteratur zu den New York Poets das Wirken dieser Dichter als Kunstkritiker nur sehr selten erörtert (7).

Warum haben sich die Lyriker so eingehend mit der Kunstkritik befaßt? Die Dichter selbst haben einige Kommentare zu dieser Frage abgegeben. John Ashbery zum Beispiel hebt einmal hervor: "There was a lot going in the art world in the '50s and '60s. Poets not only formed a cheap supply of manpower to write about it, but I've always felt that they seem to note what is going on around them. They make it their business to do so." (8) Diese Bemerkungen deuten an, daß die New York Poets zwar nicht zuletzt aus finanziellen Gründen begonnen haben, kunstkritische Texte zu verfassen, daß sie aber die Entwicklungen im Bereich der bildenden Kunst ohnehin intensiv mitverfolgten und sich somit auch aus einem echten Sachinteresse heraus der Kunstkritik zuwandten. Insbesondere für Frank O'Hara spielten finanzielle Erwägungen, wie Ashbery im gleichen Kontext betont, eine vollkommen untergeordnete Rolle: "O'Hara was passionately interested in everything, particularly art. [...] He thought we couldn't just be poets, that we had to write art criticism. It was something he believed in deeply. He certainly didn't do it for the money or prestige." (9) Die anderen New York Poets waren zwar vielleicht nicht ganz so engagiert und idealistisch wie O'Hara, doch auch sie haben sich zweifellos gerne als Kunstkritiker betätigt. James Schuyler etwa konstatiert: "I first wrote about painters and paintings for *Art News* in 1955; I liked it [...] because I liked describing things." (10) In dieser Aussage fällt das Stichwort "*Art News*", und dies führt uns zu der Tatsache, daß die kunstkritischen Aktivitäten der Dichter auch auf die Initiative von Thomas B. Hess zurückgehen. Denn der Herausgeber von *Art News* war, wie zum Bei-

---

(5) Daniel Halpern präsentiert in dem von ihm herausgegebenen Band *Writers on Artists*, San Francisco 1988, eine Auswahl von Texten amerikanischer und europäischer Schriftsteller vom Anfang des 20. Jahrhunderts bis zur Gegenwart; von O'Hara wird der Katalogtext "David Smith", von Ashbery der Aufsatz "On Jane Freilicher" wiederabgedruckt. J.D. McClatchy, der Herausgeber von *Poets on Painters: Essays on the Art of Painting by Twentieth-Century Poets*, Berkeley etc. 1988, konzentriert sich auf kunstkritische Schriften amerikanischer und englischer Lyriker und stellt von O'Hara eine Einführung in das Werk Jackson Pollocks, von Ashbery einen Essay über Fairfield Porter ("Respect for Things as They Are") und von Schuyler den Aufsatz "The Painting of Jane Freilicher" vor.
(6) *Poets on Painters*, xiv.
(7) Bisher liegen lediglich zur Kunstkritik Frank O'Haras beziehungsweise John Ashberys ausführlichere Erläuterungen vor: D. Bergman, "Introduction", *RS*, xi-xxiii; M. Perloff, *Frank O'Hara: Poet Among Painters*, New York 1977, 86-96.
(8) Zit. in: J. Yau, "Poets and Art", *Artforum* 23, November 1984, 86.
(9) Ibid.
(10) Zit. in: *Poets on Painters*, 257.

spiel John Ashbery und Barbara Guest zum Ausdruck gebracht haben (11), sehr daran interessiert, avantgardistische Lyriker als Kunstkritiker zu gewinnen, und nicht nur Schuyler, sondern auch die übrigen New York Poets haben ihre ersten kunstkritischen Schriften auf Grund einer entsprechenden Einladung von Hess verfaßt.

Aus dem Gesagten geht hervor, daß die New York Poets ursprünglich wohl durch eine Kombination von äußeren Umständen und persönlichen Interessen dazu veranlaßt wurden, sich als Kunstkritiker zu betätigen. Doch das Schreiben von kunstkritischen Texten nimmt natürlich Zeit in Anspruch, und man könnte meinen, daß sich die Lyriker irgendwann ausschließlich auf ihr schriftstellerisches Schaffen konzentrieren wollten. Das ist aber nur bei James Schuyler der Fall, der 1988 erklärte: "I stopped in 1975 because by that time I had pretty much exhausted my interest in that particular line work." (12) Die anderen New York Poets schränkten allenfalls nach einer Weile das Ausmaß ihrer kunstkritischen Aktivitäten ein. Angesichts dieser Tatsache stellt John Yau, ein jüngerer New Yorker Dichter und Kunstkritiker, der in seinem 1984 veröffentlichten Aufsatz "Poets and Art" eine beachtliche Anzahl von in New York lebenden Lyrikern auflistet, die sich mit der Kunstkritik befaßt haben, die folgenden Überlegungen an: "I wondered why so many became involved with art criticism. Certainly, it was for neither the financial reward nor the effect it would have on their careers as poets. If it wasn't a matter of convenience, then was the link between poets and artists one of sensibility?" (13) Es gibt vermutlich keine endgültige Antwort auf die im letzten Satz dieses Passus formulierte Frage, aber es scheint mir angesichts des Umfangs und der Engagiertheit der von den New York Poets geschriebenen kunstkritischen Texte durchaus sinnvoll anzunehmen, daß die Dichter eine ähnliche Sensibilität haben wie die von ihnen untersuchten bildenden Künstler, daß sie sich mit ihnen geistesverwandt fühlen, etwa weil sie sich mit ähnlichen Fragen beschäftigen und ähnliche Ziele verfolgen.

Betrachtet man die kunstkritischen Schriften der New York Poets im Überblick, so fallen zunächst einige Unterschiede ins Auge. Während zum Beispiel John Ashbery ganz verschiedenartige Themen behandelt - der Schwerpunkt liegt zwar eindeutig auf zeitgenössischer Malerei, doch der Lyriker schreibt auch gelegentlich über ältere Kunst sowie über Architektur und Kunsthandwerk -, konzentrieren sich Barbara Guest, Frank O'Hara und James Schuyler fast ausschließlich auf Maler und Bildhauer des 20. Jahrhunderts, wobei sie sich außerdem, anders als Ashbery, so gut wie nie europäischen Künstlern widmen. Ein anderer Unterschied resultiert daraus, daß zwar alle Dichter eine

---

(11) Vgl.: "One important person to remember is Tom Hess. He liked poets and wanted them to write for him at *Art News*." (Ashbery zit. in: Yau, "Poets and Art", 86); "[Hess] believed in hiring poets." (Guest in einem Gespräch mit der Verfasserin am 18. September 1989).
(12) Zit. in: *Poets on Painters*, 257.
(13) Yau, "Poets and Art", 85.

zumindest mehrere ungewöhnliche Details aufweisende Sprache verwenden, der Stil O'Haras und Schuylers jedoch insgesamt noch farbiger und unkonventioneller ist als der Ashberys und Guests. Darüber hinaus variieren die einzelnen kunstkritischen Schriften der New York Poets - unabhängig vom jeweiligen Autor - auch deshalb, weil sie verschiedene Texttypen repräsentieren, zwischen denen von vornherein funktionale Unterschiede bestehen. So steht etwa in den Ausstellungsberichten, die die Dichter zum Beispiel im Rahmen ihrer Tätigkeit als *editorial associates* für *Art News* geschrieben haben, die relativ distanzierte Vermittlung von Daten und Fakten im Vordergrund, und die entsprechenden Texte unterscheiden sich daher nicht unbedingt wesentlich von vergleichbaren Artikeln professioneller Kunstjournalisten. Dagegen sind - wie ich weiter unten an Hand konkreter Beispiele präzisieren werde - die nicht zuletzt aus einem ganz persönlichen Interesse heraus verfaßten Essays, in denen sich die New York Poets mit ihnen selbst bekannten zeitgenössischen Künstlern auseinandersetzen und die meistens in Monographien oder Ausstellungskatalogen publiziert worden sind, vielfach sprachlich und / oder inhaltlich sehr originell.

Angesichts dieser Unterschiede stellt sich die Frage, ob überhaupt irgendwelche übergreifenden Merkmale existieren, die für die Kunstkritik der Lyriker allgemein charakteristisch sind. In der Tat kann man nicht gerade viele, aber dafür einige recht markante Tendenzen benennen, die - wenn auch zum Teil mit unterschiedlicher Deutlichkeit oder in unterschiedlichem Ausmaß - in fast allen Texten der New Yorker Dichter-Kritiker zutage treten. Besonders wichtig ist meines Erachtens die unvoreingenommene Grundhaltung der Lyriker. John Ashbery bemerkt einmal in einem Interview mit Bill Berkson: "I feel basically disinterested - not uninterested - in art" (14), und auch für Barbara Guest, Frank O'Hara und James Schuyler gilt, daß sie in ihren Schriften über die bildende Kunst eine bemerkenswerte Offenheit und Unbefangenheit an den Tag legen. Anders als manche professionellen Kollegen, die - wie es zum Beispiel bei den in den fünfziger Jahren richtungweisenden Kritikern Harold Rosenberg und Clement Greenberg der Fall ist (15) - fest umrissene und daher unter Umständen etwas starre ästhetische Prinzipien zum Maßstab machen und einige Künstler ganz gezielt fördern, während sie andere ebenso gezielt kritisieren, sind die Lyriker nicht von vornherein auf bestimmte Stile oder künstlerische Grundpositionen festgelegt. Gewiß, auch die New York Poets bringen, wie wir noch genauer sehen werden, recht klar zum Ausdruck, was

---

(14) Das Interview sollte eigentlich 1970 im *Paris Review* erscheinen, blieb aber auf Ashberys Wunsch unveröffentlicht. Auszüge werden zitiert in: D.K. Kermani, *John Ashbery: A Comprehensive Bibliography*, New York / London 1976, 128.
(15) Greenbergs Ansatz könnte - vereinfacht gesprochen - als formalistisch, Rosenbergs Betrachtungsweise als existentialistisch bezeichnet werden; weitere Informationen bieten z.B.: Ashton, *New York School*, passim, bes. 157-161, 163-166, 184, 233; H. Kramer, *The Age of the Avant-Garde: An Art Chronicle of 1956-1972*, New York 1973, 499-506, 510-516; Mackie, *Art / Talk*, 226-241; Sandler, *New York School*, passim, bes. 35f., 46f., 95f., 311f.

ihnen gefällt und was nicht, aber die Dichter sind offen für ganz unterschiedliche Kunstrichtungen. Und selbst wenn sie einen Maler oder Bildhauer nicht sehr schätzen, schreiben zumindest Ashbery, Guest und Schuyler - O'Hara ist da bisweilen unverblümter - noch lange keinen schonungslosen Verriß, sondern versuchen, erst einmal zu verstehen und zu beschreiben, bevor sie - zumeist relativ verhalten - urteilen. Daniel Halpern bemerkt in seinem Vorwort zu der Anthologie *Writers on Artists*, der Ansatz vieler Dichter bei der Auseinandersetzung mit der bildenden Kunst sei "less *critical* in nature than celebratory, alert to the attendant impulses behind a work of art" (16) - diese Formulierung scheint mir auch im Hinblick auf die New York Poets sehr treffend.

Auf Grund ihrer Neigung zu einem "weniger kritischen als vielmehr zelebrierenden" Umgang mit der bildenden Kunst könnte man die New Yorker Dichter-Kritiker vielleicht - im besten Sinne des Wortes - als Amateure bezeichnen. Ein anderes Argument hierfür wäre, daß sie nur in geringem Umfang kunstkritischen Fachjargon verwenden und nur selten detaillierte, neutral beschreibende Formanalysen einzelner Kunstwerke vorlegen oder abstrakte kunsttheoretische Überlegungen anstellen. Dies heißt nicht, daß sie keine objektiven Sachinformationen vermitteln. Im Gegenteil, alle Lyriker, vor allem John Ashbery und Barbara Guest, nennen immer sehr prägnant einige wesentliche Daten und Fakten zur Biographie und mitunter auch zur kunsthistorischen Einordnung der jeweils besprochenen Künstler. Im Vordergrund stehen aber ganz persönliche und subjektive Reaktionen auf die bildende Kunst, die auch gelegentlich so spontan wirkende Ausrufe wie: "American painting is in such a splendid state of confusion that it is a joy to contemplate. Would that poetry were in the same state!" (17), so entwaffnend unprätentiöse Eingeständnisse wie: "I confess to almost total ignorance of the career of the Belgian artist Léon Spilliaert" (18) oder so ironisch überspitzte Äußerungen wie: "anyone who has a German-sounding name, paints badly and favors skulls as subject matter is all but guaranteed instant success in Los Angeles or New York" (19) einschließen. Statt einer streng wissenschaftlichen Argumentationsmethode ziehen die Dichter also eine eher assoziativ-impressionistische Betrachtungsweise vor, die dem Ansatz des - bekanntlich mit den New York Poets gut befreundeten - Malers und Kritikers Fairfield Porter entspricht, der in einem 1958 publizierten Aufsatz erklärt:

> A genuine and ordinary reaction to paintings and sculpture, like one's first impression of a new person, is usually very much to the point. I believe that accurate impressionist criticism is the kind that communicates [...] what the character of a painter's work is - a remark of the following sort (de Kooning about Charmion von Weigand's paintings): "She makes little cushions." (20)

---

(16) *Writers on Artists*, viii.
(17) F. O'Hara, "Larry Rivers: *The Next to Last Confederate Soldier*" (1959), *SSW*, 95.
(18) J. Ashbery, "Léon Spilliaert" (1980), *RS*, 155.
(19) Ders., "'Representation Abroad'" (1985), *RS*, 274.
(20) F. Porter, "The Short Review", *It Is* 2, Autumn 1958, 28.

"She makes little cushions." - Auch die kunstkritischen Schriften der New York Poets enthalten zahlreiche ähnlich originelle metaphorische Aperçus. Natürlich begegnet man auch in den Texten mancher professioneller Kunstkritiker sprachlichen Bildern - das gilt vor allem für die von Ashbery einmal als "a kind of free-form thing" (21) charakterisierte Kunstkritik der fünfziger Jahre, wie etwa die in diesem Jahrzehnt veröffentlichten *Art News*-Beiträge von Thomas B. Hess oder Alfred H. Barr illustrieren -, doch die Neigung zu einer bildhaften Ausdrucksweise ist bei den Lyrikern besonders ausgeprägt. Vor allem in ihren ausführlicheren Essays, aber auch in knappen Ausstellungsberichten ziehen sie zum Beispiel gern überraschende Vergleiche, die dem Leser oft in der Tat eine sehr anschauliche Vorstellung vom "character of a painter's work" vermitteln. Wenn man die Vergleiche der New Yorker Dichter-Kritiker im Überblick betrachtet, stellt man freilich fest, daß es von einem Lyriker zum anderen einige nicht unwesentliche Unterschiede gibt. Im einzelnen kristallisieren sich die folgenden Tendenzen heraus. Barbara Guest, die eine insgesamt weniger metaphorische Sprache verwendet als die anderen New York Poets, bevorzugt relativ schlichte und sachliche Vergleiche, die in unmittelbar einleuchtender Form bestimmte Details pointieren: "Ad Reinhardt's black and white *12* has a montage sense of sequence, as if four reels of a film were unrolling simultaneously." (22) John Ashberys Vergleiche dagegen sind vielfach leicht exotisch und häufig sehr humorvoll:

> Certainly they [= Willem de Kooning's new lithographs] are remarkable, particularly *Marshes*, whose congested field of black strokes reads both like a "mad" Zen monk's version of an iris garden and like a Japanese ideogram where the meaning and its figuration seem to move along parallel tracks, illuminating each other but destined never to meet. (23)

James Schuyler wiederum verwendet meistens, ähnlich wie Guest, verhältnismäßig unspektakuläre Vergleiche, bettet sie aber - und dies kommt bei Guest wie auch bei Ashbery nur sehr selten vor - oft in Abschnitte ein, die insgesamt sehr metaphorisch formuliert sind und deshalb fast den Charakter von Prosagedichten haben:

> In Michael Goldberg's newest painting, *Number 4 Whales Square*, white in fast non-coverging [sic!] bands, like winter throughways, breaks up any possible pattern, boldly repudiating superfluous tie-in with the fine, bird's-egg speckled ground. Gratuitously wandering across the surface a fat white blob tails off. It's just there, like a mountain range on a relief map. (24)

Ebenso wie Schuyler integriert auch Frank O'Hara häufig nicht nur einzelne Vergleiche, sondern auch von einer durchweg sehr bildhaften Sprache geprägte längere

---

(21) Zit. in: Yau, "Poets and Art", 86.
(22) B. G[uest], "Reviews and previews: Mainly abstract group", *AN* 51, Summer 1952, 120.
(23) J. Ashbery, "Willem de Kooning" (1971), *RS*, 185.
(24) J. [Schuyler], "9 shows for spring: Michael Goldberg", *AN* 59, March 1960, 40.

Passagen in seine Texte. Da O'Haras kunstkritische Aufsätze jedoch erheblich uneinheitlicher sind als die von den anderen New York Poets verfaßten Schriften über die bildende Kunst - sie umfassen sowohl verhältnismäßig formelle, durch eine gehobene Diktion gekennzeichnete als auch sehr zwanglos anmutende, zum Teil recht umgangssprachlich formulierte Texte -, erweisen sich auch seine Vergleiche, wenngleich sie fast alle von einer geradezu dramatischen Emphase getragen sind, als sehr unterschiedlich. Das Spektrum reicht von lyrisch-gehobenen, unter Umständen allerdings etwas manierierten, bis zu komisch-saloppen Vergleichen, wie die folgenden Beispiele illustrieren:

> Such paintings as *Poet*; *Grove, 1*; *Painter, 1*; and *The Tale* have a new amplitude and grandeur, a stern seriousness of purpose and conviction. [...] There are no figures, the images are material presences, like Druidic spirits, which inhabit the paintings. The forms clutch and contemplate, move slowly upward or recline somberly like fallen heroes. (25)

> So you are left with some terrific stuff: [...] a magnificent Motherwell, the kind of painting that everyone must dream of doing if they want to do anything at all: it has everything, it shimmers with a half-concealed light, it draws when it wants to, and withal it has an opulence and a majesty which is completely uncharacteristic of the American sensibility unless you think your mother went ot bed with an Indian; (26)

Die Tatsache, daß die New York Poets öfter als professionelle Kunstkritiker originelle Vergleiche ziehen, führt uns zu einem inhaltlichen Detail, das in ihren kunstkritischen Schriften immer wieder auffällt: die Dichter machen recht häufig Anspielungen auf die Literatur, zum Beispiel dadurch, daß sie am Anfang ihrer Texte als Mottos Auszüge aus literarischen Werken zitieren (27), oder indem sie explizite Verbindungen zwischen Malern und Schriftstellern herstellen. Meistens beschränken sie sich zwar, einmal mehr, auf stichwortartige Vergleiche wie: "[Paul] Jenkins's work has a sumptuous but he-man quality that makes one look around for comparison with American literature: Melville, Whitman or Hart Crane." (28) Oder: "[Milton] Avery is still working from the outside. He is still dependent upon *personification*; his painting, like the Wordsworth poem, is still based upon moments 'recollected in tranquillity.'" (29) Oder: "Kline's case was [...] like William Carlos Williams', who said of his first published poems, 'I took the only form I knew.' For Kline, as for Williams, form became *only* what

---

(25) F. O'Hara, "Growth and Guston" (1962), *AC*, 141.
(26) Ders., "Art Chronicle I" (1962), *SSW*, 129.
(27) S. z.B.: J. Ashbery, "Joseph Cornell" (1967), *RS*, 13-18; ders., "Carl Andre" (1980), *RS*, 229f.; ders., "Nell Blaine" (1986), *RS*, 236-238; B. Guest, "Helen Frankenthaler: The Moment & the Distance", *Arts Magazine* 49, April 1975, 58; F. O'Hara, "Norman Bluhm" (1959), *SSW*, 94; ders., "Jackson Pollock" (1959), *AC*, 12-39; J. Schuyler, "Immediacy Is the Message", *AN* 66, March 1967, 32f., 68-70.
(28) J. Ashbery, "Americans infiltrate Paris galleries", *NYHT*, 8.3.1961, 9.
(29) B. Guest, "Avery and Gatch: lonely Americans", *AN* 59, March 1960, 42f.

I knew." (30) Vor allem John Ashbery und James Schuyler gehen aber manchmal auch recht ausführlich auf Ähnlichkeiten zwischen bestimmten Malern und Schriftstellern ein, und die Texte, die besonders viele oder besonders detaillierte Exkurse über die Literatur enthalten, sind meines Erachtens zugleich besonders interessant. Denn wenn zum Beispiel Ashbery in einen Essay über Jane Freilicher längere Reflexionen über sein eigenes Schaffen mit einbezieht (31), oder wenn Schuyler in einem Aufsatz über Fairfield Porter wiederholt auf den auf den ersten Blick ganz anders anmutenden Wallace Stevens Bezug nimmt (32), so werden durch diese Verweise auf Lyrik neue Perspektiven eröffnet, die in rein kunsthistorischen Untersuchungen fehlen. Und wenn sie bildende Künstler behandeln, die ganz eindeutig von bestimmten Schriftstellern inspiriert worden sind, zeichnen sich ihre Erläuterungen durch eine besondere Sensibilität aus. So stellen etwa die konzisen Bemerkungen zur Collage-Technik bei T.S. Eliot, mit denen Ashbery einen - mit dem Auden-Vers "Hunger and love in their variations" betitelten - Essay über R.B. Kitaj beginnt (33), eine hervorragende Einstimmung auf das Schaffen dieses nachhaltig von der avantgardistischen Literatur des frühen 20. Jahrhunderts beeinflußten Malers dar.

Damit ist die Frage nach dem Wert der von den New Yorker Dichter-Kritikern verfaßten kunstkritischen Schriften berührt worden. Zunächst ist festzuhalten, daß die Lyriker schon wegen ihrer persönlichen Kontakte zu vielen bildenden Künstlern und auch auf Grund der banalen Tatsache, daß sie sehr zahlreiche Texte geschrieben haben, einfach eine Fülle von informativen Einzelheiten präsentieren, die vielfältige nützliche Seh- und Verständnishilfen vermitteln. Mir scheint aber, daß sie vor allem mit solchen Essays interessante Beiträge zur Kunstkritik geleistet haben, die in irgendeiner Hinsicht deutlich von den Schriften professioneller Kunstkritiker abweichen. Zwar vermögen gerade einige der unkonventionelleren Texte präzise kunstwissenschaftliche Werkanalysen nicht zu ersetzen - diesen Anspruch haben die Dichter freilich auch gar nicht -, doch sie können sie sinnvoll ergänzen. Vier markante Beispiele möchte ich deshalb gesondert vorstellen.

---

(30) J. Schuyler, "As American as Franz Kline", *AN* 67, October 1968, 33.
(31) J. Ashbery, "On Jane Freilicher" (1986), *RS*, 239-245.
(32) Schuyler, "Immediacy Is the Message", 32.
(33) Der erstmals 1982 veröffentlichte Aufsatz ist enthalten in: *RS*, 301-308. Der Titel ist Audens Gedicht "A Bride in the 30's" entnommen, aus dem ein Auszug am Ende von Ashberys Text zitiert wird.

3.1. Vier exemplarische Dichter-Kritiken

Zu den bekanntesten kunstkritischen Schriften der New Yorker Dichter-Kritiker gehört Frank O'Haras Einführung in das Oeuvre Jackson Pollocks, bei der es sich übrigens um die erste Buchveröffentlichung über diesen Maler handelt (34). Daß dieser Aufsatz eher an einen literarischen Essay als an einen kunsthistorischen Sachtext erinnert, wird schon dadurch unterstrichen, daß O'Hara ein Zitat aus Boris Pasternaks autobiographischer Skizze *I Remember* zum Ausgangspunkt seiner Ausführungen macht, später das Gemälde *Gothic* mit einigen Zeilen aus Walt Whitmans "Song of the Open Road" assoziiert und außerdem ein eigenes Gedicht - "Digression on *Number 1*, 1948" - in seinen Essay einfügt. Noch bedeutsamer ist aber die Tatsache, daß er einen durchweg ungewöhnlich poetischen und bildhaften Stil verwendet, und dies mit einer Konsequenz, wie sie selbst bei O'Hara, der ja generell gern eine betont metaphorische Sprache spricht, eine Ausnahme ist. Das zeigen vor allem die recht zahlreichen Bild-'Beschreibungen', von denen ich hier nur zwei typische Beispiele herausgreifen möchte:

> *Eyes in the Heat II* [...] is a maelstrom of fiery silver; it is one of those works of Pollock, like *Shimmering Substance*, 1946, and the *White Light*, which has a blazing, acrid, and dangerous glamor of a legendary kind, not unlike those volcanoes which are said to lure the native to the lip of the crater and, by the beauty of their writings and the strength of their fumes, cause him to fall in. These smaller paintings are the *femmes fatales* of his work. (35)

> Perhaps the most remarkable work of 1950, from a technical standpoint, is the *Number 29*. A painting-collage of oil, wire-mesh, pebbles, and shells composed on glass, it is majestic and does not depend on novelty for its effect. [...] *Number 29* is a work of the future; it is waiting. Its reversible textures, the brilliant clarity of the drawing, the tragedy of a linear violence which, in recognizing itself in its own mirror-self, sees elegance, the open nostalgia for brutality expressed in embracing the sharp edges and banal forms of wire and shells, the cruel acknowledgment of pebbles as elements of the dream, the drama of black mastering sensuality and color, the apparition of these forms in open space as if in air, all these qualities united in one work present the crisis of Pollock's originality and concomitant anguish full-blown. (36)

Ganz offensichtlich geht es O'Hara in diesen und ähnlichen Bildkommentaren nicht um eine sachlich-neutrale Erfassung der wesentlichen Einzelheiten der entsprechenden Werke Jackson Pollocks, sondern darum, die Wirkung, die die Gemälde auf ihn haben, die Emotionen, die sie in ihm auslösen, einzufangen. Es gelingt ihm in der Tat, die vielen Pollock-Bildern eigene dramatische Intensität erlebbar zu machen. Denn wenn er sie mit Vulkanen, Femmes fatales oder "a maelstrom of fiery silver" vergleicht, wenn er zur

---

(34) F. O'Hara, *Jackson Pollock*, New York 1959; ich beziehe mich auf den Wiederabdruck des Textes in: *AC*, 12-39.
(35) Ibid., 29f.
(36) Ibid., 32f.

Charakterisierung von Formen und Farben Metaphern wie "the tragedy of a linear violence" oder "the drama of black" einsetzt, so mag uns dies arg übersteigert vorkommen. Gleichwohl vermittelt O'Hara auf diese Weise eine sehr eindringliche Vorstellung davon, daß Pollocks Gemälde nach seinem Empfinden von einer geradezu tragischen Schönheit geprägt sind, welche eine magische Anziehungskraft auf ihn ausübt. Der Effekt von O'Haras bildhaften Umschreibungen wird noch dadurch verstärkt, daß sie in komplexe Wortkaskaden eingebunden sind, die - ähnlich wie die linearen Strukturen in zahlreichen Pollock-Werken - keinen Anfang und kein Ende zu haben scheinen und von denen auch eine ähnlich intensive Sogwirkung ausgeht.

Der kunstwissenschaftliche Informationswert von O'Haras unorthodoxen Bild-Assoziationen ist indes ziemlich gering, und deshalb finden sie bei den Rezensenten keine uneingeschränkte Zustimmung. Die Kritik läuft darauf hinaus, daß O'Hara's "extravagant metaphors" (37) zu weit von Pollocks Gemälden wegführten. Der Kunsthistoriker George Heard Hamilton formuliert dies so: "[O'Hara's] search for a verbal 'construct' as the equivalent of the experience of actually seeing the painting add[s] excitement and poetic intensity to his prose, but it is not always easy to see (in the plates) the feelings he attempts to describe." (38) Hamiltons Vorbehalte sind durchaus nachvollziehbar, aber O'Haras dramatische Sprach-Bilder haben, auch wenn sie mit nüchtern-objektiven Beschreibungen nicht zu vergleichen sind, dennoch ihre Berechtigung. Sie spiegeln sehr nachdrücklich wider, welch große Faszination Pollocks Werke auf den Dichter ausüben, und schon allein der Enthusiasmus, der aus ihnen spricht, kann bewirken, daß der Leser - wie O'Hara es sich wünscht - dazu veranlaßt wird, "to look closer at the works" (39).

Deutlich anders als gängige kunstkritische Schriften ist auch James Schuylers nur knapp zwei Seiten umfassender Essay "Alfred Leslie" (40). Der Anfang ist noch durchaus konventionell: der Lyriker beschreibt einen Besuch in der Tibor de Nagy Gallery, bei dem er die Bilder von Alfred Leslie zum ersten Mal gesehen hat. Als er dann dazu übergehen möchte, das Gemälde *Castro!!* zu besprechen, kommt es jedoch zu einem Bruch. Denn Schuyler stellt fest: "I kept going back to the notes taken down at Leslie's studio. They got closer to a sense of the picture than my afterthoughts." (41) Anstatt mit vollständigen, sorgfältig aufeinander abgestimmten Sätzen fortzufahren,

---

(37) T.M. Folds, "Book Reviews: The Great American Artists Series", *Art Journal* 20, Fall 1960, 54.
(38) G.H. Hamilton, "U.S. art begins to get a literature", *AN* 58, September 1959, 57. Vgl. auch: Folds (der Verfasser zitiert noch andere Rezensenten); A. Goldin, "Criticism: Art Chronicles 1954-1966", *Art in America* 63, March / April 1975, 41.
(39) O'Hara, "Jackson Pollock", 21.
(40) In: *School of New York: Some Younger Artists*, ed. B.H. Friedman, New York 1959, 36, 41.
(41) Ibid., 36.

zitiert der Dichter im folgenden aus seinen spontan aufgezeichneten, oft elliptischen Notizen:

> Note varieties of speed.
> Note off-placement of the 'cuts' (joinings or quarterings)
> Splatters are - actually - fragments; or like quartz fractures.
> A completely fresh painting over a painting, enough of what was there showing through to create, not mere drama, a sense of genesis, the way a remark or manner may give a clue to what a family or a town was like; though that is all you will ever know.
> Big area at right: dramatic red that folds itself emphatically on itself, like cloth (cadmium red medium).
> Guiding along upper edge of red "into" picture: black with white splatters painted over. (42)

Dieser Auszug mag genügen, um vor Augen zu führen, daß Schuylers Notizen eine in der Tat sehr lebhafte Vorstellung von dem fraglichen Bild vermitteln: der Dichter verwendet nicht nur evokative metaphorische Formulierungen (zum Beispiel: "dramatic red that folds itself..."), sondern schafft zugleich, eben weil er sich darauf beschränkt, rasch niedergeschriebene Impressionen wiederzugeben, ein sprachliches Äquivalent für Leslies ähnlich improvisatorische Malgesten.

Im letzten Teil von Schuylers Essay sieht sich der Leser erneut mit einem ziemlich abrupten Wechsel konfrontiert: unmittelbar im Anschluß an seine Notizen zitiert der Autor eine Passage aus Leslies Drama *The Chekhov Cha-Cha*. Ein desillusionierter Maler greift hier den seiner Ansicht nach die Kunstwelt beherrschenden "cute-ism" an, der - wie die etwas bruchstückhaften Aussagen des aufgebrachten Malers zumindest implizit zum Ausdruck bringen - unter anderem bei jenen Kritikern zu beobachten ist, die immer rasch mit griffigen, der Komplexität der Kunst aber nicht gerecht werdenden Kommentaren bei der Hand sind. Das Zitat bekräftigt, was bereits durch die Tatsache nahegelegt wird, daß Schuyler seine Notizen nicht zu einem geschliffen formulierten, in sich geschlossenen Text ausarbeitet: der Dichter hat den Eindruck, daß jeder Versuch der sprachlichen Erfassung von bildender Kunst immer nur eine erste Annäherung oder, wie er selbst im Schlußsatz hervorhebt, "only an introduction to the real thing" (43) sein kann. Doch es gibt natürlich mehr oder weniger überzeugende Einführungen. Der vorliegende Essay bietet, eben weil der Autor vieles nur andeutet und bewußt nicht zu Ende denkt, eine sehr anregende Einführung in die von einer ähnlichen Spontaneität und Offenheit geprägten Bilder Alfred Leslies.

Als ein drittes Beispiel für jene von den New Yorker Dichter-Kritikern verfaßten Texte über die bildende Kunst, die erheblich von herkömmlichen kunstkritischen

---

(42) Ibid.
(43) Ibid., 41.

Schriften abweichen, sei John Ashberys bereits in einem anderen Zusammenhang kurz erwähnter Aufsatz "On Jane Freilicher" (44) vorgestellt. Die entscheidende Besonderheit dieses Essays über eine Künstlerin, die Ashbery gut kennt und deren malerische Entwicklung er schon seit 1949 mitverfolgt, liegt darin, daß der Lyriker hier immer wieder Bemerkungen über sein eigenes künstlerisches Schaffen einflicht. Dies ist insofern ungewöhnlich, als die New York Poets, wenn sie die Malerei mit der Literatur zusammenbringen, normalerweise auf andere Schriftsteller, also nicht auf sich selbst verweisen. Ashbery dagegen schickt zum Beispiel einigen Kommentaren über Freilichers Bilder der fünfziger Jahre eine Skizzierung der wesentlichen Etappen seines persönlichen "progress as a writer" voraus und erläutert dann, inwiefern die Werkgeschichte der Malerin "similar patterns" folgt, wobei er vor allem hervorhebt, daß für ihn selbst wie auch für Freilicher gilt: "After the early period of absorbing influences from the art and other things going around one comes a period when one locks the door in order to sort what one has and to make of what one can." (45). An anderer Stelle geht Ashbery zunächst auf eine Einsicht ein, die er bei eigenen malerischen Versuchen gewonnen hat: "I was an amateur painter long enough to realize that the main temptation when painting from a model is to generalize. No one is ever going to believe the color of that apple, one says to oneself, therefore I'll make it more the color that apples 'really' are." Unmittelbar im Anschluß daran arbeitet er dann heraus, daß Freilicher die als Bildmotive gewählten Gegenstände eben nicht an vorgefaßte Vorstellungen vom "wirklichen" Aussehen der fraglichen Objekte anpaßt, sondern in der Lage ist, "to let things, finally, be." (46) Bezeichnend ist schließlich auch, daß der Lyriker zu Beginn der einzigen detaillierten Bildbeschreibung seines Essays konstatiert: "Perhaps I chose the painting-table still life because of my own fondness for a polyphony of clashing styles, from highbred to demotic, in a given poem, musical composition [...] or picture. 'The Painting Table' is a congeries of conflicting pictorial grammars." (47)

Ashberys Sichtweise der Gemälde Jane Freilichers ist also in hohem Maße von seinen eigenen künstlerischen Erfahrungen oder Präferenzen geprägt, und dies impliziert, daß er vor allem solche Aspekte thematisiert, die auch für sein literarisches Schaffen relevant sind. Dieser bewußt subjektive Ansatz mag etwas einseitig sein, doch er hat durchaus seine Vorzüge. So findet Ashbery gerade für jene Merkmale von Freilichers Kunst, die mit ästhetischen Grundhaltungen zusammenhängen, die der Dichter teilt, oft sehr anschauliche Formulierungen. Beispielsweise endet die bereits erwähnte Beschreibung des Stillebens *The Painting Table*, das von einem ähnlichen Nebeneinander disparater Einzelheiten geprägt ist wie etliche Ashbery-Gedichte, mit dem - subtil einen

(44) S. Anm. 28.
(45) Ashbery, "On Jane Freilicher", 241f.
(46) Ibid., 242.
(47) Ibid., 243.

literarischen Begriff variierenden - schönen Passus: "The result is a little *anthology* of ways of seeing, feeling and painting, with no suggestion that any one way is better than another. What *is* better than anything is the renewed realization that all kinds of things can and must exist side by side at any given moment, and that that is what life and creating are all about." (48) Darüber hinaus vermittelt der Dichter dem Leser, indem er ihn einlädt, sich über Analogien zwischen Lyrik und Malerei Gedanken zu machen, Anregungen, die nicht nur die Auseinandersetzung mit Freilichers Bildern, sondern auch die Lektüre von Ashberys Gedichten bereichern können.

Zum Schluß möchte ich auf einen von Barbara Guest verfaßten Text über die Malerin Fay Lansner eingehen; es handelt sich um einen Aufsatz, der die Einführung zu einer Monographie über diese Künstlerin bildet (49). Der Essay weist zwar nicht so auffallend unkonventionelle sprachliche und / oder inhaltliche Charakteristika auf wie die drei anderen genauer besprochenen Texte, aber er ist meiner Meinung nach ganz einfach ein besonders überzeugendes Beispiel für die kunstkritischen Schriften der New York Poets, zumal einige seiner herausragenden Merkmale verschiedene Dinge in Erinnerung rufen, die generell als besondere Qualitäten der Texte der Dichter-Kritiker betrachtet werden können.

Der Aufsatz ist - ähnlich wie John Ashberys Essay "On Jane Freilicher - einer Malerin gewidmet, mit der Guest bereits seit den frühen fünfziger Jahren gut befreundet ist und die derselben Generation avantgardistischer New Yorker Künstler angehört wie die Dichterin. Das wird auch in dem folgenden Rückblick angesprochen, den ich nicht zuletzt deshalb zitiere, weil er einen anschaulichen Eindruck von dem allgemeinen kulturellen Klima im New York der fünfziger und sechziger Jahre vermittelt:

> It was my particular fortune to be on the scene during the 1950's and 1960's when Art, as our era was to know it, was emerging from its chrysalis of provincialism, when the air was thus fresher and less inhabited and there was more of sky than mammon. It was a kind of coming of age on the American cultural scene with the added flavors of Europeanism, brief as it was, and even frequently fictive in its laurels.
> But for that time it was just where we all wished to be - New York - the U.S.A., the Cedar Bar, Hans Hofmann's classes, and following the alert seerers, the critics of the art magazines, the editors, the occasional professor, and the exitement of the galleries. (50)

Doch wenngleich sie auf biographische Gemeinsamkeiten mit Lansner hinweist, zieht Guest im weiteren Verlauf ihres Essays, anders als Ashbery in seinem Freilicher-Aufsatz, keine Vergleiche zwischen dem Werk der Malerin und ihrem eigenem Schaffen. Die

---

(48) Ibid., 244; erste Hervorhebung von mir.
(49) *Fay Lansner*, Introduction by B. Guest, Swarthmore, Pa. 1976, 5-8.
(50) Ibid., 5.

Dichterin konzentriert sich vielmehr darauf, sich ganz in die Perspektive Lansners hineinzuversetzen und die wesentlichen Facetten ihrer Kunst durch ein intensives gedankliches Nachvollziehen des Werdegangs und der Positionen und Ziele der Malerin herauszuarbeiten.

Eine markante Besonderheit des vorliegenden Essays liegt denn auch darin, daß Guest immer wieder, auf eigene Gespräche mit Lansner zurückgreifend, Selbst-Kommentare der Künstlerin in ihren Text integriert. Diese Selbst-Kommentare erweisen sich sogar oft als der entscheidende Ausgangspunkt für detailliertere Ausführungen zu bestimmten Aspekten von Lansners Schaffen; im Rahmen einiger Bemerkungen zur Bedeutung der Farbe beispielsweise wird einleitend hervorgehoben: "[...] to Fay Lansner 'color is information.' A beautiful and deliberate way of describing the usefulness of color. 'Information'." (51) Darüber hinaus kommt es mehrfach vor, daß die Dichterin bestimmte Zitate in Form von knappen, eigene kleine Paragraphen bildenden Einsprengseln in ihren Essay aufnimmt, welche, obwohl sie nicht weiter erläutert oder interpretiert werden, zusätzliche Anregungen vermitteln. Der einen eigenen Absatz einnehmende Satz: "*All* she is saying is: 'I want life.'" (52) zum Beispiel kann in gewissem Maße als eine Ergänzung zu dem unmittelbar vorangehenden Absatz verstanden werden, in dem Guest skizziert, daß Lansner sich bei der Darstellung der menschlichen Gestalt nicht an den "laws of traditional composition", das heißt, an mehr oder weniger starren Schemata orientiert, sondern um eine möglichst große Lebhaftigkeit bemüht ist: "The artist wishes to make a new space with figures from the unconscious appearing almost wilfully." (53) Einen Übergang oder explizite Verbindungen zwischen den betreffenden Textabschnitten stellt die Autorin jedoch nicht her. Der Leser wird vielmehr eingeladen, innezuhalten - eine gewisse Pause entsteht ja bereits deshalb, weil danach gleich wieder ein neuer Paragraph anfängt - und die Aussage Lansners selbst weiterzudenken.

Nicht nur jene Absätze, die lediglich aus einem Selbst-Kommentar der Malerin bestehen, werden meistens ziemlich plötzlich und unvermittelt in den Text eingefügt, also kaum oder gar nicht durch Vorhergehendes vorbereitet oder durch Nachfolgendes präzisiert. Auch an mehreren anderen Stellen des vorliegenden Essays wechselt Guest recht abrupt von einem Thema zum anderen über, so als ob sie spontanen Eingebungen oder Assoziationen folgen würde. Zum Beispiel schließt sich an einen Passus, in dem die Dichterin über das komplexe Verhältnis Lansners zum Existentialismus nachdenkt, ein Paragraph an, der überraschenderweise mit einem Apollinaire-Zitat über Malerinnen im allgemeinen und Marie Laurencin im besonderen beginnt, welches Guest mit einem ironischen Zusatz versieht - "What Apollinaire did not say was that women have learned

---

(51) Ibid., 7.
(52) Ibid., 8.
(53) Ibid., 7f.

that they must fight to be happy." (54) - und dadurch zum Aufhänger für einige Stichworte zu zentralen inhaltlichen Merkmalen der Kunst Lansners macht, namentlich zu dem immer wiederkehrenden Thema: "the difficult birth of joy" (55). Der nächste Abschnitt dreht sich erneut um etwas anderes, nämlich um die für Lansner charakteristischen Kompositionsprinzipien.

Solche Sprünge, solche raschen Wechsel von einem Gedanken zum nächsten tragen mit dazu bei, daß sich Guests Essay durch eine bemerkenswerte Lebhaftigkeit auszeichnet. Diese Lebhaftigkeit resultiert freilich hauptsächlich daraus, daß auch diese New Yorker Dichter-Kritikerin darauf verzichtet, den Leser mit ausführlichen abstrakten theoretischen Reflexionen zu konfrontieren. Abgesehen davon, daß sie, wie schon erwähnt, mehrere sprechende Selbst-Kommentare der Malerin in ihren Text einbezieht, versucht die Autorin, uns die Kunst Lansners vor allem dadurch nahezubringen, daß sie persönliche, ganz konkrete Erfahrungen, Eindrücke und Wahrnehmungen in der Auseinandersetzung mit der Malerfreundin und ihren Werken wiedergibt. So wird etwa die biographisch motivierte Verwurzelung Lansners in der russischen Kultur in erster Linie durch eine kleine Anekdote vergegenwärtigt: Guest erzählt, wie die Malerin einmal in einem Gespräch die Kartoffelernte auf Long Island spontan mit Ernte-Beschreibungen in Tolstois *Krieg und Frieden* assoziiert habe (56).

Angesichts der inhaltlichen Schwerpunkte des vorliegenden Essays, angesichts der Tatsache, daß die Autorin es vorzieht, statt abstrakter kunstwissenschaftlicher Reflexionen aussagekräftige konkrete Details zu präsentieren, ist es nur konsequent, daß sie nie einen kunstkritischen Jargon verwendet, sondern alles in einem sehr schlichten, erfrischend unprätentiösen Stil formuliert. Man könnte sogar sagen, daß ihr Text von einem eher an Gespräche als an schriftliche Äußerungen erinnernden Grundton getragen ist. Dies manifestiert sich etwa darin, daß Guest öfter umgangssprachliche Wendungen, Ausrufe und elliptische Satzkonstruktionen benutzt, wie sie vor allem für mündlichen Sprachgebrauch typisch sind: "She [= Lansner] says she wanted to do a Twentieth Century figure. As simple as that! She was demanding a great deal of herself. Not a realist painting, not social documentary, not realism per se, but the desire to develop the language of the body as she could interpret it in twentieth century terms." (57) Diese Tendenz zu einer relativ einfach anmutenden Diktion impliziert keineswegs einen Mangel an Sorgfalt oder Präzision. Sie scheint mir vielmehr Ausdruck einer - sehr sorgfältigen - Beschränkung auf das Wesentliche und eines damit einhergehenden Bemühens um eine möglichst große Intensität zu sein. In der Tat sind etliche Passagen, gerade weil be-

---

(54) Ibid., 7.
(55) Ibid.
(56) S. ibid., 6.
(57) Ibid.

stimmte Sachverhalte hier so bündig und unaufwendig in Worte gefaßt werden, besonders einprägsam. Das gilt zum Beispiel für einen Abschnitt, in dem ein schon weiter oben erwähntes Hauptthema in Lansners Werken - "the difficult birth of joy" - erläutert wird:

> And this is what many of these paintings are about: the difficult birth of joy. The uncovering of the layers, the bareness of the unconsciousness, and its exposure to ambiguity. These paintings are ambiguous. They are at once gay and sad, disturbed and calm. Color intensifies and lessens. Her paintings are translations of experience. Not in the gesture of the painter's stroke, but in the silence of their difficult atmospheres. These pictures attain an awareness, existing as they do at the center of light and color. (58)

Kurze, zum Teil elliptische Sätze, die einen Stakkato-ähnlichen Rhythmus erzeugen; einige wenige recht lakonische, aber treffende Stichworte - mit einfachen Mitteln wird anschaulich und eindringlich zugleich auf die für viele Werke Lansners charakteristische Ambiguität und emotionale Vielschichtigkeit aufmerksam gemacht.

Obwohl Guests Essay von einem insgesamt sehr schlichten Stil geprägt ist, enthält er durchaus auch diverse sprachliche Bilder. Bezeichnenderweise sind diese Metaphern freilich ebensowenig maniert, ebenso ungekünstelt und unprätentiös wie die Textpartien, in die sie eingebettet sind. Die Vergleiche etwa sind nicht nur unmittelbar einleuchtend und nachvollziehbar, sondern scheinen sich auch so natürlich aus dem jeweiligen Kontext zu ergeben, daß man sich, einmal mehr, an ungezwungene Unterhaltungen erinnert fühlt; zwei Beispiele mögen dies illustrieren: "This 'autobiography' [...] was what attracted Lansner to Pollock's work. [...] She was able to discover the private story within the seeming abstraction, like the tale within the Oriental rug." und: "Remaining consistent to her ideals, [...] Fay Lansner [...] has even risked the charge of obsessiveness. As if refusing to substitute an axe for a motor were indicative or narrowness, and changing one's vote at the polls, open-mindedness." (59)

Abschließend möchte ich hervorheben, daß Guests Einführung in das Schaffen von Fay Lansner von großem Respekt und großer Sympathie getragen ist. Es geht der Lyrikerin, ebenso wie den anderen New Yorker Dichter-Kritikern, weniger darum, zu urteilen, als vielmehr darum, zu verstehen. Sie hat es gewissermaßen nicht so nötig wie professionelle Kunstkritiker, Distanz an den Tag zu legen. Zwar finden nicht *alle* Entwicklungen in Lansners Werk ihre vorbehaltlose Zustimmung - so schreibt sie etwa über die in den siebziger Jahre entstandenen Gemälde: "I miss the autobiographical content of the earlier paintings." (60) -, doch es dominiert ganz eindeutig die

---

(58) Ibid., 7.
(59) Ibid., 8.
(60) Ibid.

Bewunderung. Und diese Bewunderung wird mit einer solchen Offenheit und Großzügigkeit zum Ausdruck gebracht, daß sie sich fast unweigerlich auch auf den Leser überträgt. Das beste Beispiel liefert meines Erachtens der letzte Absatz:

> I am perplexed, moved, delighted by the work of Fay Lansner. She does not set out to astonish me. I become involved with her work. The pictures are the road that passes through the villages, that leads to the top of the mountain, that leads around the mountain to the next village. And in each village I see a head, or a face, or enjoy the movement of a body as it turns toward me. (61)

3.2. Zentrale Inhalte der kunstkritischen Texte

Die einzelnen kunstkritischen Schriften der New York Poets weichen zwar, vor allem formal, zum Teil deutlich voneinander ab, doch es gibt insofern Konstanten, als die Autoren immer wieder ähnliche Kunstauffassungen verbalisieren und / oder ähnliche inhaltliche Schwerpunkte setzen. Einige der Kernaussagen und Schlüsselbegriffe möchte ich im folgenden genauer herausarbeiten, auch wenn dabei gewisse Vereinfachungen und Verallgemeinerungen schon allein deshalb nicht zu vermeiden sind, weil bei John Ashbery und Frank O'Hara ein wesentlich umfangreicheres Quellenmaterial zur Verfügung steht als bei Barbara Guest und James Schuyler. Eine solche Analyse der zentralen Inhalte der kunstkritischen Texte bietet die Möglichkeit, künstlerische Grundhaltungen der Lyriker kennenzulernen, die nicht nur im Hinblick auf ihre Einstellung zur bildenden Kunst, sondern letztlich auch im Hinblick auf ihr eigenes Kunstverständnis und ihr eigenes Schaffen relevant sind: "Poets when they write about other artists always tend to write about themselves" (62) - diese Bemerkung John Ashberys über Gertrude Steins "Portrait of Picasso" läßt sich auch auf die New Yorker Dichter-Kritiker übertragen.

Aufschlußreich sind zunächst einmal direkte Werturteile. Ich habe bereits in einem anderen Zusammenhang darauf hingewiesen, daß die Dichter sehr unvoreingenommen an die bildende Kunst herangehen und infolgedessen an zum Teil recht unterschiedlichen Künstlern oder Kunstrichtungen Gefallen finden. Es ist daher nicht ganz einfach, aus ihren kunstkritischen Schriften allgemeine Tendenzen hinsichtlich ihrer künstlerischen Präferenzen abzulesen. Gleichwohl ist es sicher kein Zufall, daß die New York Poets, mit Ausnahme des bekanntlich sehr unterschiedliche Künstler oder Themen behandelnden John Ashbery, die überwiegende Mehrheit ihrer Texte den

---

(61) Ibid.
(62) J. Ashbery, "Gertrude Stein" (1971), *RS*, 106.

Abstrakten Expressionisten und den von ihnen beeinflußten jüngeren Malern und Bildhauern der New York School, das heißt, den Künstlern, die die ersten Jahre der schriftstellerischen Laufbahn der Lyriker begleiteten, gewidmet haben. In der Tat werden gerade die - freilich zuweilen sehr unterschiedlichen - Repräsentanten der New York School von den Dichtern insgesamt besonders geschätzt. Namentlich Frank O'Hara erweist sich als enthusiastischer Anhänger der Mitglieder dieser Kunstströmung. So erklärt er beispielsweise im Jahre 1958: "The painters of this movement, so totally different from each other in aspect, so totally without the look of a school, have given us as Americans an art which for the first time in our history we can love and emulate, aspire to and understand, without provincial digression or prejudice." (63) O'Hara tritt auch dann noch für die Abstrakten Expressionisten und die von ihnen inspirierten Künstler ein, als ab den sechziger Jahren andere Kunstrichtungen, zum Beispiel die Pop-art, in den Vordergrund rücken. Beispielsweise schreibt er 1963 über Al Held, Robert Motherwell und Larry Rivers: "they are each involved in contemporary High Art which, gossip to the contrary, has never stopped being more exciting than pop art" (64). Und zwei Jahre später betont er: "Contrary to what some critics have said, [...], pop and op art have not at all 'killed' other contemporary movements, least of all abstract expressionism" (65).

Bei den anderen Dichtern ist die Sympathie für die Maler und Bildhauer der New York School nicht unbedingt ganz so uneingeschränkt. Vor allem den Vertretern der "Ersten Generation", das heißt, den Abstrakten Expressionisten in einem engeren Sinne, bringen Ashbery, Guest und Schuyler zwar großen Respekt entgegen, doch gleichzeitig gehen sie etwas auf Distanz. Das gilt insbesondere für John Ashbery. Dieser hebt zwar 1962 hervor: "Abstract Expressionism is the most important development in painting since Picasso" (66), bemerkt in den folgenden Jahren mehrfach, der Abstrakte Expressionismus sei nach wie vor aktuell (67), und konstatiert 1978 anläßlich der Ausstellung "Abstract Expressionism: The Formative Years": "So much of the painting of the 1940s and 1950s was found to be alive - not alive and kicking, exactly, but alive and breathing, and of a timeless relevance." (68) Doch trotz dieser prinzipiell durchaus positiven Einstellung zum Abstrakten Expressionismus ist bei Ashbery - wie auch schon

---

(63) F. O'Hara, "Franz Kline Talking" (1958), *SSW*, 89.
(64) Ders., "Art Chronicle III" (1963), *SSW*, 149.
(65) Ders., "The Grand Manner of Motherwell", *SSW*, 176.
(66) J. Ashbery, "Franz Kline show gives Paris taste of N. Y. painting", *NYHT*, 21.3.1962, 7.
(67) Vgl. z.B. Ashberys Aufsätze: "Delacroix, Watteau, Chardin, Boucher, Lancret and American pop art", *NYHT*, 15.5.1963, 7, und: "Esteban Vicente", *RS*, 203f. (am Ende dieses Wiederabdrucks heißt es irrtümlicherweise, der Text sei erstmals im Mai 1974 veröffentlicht worden; tatsächlich ist er jedoch schon im Mai 1972 in *Art News* erschienen).
(68) Ders., "'Abstract Expressionism: The Formative Years'" (1978), *RS*, 258.

in dem letztgenannten Zitat anklingt - eine gewisse Reserviertheit erkennbar. Tatsächlich gibt der Dichter gelegentlich so kritische Kommentare ab wie: "the Abstract Expressionist movement helped to spawn a horde of now forgotten geniuses whose work was based on the premise 'I scrawl, therefore I am.'" (69) Gewiß, Ashbery hat im Laufe seiner Karriere als Kunstkritiker mehrere von großer Bewunderung getragene Essays über einzelne 'klassische' Abstrakte Expressionisten verfaßt (70), doch er fühlt sich noch wesentlich stärker von jenen Repräsentanten der New York School angezogen, die zwar vom Abstrakten Expressionismus maßgeblich geprägt wurden, aber zugleich andere Traditionen verarbeitet haben und sich daher jeder eindeutigen Kategorisierung entziehen. So ist er etwa der Ansicht, daß der zur "Zweiten Generation" gerechnete Fairfield Porter "perhaps the major American artist of this century" sei (71).

Ganz ähnlich läßt sich auch den Texten von Barbara Guest und James Schuyler entnehmen, daß diese beiden Dichter zwar grundsätzlich *alle* Repräsentanten der New York School sehr schätzen, sich aber nichtsdestoweniger besonders für einige jüngere Künstler interessieren, die die von der "Ersten Generation" entwickelten Stilprinzipien mehr oder weniger offenkundig abgewandelt haben. Beide haben nicht nur rein zahlenmäßig hauptsächlich Artikel über Maler der "Zweiten Generation" verfaßt, sondern ihre Vorliebe für diese Künstler auch explizit zum Ausdruck gebracht. Schuyler leitet zum Beispiel einen 1966 publizierten Essay über Jane Freilicher mit der These ein: "Some of the best painting in New York is done by painters who are unaffiliated, either by themselves or by critics and reviewers, with any school." (72) Bei den Künstlern, die er im Anschluß daran auflistet, handelt es sich vorwiegend um Vertreter der "Zweiten Generation", die allerdings zum Zeitpunkt der Veröffentlichung des vorliegenden Aufsatzes keine wirkliche Schule mehr bildeten. Und Barbara Guest gibt etwa in einem Text über Leatrice Rose zu verstehen, daß sie von dieser Repräsentantin der "Zweiten Generation" nicht zuletzt deshalb so beeindruckt ist, weil Rose, die als "a confirmed Abstract Expressionist" begann, in zunehmendem Maße auch andere Einflüsse aufnahm und so zu einer immer individuelleren Stilsprache fand (73).

Obwohl die New Yorker Dichter-Kritiker den Abstrakten Expressionisten und den an sie anknüpfenden jüngeren Künstlern der New York School also, insgesamt betrachtet, eine besondere Sympathie entgegenbringen, wird auch deutlich, daß diese

(69) Ders., "John Cage and Jules Olitski" (1978), *RS*, 223. Vgl. auch: ders., "Esteban Vicente", 204; ders., "Yugoslavs enter abstract commonwealth", *NYHT*, 3.1.1962, 6.
(70) Besonders erwähnenswert finde ich die folgenden Aufsätze: "Black Pollock", *AN* 68, March 1969, 28, 66, 68; "Willem de Kooning", 181-187; "Rothko at Paris Musée d'Art Moderne", *NYHT*, 26.12.1962, 5.
(71) Ders., "Fairfield Porter" (1983), *RS*, 312.
(72) J. Schuyler, "The Painting of Jane Freilicher", *Art and Literature* 10, Autumn 1966, 147.
(73) B. Guest, "Leatrice Rose", *Arts Magazine* 59, Summer 1985, 13.

Sympathie nicht unbedingt vorbehaltlos ist. Überdies ist John Ashbery nicht der einzige, der auch eine beachtliche Aufgeschlossenheit für die Repräsentanten anderer Kunstrichtungen zeigt. Es erscheint mir daher sinnvoll zu untersuchen, welche Aspekte die Lyriker nicht nur in den Texten über die Vertreter der New York School, sondern auch in ihren anderen Künstlern gewidmeten Schriften besonders hervorheben, welche in möglicherweise recht unterschiedlichen Bildern auftretenden Tendenzen sie allgemein besonders interessant finden und immer wieder als Qualitätsmerkmal herausstellen.

Einer der wichtigsten Schlüsselbegriffe in den kunstkritischen Texten der New York Poets ist der Begriff der Spontaneität. Immer wieder wird deutlich, daß sich die Lyriker vor allem von solchen Kunstwerken angezogen fühlen, die eine gewisse Unmittelbarkeit ausstrahlen und den Eindruck erwecken, daß sie nicht bis ins kleinste Detail im voraus durchdacht worden sind, sondern in hohem Maße auf spontanen Momententscheidungen des Künstlers beruhen. Um nur eine kleine Auswahl einiger typischer Aussagen zu diesem Thema zu zitieren: John Ashbery ist sehr angetan von der "rugged spontaneity" eines Willem de Kooning (74) oder von der "compelling spontaneity and windswept liberty" einer Gruppe unvollendeter Arbeiten von Georges Rouault (75). Barbara Guest kommentiert mit großer Sympathie, daß Fay Lansner stets "a spontaneity of imagery" (76) anstrebt, und ist sehr davon beeindruckt davon, daß Jeanne Reynal in ihren Skulpturen folgendes erreicht: "She has brought back the tactile quality, the firsthand immediacy of mosaic. [...] Her figures vibrate. They are spontaneous." (77) Frank O'Hara rühmt, daß sich die Skulpturen von George Spaventa durch "a full, rich, and spontaneous expression of a very particularized, very important spirit" auszeichnen (78), und empfindet es eindeutig als Vorzug, daß Jean-Paul Riopelle grundsätzlich "spontaneous, illuminatory and quick" ist (79). James Schuyler stellt im Hinblick auf ein Selbstporträt von Leland Bell heraus: "For all the painting and re-painting, the achieved picture is a tissue of spontaneities." (80) Und an Jane Freilicher schätzt er nicht zuletzt "her native and extreme spontaneity", welche impliziert: "Structure is an improvisation, composed as painted, not a skeleton to be fleshed out. The result is freshness, like that of ocean air and constantly changing light." (81) Daß es die Dichter fasziniert, wenn Kunstwerke eine gewisse Spontaneität erkennen lassen, wird auch dadurch bestätigt, daß verschiedene andere Begriffe, die uns im Rahmen von Kommentaren zum Schaffensprozeß bestimmter Maler oder Bildhauer mehrfach

(74) Ashbery, "Willem de Kooning", 182.
(75) Ders., "Rouault - 'unfinished' but best; 200 paintings on show in Paris", *NYHT*, 30.6.1964, 5.
(76) B. Guest, "Fay Lansner: Deliberate contraries", *AN* 62, December 1963, 37.
(77) Dies., "Jeanne Reynal", *Craft Horizons* 31, June 1971, 43.
(78) F. O'Hara, "Introducing the Sculpture of George Spaventa" (1964), *AC*, 132.
(79) Ders., "Riopelle: International Speedscapes" (1963), *SSW*, 154.
(80) J. Schuyler, "Bell paints a picture", *AN* 57, September 1958, 62.
(81) Ders., "Jane Freilicher", 157 u. 159.

begegnen und die gleichsam in eine ähnliche Richtung zielen wie der Begriff der Spontaneität - ich denke hier etwa an die vor allem bei Ashbery und Schuyler des öfteren verwendeten Ausdrücke "surprise", "discovery" und "adventure" oder die insbesondere in O'Haras Schriften mehrfach vorkommende Vokabel "instinct" (82) - ebenfalls positive Konnotationen haben. Bezeichnend ist ferner, daß Ashbery und O'Hara wiederholt Zustimmung für die Bereitschaft verschiedener bildender Künstler, bei der Gestaltung ihrer Werke in gewissem Maße Zufälle einzubeziehen, zum Ausdruck bringen (83).

Die New York Poets teilen also eine große Wertschätzung für eine mehr oder minder spontane und improvisatorische Schaffensmethode, aber wenn sie genauer erläutern, inwiefern sie die von einer bemerkenswerten Spontaneität geprägten Kunstwerke reizvoll finden, setzen sie unter Umständen unterschiedliche Schwerpunkte. Beispielsweise stellen Frank O'Hara und James Schuyler weitaus nachdrücklicher als John Ashbery und Barbara Guest jene emotionale Direktheit und Intensität als besonderes Qualitätsmerkmal heraus, die sich einstellen kann, wenn ein Künstler eine in hohem Maße intuitive Arbeitsmethode bevorzugt, wenn sein Oeuvre - um eine sehr anschauliche Formulierung O'Haras aufzugreifen - zu einem "diary of his experience" (84) wird. So ist Schuyler sehr beeindruckt von der Fähigkeit Franz Klines, einen "abrupted whirlwind of paint" zum "vehicle for unverbalized feelings" zu machen (85), und er betrachtet es als bemerkenswerten Vorzug, daß die Formensprache der Bilder Michael Goldbergs weitgehend auf "felt need[s]" des Malers beruht und daß Goldberg folgendes erreicht: "the pictures provoke feeling" (86). O'Hara rühmt zum Beispiel, daß Helen Frankenthaler, eben weil sich die Malerin im Laufe ihrer künstlerischen Entwicklung immer mehr von der "deliberate construction of a picture" entfernt hat, immer mehr dazu übergangen ist, "[to] 'let it happen'", Werke hervorzubringen vermag, die "essentially intimate revelations" bergen, wobei er den "range of her emotional subject matter" als "very wide" bezeichnet (87). Und er sieht es als eine sehr positive Entwicklung an, daß Philip Guston in den fünfziger Jahren zu einer "dramatic directness" fand, da er einen grundlegenden Wandel vollzog, "from allusive structure and analogical

(82) Vgl. z.B.: J. Ashbery, "John F. Peto" (1983), RS, 80; ders., Georges Braque" (1960), RS, 149; ders., "Modern old masters on view in Paris; galleries show Ernst, Delaunay, Picabia", NYHT, 22.11.1961, 5; ders., "Paris: from pre-history to outer space", AN 64, Summer 1965, 47; J. [Schuyler], "Reviews and previews: Three", AN 58, April 1959, 13; ders., "9 shows for spring"; ders., "The View from 210 Riverside Drive", AN 67, May 1968, 74; F. O'Hara, "Jackson Pollock", 32; ders., "Cavallon Paints a Picture" (1958), AC, 101; ders., "Introducing Spaventa", 131; ders., "Riopelle", 153.
(83) Vgl. z.B.: J. Ashbery, "9 unknown works by Degas", NYHT, 3.11.1964, 5; ders., "Americans infiltrate Paris galleries"; ders., "Joseph Shannon" (1971), AC, 290; F. O'Hara, "Nature and New Painting" (1954), SSW, 44; ders., "To Howard Kanovitz" (1956), SSW, 81; ders., "The Grand Manner of Motherwell" (1965), SSW, 177.
(84) Ders., "Larry Rivers: A Memoir" (1973), SSW, 171.
(85) Schuyler, "Immediacy Is the Message", 59.
(86) Ders., "9 shows for spring".
(87) F. O'Hara, "Helen Frankenthaler", AC, 122, 123, 126, 127.

imagery into the openly anxious ego-identification with spontaneously found 'signs'" (88). Sowohl O'Hara als auch Schuyler machen darüber hinaus häufiger als Ashbery und Guest auf die oft mit einer improvisatorischen Schaffensweise einhergehende, von beiden Lyrikern als sehr reizvoll empfundene Suggestion von Schnelligkeit aufmerksam, etwa auf "the quickness of the whiplashes and drastic lines of Pollock" (89) oder "the fine fast traveling shadows that keep the action spinning" in den Gemälden von Michael Goldberg (90).

Ein mit dem Phänomen der Spontaneität zusammenhängender Aspekt, der in den kunstkritischen Schriften von John Ashbery besonders betont wird, ist die Vergegenwärtigung der Prozeßhaftigkeit des künstlerischen Gestaltens als solcher. So findet er etwa die Arbeiten des kalifornischen Künstlers Jess vor allem deshalb interessant, weil sie durch eine "fascinating 'temporal' quality" gekennzeichnet sind, weil sie immer wieder neue Variationen auf ein Thema präsentieren: "The fabulous fabulations that are always about to occur are reduced to a single tale: the autobiography of the picture as it comes progressively into being." (91) Er hält es für sehr anregend, daß Saul Steinberg das Kunstwerk begreift als "the history of its own realized and unrealized potentialities, a chronicle of used time on a level with Giacometti's histories of his hesitations or Pollock's diaries of change." (92) Und er ist der Ansicht, daß die Skizzenbücher von Nell Blaine schon allein aus dem folgenden Grund sehr sehenswert sind: "we can feel the genius that informs her larger work here at a more tentative, spontaneous level: the work as it is just happening into being." (93)

Die sich in den kunstkritischen Texten aller New York Poets manifestierende Sympathie für das, was man vielleicht eine Ästhetik der Improvisation nennen könnte, ist die am klarsten als solche hervortretende inhaltliche Gemeinsamkeit. Bei anderen Kernaussagen der Dichter-Kritiker fällt es schon schwerer, sie in einer für alle vier Lyriker gültigen Weise zu verallgemeinern. Es gibt zwar noch einige andere signifikante Überschneidungen, doch gleichzeitig lassen sich mehrere individuelle Unterschiede erkennen. Es ist daher erforderlich, im folgenden eine noch genauere Differenzierung von einem Dichter zum anderen vorzunehmen.

---

(88) Ders., "Growth and Guston", 139 u. 136. Auch in mehreren anderen Texten O'Haras begegnet man den - stets positiv besetzten - Begriffen "dramatic" oder "drama", was als ein weiteres Indiz dafür gewertet werden kann, daß der Autor emotionale Eindringlichkeit als Qualitätsmerkmal ansieht; vgl. z.B.: "Jackson Pollock", 14; "Franz Kline" (1960), AC, 42; "Helen Frankenthaler", 121.
(89) Ders., "The Grand Manner of Motherwell", 174.
(90) J. [Schuyler], "Reviews and previews: Michael Goldberg", AN 57, November 1958, 16.
(91) J. Ashbery, "Jess" (1982), RS, 297f.
(92) Ders., "Saul Steinberg" (1970), RS, 280.
(93) Ders., "Nell Blaine", 237.

Besonders wichtig erscheint mir zunächst einmal ein Begriff, der sowohl bei John Ashbery als auch bei Frank O'Hara von zentraler Bedeutung ist: der Begriff der Ambiguität. Immer wieder wird deutlich, daß sich diese beiden Lyriker vor allem für Kunstwerke interessieren, die sich durch Mehrdeutigkeit oder inhaltliche Offenheit auszeichnen. Ashbery ist zum Beispiel sehr beeindruckt von dem Oeuvre Esteban Vicentes, denn "Vicente is after a meaningful ambiguity that will give the work the widest possible range of associations." (94) Er ist der Ansicht, daß Edwin Dickinsons "large pictures of figures and objects in ambiguous and disturbing proximity to one another" die "masterpieces" dieses Malers seien (95), und hebt in einem Aufsatz über Joseph Shannon unter anderem hervor: "Unlike other critics who have found Shannon's work overloaded with sociopolitical message, I am fascinated by the ambiguity of this message. [...] the ambiguity remains, a purposeful one, electrifying these images from a dream that cannot be dismissed." (96) O'Hara rühmt etwa die "dramatic ambiguity" der von dem Maler Jean-Paul Riopelle geschaffenen Skulpturen (97), betrachtet es als "a measure of Spaventa's achievement", daß seinen Arbeiten "a multitude of atmospheres and emotional ambiguities" innewohnt (98), und stellt im Rahmen einiger Kommentare zur Malweise Philip Gustons die These auf: "Where ambiguities exist under such direct dictates of the artist's sensibility, they are more valuable than icons." (99)

Während John Ashbery und Frank O'Hara also auffällig oft die Ambiguität der Werke bestimmter Künstler ansprechen und auch durchweg als etwas Positives herausstellen, ist in den mir zur Verfügung stehenden Texten von Barbara Guest und James Schuyler nur sehr selten explizit von Mehrdeutigkeit die Rede. Schuyler thematisiert Dinge wie inhaltliche Offenheit und Unbestimmtheit gar nicht erst. Guest dagegen, die auch zumindest in *einem* Essay sehr anerkennend betont: "These paintings are ambiguous." (100), benutzt hin und wieder einen Begriff, der dem der Ambiguität verwandt ist, nämlich den Begriff "mystery": sie bewundert zum Beispiel den für die Bilder von Fay Lansner charakteristischen "air of mystery" (101) und bekundet große Sympathie dafür, daß der Maler Lee Gatch das folgende Ziel verfolgt: "His active mind is constantly transferring, relating, rushing toward the ultimate mystery, for it is *mystery* that concerns Gatch." (102) Damit ist ein Begriff gefallen, der uns noch einmal zu Frank O'Hara und John Ashbery zurückbringt. Denn auch O'Hara und vor allem Ashbery bringen mehrfach zum Ausdruck, daß sie sich gern mit in irgendeiner Hinsicht geheimnisvoll

---

(94) Ders., "Esteban Vicente", 206.
(95) Ders., "Edwin Dickinson" (1980), *RS*, 210.
(96) Ders., "Joseph Shannon", 289.
(97) O'Hara, "Riopelle", 154.
(98) Ders., "Introducing Spaventa", 131.
(99) Ders., "Growth and Guston", 136.
(100) *Lansner*, Introduction by Guest, 7.
(101) Dies., "Lansner: Deliberate contraries", 36.
(102) Dies., "Avery and Gatch", 44.

oder rätselhaft anmutenden Kunstwerken beschäftigen. O'Hara schätzt die Abstrakten Expressionisten nicht zuletzt wegen der "marvelously demonic, sullen, or mysterious quality of their work" (103) oder gibt zu verstehen, daß er die Arbeiten von Larry Rivers viel interessanter findet als die allenfalls oberflächliche Ähnlichkeiten aufweisenden Werke der Pop-artists: "Rivers is far removed from Pop Artists who create ostensibly similar images. Rivers is after a more complicated and mysterious visual experience" (104). Ashbery hebt zum Beispiel in einem Aufsatz über Parmigianino, den er für "one of the great artists of all time" hält, unter anderem hervor: "it is hard to remain unmoved by his craftsmanship at the service of a sense of the mystery behind physical appearances" (105). Und ein Artikel über die Ecole de Fontainebleau, der von einem gleichfalls sehr positiven Ton geprägt ist, enthält den Passus: "Mystery surrounds the Ecole de Fontainebleau. The paintings themselves are mysterious, with their ambiguous perspective, enigmatic facial expressions and frequently puzzling iconography." (106)

John Ashbery ist nicht nur fasziniert von Kunstwerken, denen eine gewisse Ambiguität oder Rätselhaftigkeit eignet, sondern geht gleichsam noch einen Schritt weiter und setzt sich besonders gern mit Kunstwerken auseinander, die neue, autonome Wirklichkeiten schaffen, welche sich einer Paraphrase oder erklärenden Interpretation mehr oder weniger ganz entziehen, Werken, deren Formen-Sprache sich kaum übersetzen läßt: "Johns is one of the very few young painters of today whose work seems to defy critical analysis, and this is precisely a sign of its power - it can't be explained in any other terms than its own, and is therefore necessary." (107) "To create a work of art that the critic cannot even begin to talk about ought to be the artist's chief concern; Marden has achieved it." (108) "[Joan Mitchell's] paintings *are* meaning and therefore do not have a residue of meaning which can be talked about." (109) Immer wieder begegnet man in Ashberys kunstkritischen Schriften solchen Aussagen, die dokumentieren, daß sich der Dichter vor allem von solchen Werken angezogen fühlt, die sich durch "a deep, hypnotic and inexplicable charm" (110) auszeichnen, deren Bedeutung "as elusive as mercury" (111) ist. Dabei kann es sich um Arbeiten handeln, die überhaupt nicht auf eine außerbildliche Realität verweisen (112). Besonders spannend

(103) F. O'Hara, "Robert Motherwell" (1962), *AC*, 67.
(104) Ders., "Art Chronicle III", 150.
(105) J. Ashbery, "Parmigianino" (1964), *RS*, 31.
(106) Ders., "Italians who made the French renaissance", *NYHT*, 25.12.1963, 5.
(107) Ders., "Brooms and Prisms", *AN* 65, March 1966, 58.
(108) Ders., "Brice Marden" (1972), *RS*, 214.
(109) Ders., "Joan Mitchell" (1965), *RS*, 101.
(110) Ders., "American art shows flood Paris; Grandma Moses among exhibitions", *NYHT*, 21.11.1962, 6.
(111) Ders., "Joseph Cornell", 16.
(112) Vgl. z.B. die folgenden Aufsätze Ashberys: "James Bishop" (1966), *RS*, 102-105; "Esteban Vicente"; "John Cage and Jules Olitski".

findet Ashbery jedoch Werke, die "somehow strange and familiar at the same time" (113) sind, da sie Inhalte vermitteln, die zwar letztlich ungreifbar bleiben, dem Betrachter aber gleichwohl wie Anspielungen auf die ihm vertraute Alltagswirklichkeit vorkommen: "statements that are untranslatable, but seem to include a cross-sampling of anyone's average day." (114)

Kommen wir abschließend noch einmal zu einem Phänomen in der bildenden Kunst, das wohl von allen New Yorker Dichter-Kritikern als Qualitätsmerkmal betrachtet wird, wenngleich John Ashbery und Frank O'Hara es wesentlich häufiger erwähnen als Barbara Guest und James Schuyler: der Kombination oder Verschränkung von gegenständlichen und nicht-gegenständlichen Elementen. Ashbery schreibt zum Beispiel über einige frühe Bilder von Peter Saul: "his work hovered between abstraction and narration, and the ambiguity was exciting." (115) Er hält es für einen Vorzug, daß für viele Werke von Yves Tanguy gilt: "abstraction and fanciful figuration coexist" (116), und begrüßt, daß Helen Frankenthaler sich nicht unbedingt "tied down to abstraction" fühlt: "She makes passing allusions to the visual world [...] when she feels they will clarify the mood of an abstract picture." (117) O'Hara geht etwa sehr anerkennend auf die "juxtaposition of abstract with figurative forms" in den Skulpturen von Reuben Nakian (118) oder die "fluctuation between figurative absence and abstract presence" in Larry Rivers' Gemälde *The Next to Last Confederate Soldier* ein (119) und findet die in den fünfziger Jahren entstandenen Bilder von Grace Hartigan, Elaine de Kooning und Robert de Niro vor allem aus dem folgenden Grund interessant: "In these three painters we find the dual play of response to nature and desire for plastic organization setting up a friction which may be the dramatic meaning of the pictures" (120). In den kunstkritischen Schriften Guests und Schuylers spielt das Thema der Spannung zwischen Abstraktion und Figuration zwar, wie gesagt, eine relativ untergeordnete Rolle, doch obwohl sie nur selten Kommentare zu dieser Spannung abgeben, scheinen auch diese beiden Lyriker sie als sehr reizvoll anzusehen. So bezeichnet Guest einmal eine Reihe von Bildern von Robert Goodnough, in denen der Maler "figure painting and two dimensional abstraction" verbindet, als "unique paintings, brilliant and sober." (121) Ganz ähnlich schätzt sie an einem *Mountain King* betitelten Werk von Helen Frankenthaler in erster Linie dies: "This painting uses the forms of nature, a clump of trees, rocks, elevated land, but abstracts these forms into a statement in which nature is defined as

(113) Ders., "Miro's Bronze Age", *AN* 69, May 1970, 36.
(114) Ders., "Reviews and previews: John Altoon", *AN* 65, December 1966, 8.
(115) Ders., "Dufy's Mozartian range and Dewasne's 'hard edge'", *NYHT*, 6.3.1963, 9.
(116) Ders., "Yves Tanguy" (1974), *RS*, 21.
(117) Ders., "Savage splendor in Paris Persian art show", *NYHT*, 18.10.1961, 6.
(118) F. O'Hara, "Reuben Nakian" (1964), *AC*, 84.
(119) Ders., "Rivers: *Soldier*", 96.
(120) Ders., "Nature and New Painting", 45.
(121) B. Guest, "The Work", in: dies. / B.H. Friedman, *Goodnough*, Paris 1962, 39.

limitless yet controlled in painting by a flat surface." (122) Und Schuyler ist sehr angetan von verschiedenen Gemälden Jane Freilichers, die "almost altogether abstract" anmuten, durch subtile "landscape references" aber eine zusätzliche Bereicherung erfahren (123).

Spontaneität, das Kunstwerk als "discovery" oder "diary of experience", die Einbeziehung von 'Zufällen', emotionale Intensität, die Suggestion von Schnelligkeit, die Thematisierung der Prozeßhaftigkeit künstlerischen Gestaltens, Ambiguität oder Rätselhaftigkeit, Nicht-Paraphrasierbarkeit, das Oszillieren zwischen Gegenständlichkeit und Abstraktion - nicht jeder der New Yorker Dichter-Kritiker zeigt sich gleichermaßen fasziniert von *allen* diesen Tendenzen, doch man stößt nichtsdestoweniger auf etliche Übereinstimmungen, wenn man untersucht, welche Dinge in den kunstkritischen Schriften der Lyriker besondere Beachtung finden. Zugleich sind damit einige Begriffe gefallen, die - wie im weiteren Verlauf dieser Arbeit noch genauer herausgearbeitet werden soll - sowohl in den Selbst-Kommentaren diverser Maler und Bildhauer der New York School als auch in den programmatischen Texten, in denen die Dichter auf ihr eigenes Kunstverständnis eingehen, oft von zentraler Bedeutung sind. Die kunstkritischen Schriften sind also nicht nur in sich selbst interessant, sondern bieten in mancher Hinsicht auch eine gute Einführung in das literarische Schaffen der New York Poets.

---

(122) Dies., "Reviews and previews: Five pictures", *AN* 51, Summer 1952, 98.
(123) Schuyler, "Jane Freilicher", 158.

4. DIE BILDENDE KUNST ALS THEMA DER LYRIK DER NEW YORK POETS

> (sometimes I think I'm "in love" with painting) (1)

> A great painting, a
> Mountain, and a person are a good combination for one day. (2)

> Paintings are such a pleasure (3)

> Somehow I always do manage but
> You *found* them for me, what
> I love, lakes and paintings. (4)

Ein wichtiger Anhaltspunkt für das große Interesse, das die New York Poets der bildenden Kunst entgegenbringen, liegt darin, daß sie in ihren Gedichten öfter auf reale oder fiktive Künstler oder deren Werke oder auch auf die Malerei als solche zu sprechen kommen. Vielfach beschränken sie sich zwar auf relativ kurze, mehr oder minder nebenbei in die jeweiligen Gedichte eingefügte Anspielungen, doch es gibt auch Texte, in denen die bildende Kunst von ganz zentraler Bedeutung ist, Texte, die die Tradition des Bildgedichts sehr originell weiterentwickeln. Letztere sind natürlich im vorliegenden Zusammenhang besonders reizvoll, aber auch die eher beiläufigen Verweise sind zum Teil recht aufschlußreich.

Unter den en passant gegebenen Verweisen erscheinen mir etwa die in etliche Gedichte integrierten anekdotenhaften Einzelheiten über bestimmte Maler und Bildhauer aus dem Bekanntenkreis der New York Poets erwähnenswert. Zahlreiche Beispiele hierfür enthält vor allem das Oeuvre Frank O'Haras. Namentlich in jenen Texten, die O'Hara selbst einmal als "'I do this I do that' poems" (5) bezeichnet hat, ist häufig unter anderem von Kunst oder von Mitgliedern der zeitgenössischen Kunstszene die Rede:

> I am so glad that Larry Rivers made a
> statue of me (6)

> I have another cognac
> and stare at two little paintings
> of Jean-Paul's, so great (7)

> [...] I'm also
> used to the fact that one day someone

---

(1) F. O'Hara, "Adieu to Norman, Bon Jour to Joan and Jean-Paul, *CP*, 329.
(2) K. Koch, "On Beauty", *AL*, 65.
(3) J. Schuyler, "The Morning of the Poem", *MP*, 106.
(4) J. Ashbery, "Insane Decisions", *AG*, 19.
(5) F. O'Hara, "Getting Up Ahead of Someone (Sun)", *CP*, 341.
(6) Ders., "On Rachmaninoff's Birthday", *CP*, 190.
(7) Ders., "At Joan's", *CP*, 327. Mit Jean-Paul ist Jean-Paul Riopelle gemeint.

called up Charles Egan from Grand Central
and asked if he had a *small* Rauschenberg
and Franz said "that's not a *practical*
joke" (8)

Solche stichwortartigen, autobiographisch motivierten Anspielungen auf die New Yorker Kunstwelt, die - jedenfalls wenn der Leser mit den jeweiligen Namen vertraut ist - keines weiteren Kommentars bedürfen, sind hauptsächlich insofern von Interesse, als sie doku- mentieren, daß die Begegnung mit Kunst und Künstlern in der Tat ein wesentlicher Bestandteil von O'Haras Alltagsleben war. Wenn man die in seinen Gedichten genannten Künstlernamen im Überblick betrachtet, bestätigt sich überdies, daß der Lyriker, wie be- reits in einem anderen Kontext dargelegt, vornehmlich mit Repräsentanten der "Zweiten Generation" der New York School befreundet war (9).

Ähnlich wie Frank O'Hara machen auch Kenneth Koch und James Schuyler in ihren Gedichten gelegentlich explizit autobiographische Randbemerkungen, die erkennen lassen, daß Freundschaften zu bestimmten bildenden Künstlern oder die Auseinandersetzung mit deren Werken stets eine wichtige Rolle im Leben dieser beiden Lyriker gespielt haben. Koch bringt zum Beispiel wiederholt zum Ausdruck, wieviel ihm die - besonders in den fünfziger Jahren sehr intensiven, aber auch heute noch recht engen - Kontakte zu Jane Freilicher und Larry Rivers bedeuten (10); Schuyler erwähnt des öfteren konkrete Kunstwerke von Zeitgenossen wie Alex Katz, Joan Mitchell oder Fairfield Porter oder betont, wie sehr er die Malerei im allgemeinen schätzt (11). Doch weil Schuyler und vor allem Koch insgesamt weniger häufig von Alltagsbegebenheiten erzählen als O'Hara, kommen auch solche in irgendeiner Weise mit der bildenden Kunst verknüpften narrativen Details seltener vor. In den Gedichten von Barbara Guest und John Ashbery schließlich begegnet man fast nie autobiographischen Einzelheiten über das

---

(8) Ders., "Who Is William Walton?", *CP*, 395. Charles Egan war ein einflußreicher New Yorker Galerist, bei Rauschenberg handelt es sich natürlich um Robert Rauschenberg, und mit Franz ist wohl Franz Kline gemeint.

(9) O'Hara kommt in seiner Lyrik wiederholt auf die folgenden Mitglieder der "Zweiten Generation" zu sprechen: Norman Bluhm, Jane Freilicher, Michael Goldberg, Grace Hartigan, Alfred Leslie, Joan Mitchell, Robert Rauschenberg, Jean-Paul Riopelle, Larry Rivers. Er erwähnt zwar auch mehrfach bestimmte Vertreter der "Ersten Generation" (Franz Kline, Willem de Kooning, Jackson Pollock), doch Anspielungen im Sinne anekdotenhafter Reminiszenzen gibt es dabei nur auf Kline. Die Verweise auf de Kooning und Pollock dagegen spiegeln wider, daß O'Hara diese beiden Maler zwar sehr bewunderte, aber nicht näher mit ihnen befreundet war, wenngleich er auch sie persönlich kannte.

(10) S. Kochs Gedichte "To and about Willem de Kooning", in: T.B. Hess, *Willem de Kooning: Drawings*, London 1972, 7-9; "The Circus", *AL*, 3-8; "Fate", *BMA*, 11-14; "A Time Zone", *The Paris Review* 32, Summer 1990, 109-120.

(11) S. z.B. Schuylers Gedichte "Footnote", *MP*, 21; "Back", *MP*, 48; "The Morning of the Poem", 57-117; "O Sleepless Night", *FD*, 46-57, bes. 49; "A Few Days", *FD*, 65-91, bes. 83f.

Verhältnis dieser Autoren zur zeitgenössischen Kunstszene, da beide Dichter generell allenfalls indirekt auf Ereignisse aus ihrem Alltagsleben eingehen.

Neben den unmittelbar auf die Autobiographie des jeweiligen Verfassers bezogenen Verweisen gibt es in der Lyrik der meisten New York Poets noch verschiedene andere en passant fallende Anspielungen auf die bildende Kunst. Frank O'Hara und auch John Ashbery ziehen zum Beispiel öfter Vergleiche, die spezifische Künstler oder Kunstwerke evozieren. O'Hara verwendet solche Vergleiche vor allem im Rahmen von Personenbeschreibungen: über sich selbst stellt er einmal selbstironisch fest: "I am isolated by my new haircut / and look more Brancusi than usual" (12), und in einem anderen Gedicht bemerkt er über den Dichter Bill Berkson: "About / Courbet he seldom thinks, but he thinks a lot / about Fantin-Latour. He looks like one. / *Corner of a Table*." (13) In beiden Fällen tragen die Vergleiche - vorausgesetzt freilich, der Leser kennt die glatten, glänzenden Messingplastiken von Constantin Brancusi beziehungsweise das von Henri Fantin-Latour geschaffene, ein Rimbaud-Bildnis enthaltende Gruppenporträt *Coin de table* (1872) - in vollkommen einleuchtender, gut nachvollziehbarer Art und Weise dazu bei, eine möglichst anschauliche Vorstellung vom Aussehen der betreffenden Personen zu vermitteln. Ashberys Vergleiche mit der bildenden Kunst sind in der Regel nicht so leicht visualisierbar, da schon die Inhalte, auf die sich beziehen, komplexer und ungreifbarer sind als die Inhalte von O'Haras Personenbeschreibungen. Dennoch: auch in Textpassagen wie "the sky is swathed in a rich, gloomy and finally silly grandeur, like drapery in a portrait by Lebrun" (14) oder "Something / Ought to be written about how this affects / You when you write poetry: / The extreme austerity of an almost empty mind / Colliding with the lush, Rousseau-like foliage of its desire to communicate" (15) werden durch die Vergleiche mit bestimmten Malern zusätzliche Assoziations- und Bedeutungsschichten erschlossen. Aber wie auch immer die Vergleiche im einzelnen gestaltet sein mögen: allein die Tatsache, *daß* Ashbery und besonders O'Hara gern bestimmte Künstler oder Kunstwerke als Vergleichsgegenstände heranziehen, ist ein weiterer Beleg für die Präsenz der bildenden Kunst im Bewußtsein der beiden Lyriker. Ähnliches gilt auch für diverse schwer klassifizierbare kürzere Anspielungen in den Gedichten von Barbara Guest und Kenneth Koch. Wenn Guest kunsthistorische Fachtermini wie "cubist angle" (16) oder "Art Brut" (17) fallen läßt oder auf so unterschiedliche Künstler wie zum Beispiel Pinturicchio und den Renaissancemaler Augustin Hirschvogel, Paul Cézanne und den Bildhauer Tony

---

(12) F. O'Hara, "A Warm Day for December", *CP*, 376.
(13) Ders., "Bill's School of New York", *CP*, 415.
(14) J. Ashbery, "Haibun 2", *W*, 40.
(15) Ders., "And *Ut Pictura Poesis* Is Her Name", *HD*, 45f.
(16) B. Guest, "In the Middle of the Easel", *P*, 23.
(17) Dies., "Gravel", *MM*, 71.

Smith verweist (18), oder wenn Koch in eine Reihe von Texten, die im wesentlichen aus langen, von bestimmten Schlüsselbegriffen ausgehenden Aufzählungen bestehen, stets auch Namen von Malern aufnimmt (19), so darf dies jeweils ebenfalls als Indiz für ein recht ausgeprägtes Interesse an der bildenden Kunst gewertet werden.

Noch wesentlich signifikanter als die verschiedenen Varianten von eher beiläufigen Einzelverweisen auf Kunst und Künstler sind indes jene Gedichte, in denen die bildende Kunst, wenn nicht das Hauptthema, so doch den entscheidenden Bezugspunkt darstellt. Die meisten Beispiele finden sich in der Lyrik Frank O'Haras und Barbara Guests; bei John Ashbery, Kenneth Koch und James Schuyler sind diese im weitesten Sinne an die Tradition des Bildgedichts anknüpfenden Texte weniger zahlreich. Man kann die Gedichte, in denen die bildende Kunst in irgendeiner Hinsicht eine zentrale Rolle spielt, in drei Gruppen einteilen: Gedichte, die sich an spezifischen Einzelwerken orientieren, Gedichte, in denen bestimmte reale Künstler im Vordergrund stehen, und Gedichte, die fiktive Maler oder die bildende Kunst als solche zum Gegenstand haben. Zu jeder dieser drei Gruppen sollen im folgenden repräsentative Beispiele genauer besprochen werden.

4.1. Gedichte über bestimmte Kunstwerke

Die von den New York Poets verfaßten Gedichte, die auf konkreten Gemälden, Graphiken oder Zeichnungen basieren, bilden eine relativ große Gruppe, die unter anderem so bekannte Texte wie John Ashberys "Self-Portrait in a Convex Mirror" (20) und Frank O'Haras "On Seeing Larry Rivers' *Washington Crossing the Delaware* in the

(18) S. z.B. Guests Gedichte "Piazzas", *P*, 13f.; "Byron's Signatories", *MM*, 35-45; "The Poem Lying Down", *MM*, 49; '41', *CFM*.
(19) S. z.B. Kochs Gedichte "Taking a Walk with You", *TY*, 77-80; "Faces", *PP*, 86-95; "In Bed", *DN*, 3-19.
(20) *SP*, 68-83. Als Ausgangspunkt für das Titelgedicht seiner vielleicht meistbeachteten Sammlung wählte Ashbery das um 1520/24 entstandene, auf eine konvexe Holzscheibe gemalte Selbstbildnis des italienischen Manieristen Parmigianino. Das "Self-Portrait" ist schon oft und ausführlich kommentiert worden; aus den zahlreichen Interpretationen möchte ich hier nur einige wenige herausgreifen, die mir besonders aufschlußreich erscheinen: C. Altieri, *Self and Sensibility in Contemporary American Poetry*, Cambridge 1984, 150-161; B. Costello, "John Ashbery and the Idea of the Reader", *Contemporary Literature* 23, 1982, 501-507; T.A. Fink, "'Here and There': The Locus of Language in John Ashbery's 'Self-Portrait in a Convex Mirror'", *Contemporary Poetry* 4, 1981-82, 47-64; D. Kalstone, *Five Temperaments*, New York 1977, 176-185.

Museum of Modern Art" (21) umfaßt. Es ist daher nicht verwunderlich, daß die einzelnen Gedichte auf sehr unterschiedliche Werke anspielen, sowohl auf Bilder aus früheren Epochen, zum Beispiel auf Arbeiten von Jacques Louis David (22) oder Eugène Delacroix (23), als auch auf Werke von Zeitgenossen der Autoren, etwa auf Arbeiten von Jackson Pollock (24) oder Jane Freilicher (25). Noch erheblich bedeutsamere Unterschiede resultieren freilich daraus, daß es sich nicht bei allen Texten um klassische Bildgedichte im Sinne einer "Umsetzung des Inhalts, der Stimmung, des Gedankengehalts einer bildl. Darstellung (Gemälde, Graphik, auch Plastik) in lyr. Sprachform" (26) handelt. Auf einige trifft eher zu, was der Schweizer Schriftsteller Beat Brechbühl einmal über seine eigenen von bestimmten Bildern inspirierten Gedichte geschrieben hat:

> Diese Arbeiten sind weder Bildbeschreibungen noch 'Gedichte zu Bildern'. Ich möchte sie so bezeichnen: Ein Mensch steht vor einem einem Bild. Das Bild sagt ihm etwas. Er beschäftigt sich damit. Er macht sich Gedanken - *um das Bild und über das Bild hinaus.* Das Bild bleibt nicht Bild, sondern wird zum Assoziationszünder, es vermischt sich nicht nur, sondern mischt sich ein. Es beschäftigt und arbeitet, es beunruhigt und stößt an. Es führt zu Unbekanntem, es entführt. (27)

Doch kommen wir zunächst zu einem sich recht eng an die Bildvorlage anlehnenden Gedicht, nämlich Frank O'Haras "Blue Territory" (28). Diesem auf den 31. März 1957 datierten Text liegt nach Aussage des Autors (29) ein gleichnamiges Ölgemälde zugrunde, das 1955 von der mit O'Hara befreundeten Malerin Helen Frankenthaler geschaffen wurde (Abb. 9). Frankenthalers Bild zeigt ungegenständliche Farbformen, die gleichwohl, da sie vorwiegend in verschiedenen, teilweise intensiv leuchtenden Blautönen gehalten sind und wie in einer Fließbewegung begriffen scheinen, Assoziationen an eine Meeresszenerie erwecken. Auch O'Haras Gedicht enthält etliche Texteinheiten, die sich mit dem Bereich "Meer / Ozean" in Verbindung bringen lassen:

---

(21) *CP*, 233f. Das auf den 29. November 1955 datierte Gedicht nimmt Bezug auf ein 1953 geschaffenes Werk, mit dem Rivers ein Historienbild von Emanuel Leutze (1851) parodiert. Aufschlußreiche Erläuterungen zu O'Haras Gedicht enthalten z.B.: J.E.B. Breslin, *From Modern to Contemporary: American Poetry, 1945-1965*, Chicago / London 1984, 225-230; H. Koriath, *Larry Rivers: Bildende Kunst in Beziehung zur Dichtung Frank O'Haras*, Frankfurt/Main etc. 1990, 105-107.
(22) Vgl. J. Ashbery, "The Tennis Court Oath", *TCO*, 11f.; das Verhältnis von Text und Bild wird kurz kommentiert in: D. Shapiro, *John Ashbery: An Introduction to the Poetry*, New York 1979, 54.
(23) Vgl. B. Guest, "Four Moroccan Studies", *BS*, 34f.
(24) Vgl. F. O'Hara, "Digression on *Number 1, 1948*", *CP*, 260.
(25) Vgl. B. Guest, "The Screen of Distance", *FR*, 35-46; einige Teile dieses relativ langen Gedichts wurden, obwohl dies nicht explizit zur Sprache gebracht wird, durch Freilichers Ölgemälde *Bluish Horizon* (1984) inspiriert.
(26) Diese Definition findet sich in: *Metzler Literatur Lexikon: Stichwörter zur Weltliteratur*, ed. G. u. I. Schweikle, Stuttgart 1984, 53.
(27) B. Brechbühl, *Die Bilder und ich*, Zürich 1968, 7.
(28) *CP*, 270f.
(29) Vgl. M. Perloff, *Frank O'Hara: Poet Among Painters*, New York 1977, 210, Anm. 8.

"Big bags of sand", "the gulls were swooping and gulping and filling / the bags", "a Captain's table", "the mountains / never quite sink, all blue", "get back on the boat", "lobsters", "barbs", "blue, blue", "the gull is making a pomander", "be swizzled like a growling thicksea rain bollixing", "there are no green eyelids advancing into the sea". Besonders wichtig ist, daß die meisten dieser Aussagefragmente, ähnlich wie die einzelnen Bildelemente in Frankenthalers Gemälde, keine realistischen Beschreibungen liefern, sondern lediglich evokative Andeutungen enthalten. Die Sinneinheit "be swizzled like a growling thicksea rain bollixing" beispielsweise lenkt zwar, indem sie allerlei mit einer heftig bewegten Seelandschaft zusammenhängende, übrigens gut zu diversen wirbel- oder strudelartigen Motiven in Frankenthalers Gemälde passende Bilder heraufbeschwört, die Phantasie des Lesers in eine bestimmte Richtung, doch wie er sich diese Bilder dann genauer ausmalt, bleibt der Vorstellungskraft des einzelnen überlassen.

Die sich in irgendeiner Form um ein "blaues Territorium" drehenden - und insgesamt auch dominierenden - Texteinheiten werden immer wieder mit völlig andersartigen Sätzen oder Satzbruchstücken kontrastiert: das Spektrum reicht von Liebesgedichtfragmenten wie "so we could be alone together at last" oder "art-nouveau kissings" bis zu Textpartien, in denen ein nicht-referentielles Spiel mit erfundenem Sprachmaterial im Mittelpunkt steht, zum Beispiel "a *peut-être* of crapey sacredity / of isness" oder "fleece is 'Irememberhairflowers'". Dabei werden alle Sinneinheiten durch weiße Zwischenräume bereits optisch voneinander abgegrenzt. Wir haben es also mit einem Textgefüge zu tun, dessen Komponenten schon äußerlich kein geschlossenes, kohärentes Ganzes bilden. Und da die einzelnen Bestandteile von "Blue Territory" auch inhaltlich nicht unbedingt auf einen gemeinsamen Nenner gebracht werden können und überdies mitunter bereits in sich keine feste, an der sichtbaren Wirklichkeit überprüfbare Bedeutung haben, entzieht sich das Gedicht einer allgemeingültigen Paraphrase. Gerade deshalb ist es indes letztlich eine so adäquate literarische Entsprechung zu Frankenthalers Gemälde: ähnlich wie die bildliche Vorlage konfrontiert O'Haras Text den Rezipienten einerseits mit vielen nicht in die Alltagsrealität übertragbaren Details und löst doch andererseits Assoziationen an eine bewegte Meereslandschaft aus.

Ein Text, der sich wesentlich stärker von der als Ausgangspunkt herangezogenen bildlichen Darstellung loslöst, ist zum Beispiel John Ashberys Gedicht "The Double Dream of Spring" (30), das an ein gleichnamiges, 1915 entstandenes Gemälde von Giorgio de Chirico anknüpft (Abb. 10). Ein besonders auffälliges Merkmal dieses Werks von de Chirico liegt darin, daß der Maler ein Bild im Bild eingefügt hat. Damit einher geht die Doppelung einiger zentraler Bildmotive: eine verhältnismäßig große Rückenfigur, ein erheblich kleineres Figurenpaar sowie diverse Landschafts- und Archi-

---

(30) *DDS*, 41f.

tekturfragmente sind also - jeweils in frühlingshaftes Sonnenlicht getaucht - gleich
zweimal zu sehen, wobei freilich vor allem die Landschafts- und Architekturmotive
teilweise recht deutlich voneinander abweichen. Für sich allein betrachtet, wirken die verschiedenen Bildgegenstände, die mit der de Chirico eigenen Präzision wiedergegeben
sind, durchaus realistisch, doch sie werden so kombiniert, daß das Werk als ganzes nicht
die uns vertraute Wirklichkeit darstellt, sondern, dem Titel entsprechend, eher an eine
geheimnisvolle Traumszenerie erinnert.

In einem Interview hat Ashbery selbst zur Beziehung zwischen de Chiricos Bild
und seinem Gedicht den folgenden Kommentar abgegeben: "I think I saw 'The Double
Dream of Spring' as a kind of love poem in which spring - romantic season - was being
dreamt about identically by two separate heads. There is that in the painting, as I recall.
The idea pleased me enormously when I appropriated it from the painting." (31) Ashbery
hat sich also das, was er als eine Grundidee von de Chiricos Gemälde betrachtet,
anverwandelt, aber diese abstrakte Grundvorstellung - der Gedanke, daß sich in zwei
verschiedenen Köpfen der gleiche Traum vom Frühling abspielt - wird in seinem Gedicht
ganz anders ausgestaltet als in der bildlichen Vorlage. Gewiß, es ist explizit von "spring"
und "dream" die Rede ("[...] The way the breath of spring creeps up on you and floors
you."; "Yet we turn / To examine each other in the dream."), und das Gedicht enthält
auch implizite Anspielungen auf diese beiden Schlüsselbegriffe ("Was it sap / Coursing in
the tree / That made the buds stand out [...]?" und "Sick starlight on the night / That is
readying its defenses again / As day comes up"). Nichtsdestoweniger berührt Ashbery im
einzelnen ganz andere Inhalte als de Chirico: zum Beispiel gibt es keinerlei
Entsprechungen zu den im Gemälde so wichtigen Architekturfragmenten; an Stelle von
Anspielungen auf Berge und weite, fast wüstenähnliche Ebenen begegnet man Anspielungen auf Inseln und Meer ("certain islands", "the shore", "The rockboat rocked", "the
small waves in the water", "blond hair awash"); und die von Ashbery in dem zitierten
Kommentar angesprochenen, allerdings überaus vagen Liebesgedichtelemente (etwa
"Mixed days [...] perceived / With half-parted lips / The way the breath of spring creeps
up on you and floors you.") fehlen bei de Chirico.

Darüber hinaus erfährt die obengenannte Grundidee in Ashberys Text durchweg
eine weitaus weniger eindeutige Konkretisierung, als dies bei der bildlichen Vorlage der
Fall ist. Dies manifestiert sich zum einen darin, daß der Lyriker auf die von de Chirico
vorgenommene Doppelung bestimmter Motive verzichtet, was dazu führt, daß ein Leser,
dem keine Zusatzinformationen zur Verfügung stehen, vielleicht gar nicht den Eindruck
hat, daß sich das Gedicht um zwei von unterschiedlichen Personen geträumte und

---

(31) R. Labrie, "John Ashbery: An Interview", *The American Poetry Review* 13, May /
June 1984, 33.

dennoch identische Träume vom Frühling dreht. Zum anderen haben in Ashberys Gedicht, anders als in de Chiricos Gemälde, wo die verschiedenen Bildgegenstände ja zumindest für sich allein betrachtet realistisch beschreibend auf bestimmte Phänomene der Alltagswelt verweisen, mitunter schon einzelne Texteinheiten kaum deskriptiven Charakter. In Sätzen wie zum Beispiel "For certainly the sidewalk led / To a point somewhere beyond itself / Caught, lost in millions of tree-analogies / Being the furthest step one might find." bleiben die Bezüge zur außerhalb des Gedichts liegenden Wirklichkeit selbst nach mehrmaliger Lektüre ungreifbar oder sind jedenfalls nicht allgemeinverbindlich definierbar. Ashberys Gedicht ist also generell in noch wesentlich höherem Maße als de Chiricos Gemälde von inhaltlicher Unbestimmtheit geprägt. Es vermag eine Fülle von unterschiedlichen, zudem von einem Rezipienten zum anderen variierenden Gedanken und Empfindungen auszulösen und geht schon allein deshalb weit über die bildliche Vorlage hinaus. Letztere ist zwar - um einen der von Beat Brechbühl verwendeten Begriffe zu übernehmen - der entscheidende "Assoziationszünder" für die in Ashberys "Double Dream of Spring" entwickelten Denkbewegungen, doch diese verselbständigen sich und sind letztlich ganz unabhängig von de Chiricos Gemälde.

4.2. Texte über einzelne Künstler

Die Gedichte, bei denen bereits im Titel oder in einer Widmung der Name eines bestimmten bildenden Künstlers fällt, sind rein quantitativ noch zahlreicher als die Texte, die sich auf spezifische Werke beziehen. Daß sie diese Art von Anspielungen aufweisen, besagt freilich nicht unbedingt, daß die jeweiligen Gedichte in irgendeiner Weise das Schaffen der betreffenden Maler oder Bildhauer reflektieren. Insbesondere Frank O'Hara hat etliche Texte an einzelne bildende Künstler seiner Zeit gerichtet, in denen er entweder überhaupt nicht oder aber nur am Rande auf die Werke dieser Künstler eingeht. Die entsprechenden Widmungen sind vielmehr Freundschaftsgesten oder Zeichen der Bewunderung, die für uns hauptsächlich insofern interessant sind, als sie unterstreichen, wie eng O'Haras Kontakte zu zeitgenössischen Künstlern waren: Norman Bluhm, Jane Freilicher, Michael Goldberg, Grace Hartigan, Jasper Johns, Franz Kline, Elaine de Kooning, Willem de Kooning, Alfred Leslie, Joan Mitchell, Jackson Pollock, Robert Rauschenberg, Jean-Paul Riopelle, Larry Rivers - die Liste der Maler, für die O'Hara jeweils mindestens ein 'Freundschaftsgedicht' oder eine Hommage geschrieben hat, liest sich fast wie ein Verzeichnis der wichtigsten Repräsentanten der New York School. Außer Frank O'Hara hat noch James Schuyler gelegentlich 'Freundschaftsgedichte' für einzelne Künstler - meistens für jüngere, weniger bekannte New Yorker Maler wie zum Beispiel Darragh Park oder den auch als Dichter tätigen Robert Dash - verfaßt.

Doch natürlich gibt es unter den Gedichten, die auf bestimmte Maler oder Bildhauer verweisen, auch Beispiele, die tatsächlich das Werk des fraglichen Künstlers thematisieren. An erster Stelle möchte ich hierzu wieder einen Text von Frank O'Hara vorstellen, nämlich das 1955 entstandene Gedicht "Joseph Cornell" (32), das ich wegen seiner Typographie vollständig zitiere:

> Into a sweeping meticulously -
> detailed   disaster   the   violet
> light pours. It's not a sky,
> it's a room. And in the open
> field   a   glass   of   absinthe   is
> fluttering   its   song   of   India.
> Prairie   winds   circle   mosques.
>
> You   are   always   a   little   too
> young   to   understand.   He   is
> bored   with   his   sense   of   the
> past,   the   artist.   Out   of   the
> prescient   rock   in   his   heart
> he   has   spread   a   land   without
> flowers   of   near   distances.

Der zwar vom Surrealismus beeinflußte Amerikaner Joseph Cornell (1903-1972) hat hauptsächlich kleine Holz- und Glaskästen geschaffen, die aus den unterschiedlichsten *objets trouvés* zusammengestellte, wie enigmatische Miniaturwelten anmutende Dioramen präsentieren (Abb. 11) (33). Auf die äußere Form dieser Collagekonstruktionen abgestimmt ist bereits die - an die konkrete Poesie erinnernde - typographische Gestaltung von O'Haras Gedicht: die beiden zu kleinen Blöcken arrangierten Strophen rufen auf Anhieb Assoziationen an die von Cornell hervorgebrachten Werke wach. Und auch inhaltlich spiegelt der kurze Text einige wesentliche Charakteristika von Cornells Kunst wider.

Die erste Strophe besteht aus einer Beschreibung, die sich zwar nicht auf eine ganz spezifische Arbeit bezieht, aber dennoch, oder gerade deshalb, verschiedene für die Werke Cornells allgemein typische Merkmale offenbart. Vor allem ist die von O'Hara evozierte Szenerie ähnlich surreal wie die rätselhaften Traumwelten, die Cornell in seinen Konstruktionen heraufbeschwört: ein von violettem Licht beleuchtetes "Desaster"; ein Absinthglas, das auf freiem Feld mit seinem Lied über Indien "wedelt"; von Präriewinden

---

(32) *CP*, 237; O'Haras Gedicht wurde übrigens in der bislang umfassendsten Cornell-Monographie wiederabgedruckt: *Joseph Cornell*, ed. K.McShine, AK The Museum Of Modern Art, New York 1980, 281.
(33) Eine gute Einführung in das Werk Cornells bietet neben der in Anm. 32 genannten Publikation auch ein Essay von John Ashbery: "Joseph Cornell" (1967), *RS*, 13-18.

umwehte Moscheen - vergleichbare Inhalte kommen auch in den Dioramen Cornells immer wieder vor. Auch das O'Haras Beschreibung prägende Nebeneinander von lyrischen Details einerseits ("song of India", "mosques") und beunruhigenden Einzelheiten andererseits ("disaster") ist ein Kennzeichen vieler Werke Cornells. Neben diesen inhaltlichen Besonderheiten reflektiert die erste Strophe verschiedene formale Aspekte von Cornells Kunst. Die Wendung "meticulously-detailed" erfaßt präzise die überaus genaue Arbeitsweise Cornells und die Kleinteiligkeit seiner Collagekonstruktionen; das einzige von O'Hara benutzte Farbadjektiv - "violet" - verweist auf eine der von Cornell besonders häufig verwendeten Farben; und die Tatsache, daß in dem vorliegenden Textabschnitt ein Absinthglas von zentraler Bedeutung ist, kann als Anspielung darauf verstanden werden, daß Gläser zu jenen Fundstücken gehören, die Cornell immer wieder in seine Arbeiten integriert hat.

Die zweite Strophe beginnt mit einer Bemerkung zur Rezeption von Cornells Oeuvre: O'Hara bringt zum Ausdruck, daß der Betrachter die Werke dieses Künstlers nie vollständig zu begreifen vermag. Im Anschluß daran deutet er an, daß Cornell die Wiederholung von Ausdrucksmitteln der Vergangenheit als "langweilig" empfinden würde, und im letzten Satz seines Gedichts gelangt er zu einer bildhaften Umschreibung dessen, was er als den Kern von Cornells künstlerischem Ansatz ansieht. Vor allem stellt er in diesem äußerst vielschichtigen Satz noch einmal heraus, daß der Künstler das Ziel verfolgt, in seinen Kästchen jeweils einen surrealen Miniaturkosmos zu kreieren, der dem Rezipienten nah und fern, vertraut und fremd zugleich erscheint: "a land without / flowers of near distances."

In Frank O'Haras "Joseph Cornell" läßt sich also bei fast jedem Detail relativ leicht nachvollziehen, inwiefern es sich auf die Kunst beziehungsweise Kunstauffassung Cornells bezieht. Bei anderen Gedichten der New York Poets, in denen einzelne Künstler im Vordergrund stehen, sind die entsprechenden Bezüge lockerer oder springen zumindest nicht so rasch ins Auge. Das gilt zum Beispiel für Barbara Guests Gedicht "Latitudes (The Art of Fay Lansner)" (34).

---

(34) Dieser Text ist enthalten in dem Ausstellungskatalog *Poets and Painters*, organized by D. P. Vanderlip, AK Denver Art Museum, Denver, Col. 1979, 50. Die Ausstellungs-leiterin, Dianne Perry Vanderlip, bat zwölf amerikanische Dichter, deren Werk "a serious involvement with the visual arts" erkennen läßt, Maler benennen, zu denen sie eine "special affinity" verspüren, und Gedichte oder Prosatexte über die betreffenden Künstler zu schreiben. Von den New York Poets waren außer Barbara Guest auch Kenneth Koch und James Schuyler beteiligt. Guest wählte neben Lansner Robert Fabian aus, Koch entschied sich für Larry Rivers, Jim Dine und Red Grooms, Schuyler schlug Anne Dunn und Jane Freilicher vor. Vanderlip betont im Vorwort des Katalogs: "The poets supplied us with new works, written especially for the exhibition" (ibid., 5), doch im Falle von Guests Gedicht ist dies nicht zutreffend: der Text wurde, ohne Untertitel, schon in der freilich auf nur 850 Exemplare limitierten Monographie *Fay Lansner*, Introduction by B. Guest, Swarthmore, Pa. 1976, 9, veröffentlicht. Darüber hinaus existiert eine allerdings

Die amerikanische Künstlerin Fay Lansner gehört, wie bereits in einem anderen Kontext erwähnt, zur "Zweiten Generation" der New York School. Sie wurde maßgeblich durch ihr Studium bei Hans Hofmann geprägt und empfing auch von anderen Abstrakten Expressionisten der "Ersten Generation", vor allem von Willem de Kooning, wichtige Anregungen. Bereits zu Beginn der fünfziger Jahre stellte Lansner jedoch fest, daß sie selbst eine stärker figurative Kunst hervorbringen wollte. Sie entwickelte einen Stil, der durch eine neue Verschränkung von ungegenständlichen und - insgesamt dominierenden - gegenständlichen Elementen gekennzeichnet ist. Ihr bevorzugtes Motiv sind Frauengestalten, die sie mehr oder weniger stark vereinfacht und verfremdet und mit vollkommen abstrakten Farbformen kombiniert. Dabei werden oft in einem Bild verschiedene, unter Umständen sehr gegensätzlich wirkende Ansichten und / oder Ausschnitte einer oder mehrerer Frauengestalten vereinigt (Abb. 12) (35).

Barbara Guests Gedicht nun enthält zwar interessante Anspielungen auf charakteristische Merkmale der Kunst Fay Lansners, doch diese Anspielungen sind noch wesentlich subtiler, wesentlich ungreifbarer und weniger offenkundig, als wir es bei Frank O'Haras "Joseph Cornell" kennengelernt haben. Denn anders als O'Hara verzichtet Guest auf detaillierte Beschreibungen und unmittelbar einleuchtende übergreifende Kommentare zum Oeuvre der von ihr thematisierten Künstlerin. Sie konfrontiert den Leser vielmehr mit einer Sequenz von Texteinheiten, die - aus der Perspektive eines unbestimmten wir - in sehr vieldeutiger Weise den Prozeß der Auseinandersetzung mit einem Lansner-Bild skizzieren. Dabei bleibt offen, ob das Gedicht von einem ganz spezifischen Werk inspiriert wurde. Zwar könnte man den im letzten Vers fallenden, kursiv gedruckten Begriff der *metamorphosis* eventuell so interpretieren, daß die in dem vorliegenden Text festgehaltenen Denkbewegungen an eines von verschiedenen zu einer Serie mit dem Titel *Metamorphosis* zusammengefaßten Gemälde anknüpfen (36). Aber selbst wenn dies der Fall sein sollte - weitere Anhaltspunkte dafür gibt es nicht -, versteht sich Guests Gedicht, wie auch der Untertitel nahelegt, primär als Reaktion auf Lansners Kunst im allgemeinen (37).

deutlich von der späteren Version abweichende erste Fassung des Gedichts, die in dem Katalog *Fay Lansner*, AK David Herbert Gallery, New York 1961, [o.S.] publiziert wurde.

(35) Zwei besonders aufschlußreiche Einführungen in Lansners Schaffen stammen von Barbara Guest selbst: "Fay Lansner: Deliberate contraries", *AN* 62, December 1963, 36f., 67; *Lansner*, Introduction by Guest, 5-8.

(36) Die verschiedenen Werke dieser Serie - ihre genaue Anzahl war nicht zu ermitteln - entstanden in den ersten Jahren der sechziger Jahre. Lansner selbst macht ein paar kurze Kommentare zu dieser Serie in: I.H. Sandler, "Fay Lansner: An Interview", Beilage zu: *Lansner*, Introduction by Guest, 7f.

(37) Es ist auch sicher kein Zufall, daß in der in Anm. 34 erwähnten Ausstellung im Denver Art Museum, bei der versucht wurde, möglichst gut zusammenpassende Gedichte und Bilder nebeneinanderzustellen, Guests "Latitudes" mit Lansners Triptychon *Women in Space* (1978-79), einem *nicht* zur *Metamorphosis*-Serie gehörenden Werk, kombiniert wurde.

Obwohl sich "Latitudes" einer eindeutigen Paraphrase entzieht, kann man einige der Assoziationen umreißen, die das Gedicht beim Leser auslöst. In den ersten drei Abschnitten fallen zum Beispiel mehrere Textelemente auf, die auf die ersten gedanklichen Entwürfe zu einem Bild, auf erste Arbeitsskizzen anzuspielen scheinen: "Sketching", "The mind travels", "penciling in". Darüber hinaus gewinnt man den Eindruck, daß sich diese ersten Entwürfe um eine heitere, von leuchtenden Farben bestimmte Landschaft drehen: besonders relevant sind in diesem Zusammenhang die Hinweise auf "flowers", "ponds" und vor allem auf "shapes like laughter" und "the red green blue / Of a substitute country". Genauer umschreiben läßt sich der Inhalt der genannten Textpartien jedoch nicht. Dies ist zum einen darauf zurückzuführen, daß, wie schon erwähnt, das Personalpronomen "we" unbestimmt bleibt. Insbesondere im ersten Abschnitt - "We were looking for flowers, / For their essences often curtains / Sketching a window" - resultiert die Ambiguität außerdem aus doppeldeutiger Syntax und unsystematischer Zeichensetzung; beispielsweise kann nicht definitiv entschieden werden, ob "often curtains" eine Ergänzung zu "their essences" ist oder ob "Sketching a window" sich auf "we" oder "curtains" bezieht.

Im vierten und im fünften Abschnitt stehen verschiedene Aussagen im Vordergrund, in denen es in der einen oder anderen Form um einen Richtungswechsel, um einen Wandel der ursprünglichen Bildvorstellungen geht. Zunächst klingt ganz allgemein an, daß konventionelle Denk- und Sichtweisen aufgegeben werden: "We leave our usual motors". Danach hebt der Sprecher hervor, daß die ursprünglich so wichtigen Landschaftselemente an Bedeutung verlieren. Mit dem unvermutet in Anführungsstriche gesetzten, wie ein Selbst-Kommentar der Malerin wirkenden Satz "'Odd rhythms become domestic.'" wird zugleich zum Ausdruck gebracht, daß zunächst als "seltsam" empfundene Rhythmen nach einer Weile weniger befremdlich anmuten. Denn im Verlauf des Schaffensprozesses, so deutet der Sprecher zu Beginn des folgenden Abschnitts an, kristallisieren sich auf dem Bild allmählich Gesichter heraus: "Crayons deposit skin on faces / Cheekbones follow them out of the alert / Rooms into shadows". Diese Gesichter sind freilich - das wäre zumindest *eine* Interpretationsmöglichkeit für den in prominenter Position am Versende plazierten Begriff "shadows" - in eine Umgebung eingebettet, in der vieles unscharf und schemenhaft bleibt.

Gegen Ende des sechsten und am Anfang des siebten Abschnitts begegnet man unter anderem mehreren Textelementen, die das zuvor durch die Verwendung wörtlicher Rede eingeführte Motiv des Gesprächs bei der Betrachtung des im Entstehen begriffenen Bildes variieren: "in the shadows / Near the conversations" und "She drops a hint". Diese beiden Anspielungen auf ein Motiv, das dem Leser eigentlich bekannt vorkommt, sind allerdings schwer zu paraphrasieren. Das an surrealistische Lyrik erinnernde Bild der

"Schatten / Neben den Gesprächen" läßt schon allein deshalb unterschiedliche Auslegungen zu, weil es nicht ohne weiteres in die Alltagswelt übertragen werden kann. Und die so schlicht wirkende Bemerkung "She drops a hint" ist zumindest sehr vage: es kann nicht definitiv entschieden werden, ob das Personalpronomen tatsächlich - was wohl die naheliegendste Assoziation ist - auf Fay Lansner anspielt, und wir erhalten keine genaueren Erläuterungen zu der Frage, *welcher* Hinweis hier gegeben wird.

Im übrigen Teil des siebten Abschnitts fallen vor allem verschiedene Aussagen ins Auge, die den Eindruck erwecken, daß Dinge zur Ruhe kommen, daß ein wie auch immer gearteter Prozeß oder Bewegungsablauf zu Ende gebracht wird. Zunächst heißt es: "the curtain / Falls because it is nighttime.", und im Anschluß daran folgt eine - bereits auf Grund des Fehlens finiter Verben eine gewissen Stillstand suggerierende - Aneinanderreihung von Genitivkonstruktionen, die in dem Bild des "bringing together / Of poles once named oppositions" gipfelt. Diese "Pole, die einst Gegensätze genannt wurden", sind auch Gegenstand des letzten Textabschnitts, der, zumal er mit den Worten "Then later" eingeleitet wird, wie eine Art Fazit klingt: "Then later we discovered / *Metamorphosis* was their difficult answer." Doch auch diese äußerlich so plausiblen Schlußzeilen geben Rätsel auf, da zum Beispiel nicht genau zu ermitteln ist, auf welche Fragen die 'schwierige Antwort' zurückweist.

Soweit die Beschreibung einiger Assoziationen, die Barbara Guests "Latitudes (The Art of Fay Lansner)" beim Leser auszulösen vermag. Das, was man vielleicht als das Bedeutungspotential des Gedichts bezeichnen könnte, ist damit natürlich noch längst nicht erschöpft. Es ist jedoch, hoffe ich, hinreichend deutlich geworden, daß der Text zwar etliche Details enthält, die man mit Malerei in Verbindung bringen kann, daß die entsprechenden Anspielungen aber ziemlich vage bleiben. Gewiß, ein mit dem Schaffen Fay Lansners ein wenig vertrauter Leser wird sich bei der Lektüre von Guests Gedicht an wichtige Merkmale der von dieser Künstlerin geschaffenen Werke erinnert fühlen. Leuchtende Farben; "seltsame Rhythmen", die dem Betrachter nach einer Weile doch bekannt vorkommen; Gesichter, die aus einem nur unscharf definierten Hintergrund hervortreten; das Zusammenbringen von Gegensätzen (38) - all das findet man auch in Lansners Bildern wieder. Doch Guests Anspielungen auf die Malerei Fay Lansners sind, wie bereits angedeutet, erheblich weniger explizit und spezifisch als vergleichbare

---

(38) Diese für Lansner so charakteristische Juxtaposition von "[d]eliberate contraries" (vgl. Anm. 35) wird auch in Guests Essays über diese Malerin besonders betont. An einer Stelle schreibt die Dichterin: "[...] the conflict which she recognized between what is possible and what exists [...] led her to paint figures in opposing attitudes of hate-love, or passivity-activity, figures yearning for the ideal yet caught in the conflicts of the viable. She found that she was deliberately choosing contraries, working against totality - the single figure, still-life, landscape - because a reasonable summary was impossible." (Guest, "Lansner: Deliberate contraries", 37)

Anspielungen in Frank O'Haras Gedicht über Joseph Cornell. Während O'Hara relativ detailreiche Anregungen zur Auseinandersetzung mit Oeuvre des von ihm betrachteten Künstlers vermittelt, liefert Guest quasi nur Stichworte. Es ist freilich gar nicht so unangemessen, daß die Lyrikerin die Bezüge zu Lansners Werk in recht hohem Maße in der Schwebe läßt. Denn den Bildern, die diesen Text inspiriert haben, eignet gleichfalls eine gewisse Unbestimmtheit oder, wie Guest es in Essays über Lansner formuliert, eine gewisse "incompletion" (39) und "ambiguity" (40). Überhaupt könnte man argumentieren, daß die Dichterin mit ihrem so vieldeutigen Text dem Rezipienten einen ähnlichen Interpretationsspielraum einräumt, ähnliche "Latitudes" gewährt, wie Lansner es mit ihren Bildern tut. Das ändert allerdings nichts daran, im Gegenteil, es unterstreicht noch einmal, daß die in Barbara Guests Gedicht aufweisbaren Bezüge zur Kunst von Fay Lansner verhältnismäßig locker sind.

4.3. Gedichte über fiktive Künstlergestalten oder die bildende Kunst als solche

Die Gruppe der Gedichte, die sich in irgendeiner Form mit der bildenden Kunst beschäftigen, ohne aber reale Kunstwerke oder Künstler in den Mittelpunkt zu stellen, ist recht klein, doch die Texte, die etwa fiktive Künstlergestalten oder aber das Medium der Malerei selbst zum Gegenstand haben, sind schon deshalb von Interesse, weil sie oft auch Rückschlüsse auf künstlerische Grundprinzipien der Autoren zulassen. Frank O'Haras berühmtes Gedicht "Why I Am Not a Painter" (41) zum Beispiel - ein Text, den man dieser Gruppe zuordnen könnte, obwohl O'Hara hier einige allgemein auf den Abstrakten Expressionismus ausgerichtete Überlegungen an einem Werk des Malers Michael Goldberg festmacht - bietet, wie bereits mehrfach erläutert worden ist (42), eine anschauliche Einführung in poetische Grundvorstellungen des Lyrikers.

Weniger bekannt, aber nicht minder interessant ist ein schlicht "The Artist" betiteltes Gedicht von Kenneth Koch (43). Bei diesem Text handelt es sich um eine

---

(39) Ibid., 36.
(40) *Lansner*, Introduction by Guest, 7.
(41) *CP*, 261f.
(42) Vgl. z.B.: Breslin, *American Poetry*, 213f.; A. Feldman, *Frank O'Hara*, Boston 1979, 64f.; Perloff, *Poet Among Painters*, 111f.
(43) *TY*, 46-53. In einem Gespräch mit der Verfasserin am 24. September 1990 bemerkte Kenneth Koch, daß er unter anderem durch ein in einer Zeitschrift veröffentlichtes Photo einer in einer Wüstenlandschaft aufgestellten Skulptur von Max Ernst zu "The Artist" inspiriert worden sei, daß das Gedicht aber dennoch nicht auf Ernst Bezug nehme (Koch

Collage-ähnliche Kombination von Tagebucheintragungen, Gesprächsfragmenten und Zeitungsausschnitten, die - ausgehend von den jeweils wichtigsten Werken - verschiedene Etappen der Karriere eines im weitesten Sinne als Bildhauer klassifizierbaren Künstlers verfolgen. Das gesamte Gedicht ist von einer für viele Koch-Texte typischen burlesken Komik geprägt. Besonders auffällig ist in dieser Hinsicht vielleicht, daß die verschiedenen Werke des Bildhauers ein insgesamt sehr komisch, ja grotesk wirkendes Oeuvre konstituieren. Die auf den Anfangsseiten erwähnten Arbeiten - etwa ein für den Zoo von Minneapolis konzipierter "amazing zinc airliner", eine als "an open field with a few boards in it" charakterisierte Arbeit mit dem Titel *Play* oder auch eine Serie von "steel cigarettes" - werden einem Leser, der auch nur ein oberflächliches Interesse für zeitgenössische Kunst hat, vermutlich noch nicht besonders ungewöhnlich erscheinen. Die absurde Komik kommt jedoch spätestens dann zum Tragen, wenn man bei fortschreitender Lektüre des Gedichts feststellt, daß die Werke des Bildhauers immer größer werden und daß der Künstler letztlich Projekte von wahrhaft gigantischen Dimensionen entwirft: zu den markantesten Stationen dieser Entwicklung gehören die Arbeit *Campaign* ("a tremendous piece of charcoal. / Its shape is difficult to describe; it is extremely large and would reach to the sixth floor of the Empire State Building."), wenig später der *Magician of Cincinnati* ("twenty-five tremendous stone staircases, each over six hundred feet high, which will be placed in the Ohio River") und schließlich ein Projekt, das den Pazifischen Ozean zum Thema haben soll und für das der Bildhauer "sixteen million tons of blue paint" bestellt hat. Ganz abgesehen von dieser bewußt grotesken Steigerung hat auch die Tatsache, daß in "The Artist" auf relativ kleinem Raum von einer relativ großen Zahl von Werken die Rede ist, die überdies gegen Ende immer schneller aufeinanderfolgen, komische Züge.

Nicht nur das Oeuvre selbst, sondern auch die innere Einstellung des Bildhauers zu seinem Schaffen, seine Emotionen und seine Gedanken werden von Koch farcenhaft überzeichnet. Parodistisch übertrieben werden zum Beispiel die extremen Stimmungsschwankungen des Künstlers, der sich meistens entweder in einem Zustand des Hochgefühls befindet oder aber von tiefer Verzweiflung erfaßt wird, etwa während der Arbeit an dem Projekt *Bee* zunächst betont: "I have never been so happy and inspired", doch ein paar Monate später hervorhebt, daß er "weeks of despair!" durchgemacht habe, als die erste Fassung wegen eines irreparablen Materialschadens nicht vollendet werden konnte. Ironisiert wird auch die fast rührende Abhängigkeit des Bildhauers von Erfolg und Zuspruch, die unter anderem in Ausrufen wie "I am thrilled beyond expectation! / He liked my work!" und auch in scheinbar so sachlichen Kommentaren wie "I have been very successful in the past fourteen or fifteen years." zum

---

fand auch von vornherein weniger die Skulptur als solche als vielmehr die Tatsache interessant, daß sie "in the American desert" aufgebaut worden war).

Ausdruck kommt. Oder seine ausgeprägte Neigung zu Selbstzweifeln, die sich manifestiert in Aussagen wie "I wonder if I'd still have the courage to do a thing like *Play*?" und "Can I make two things at once? What way is there to be sure that the impulse to work on *Stabs in My Heart* is serious? It seems occasioned only by my problem of finishing *Summer Night...?*" Oder auch seine Tendenz zu radikalen Meinungsänderungen, die sich beispielsweise darin äußert, daß ihn die Installation des *Magician of Cincinnati* mit "an intense joy" erfüllt, ja sogar zu der Behauptung veranlaßt: "I feel suddenly freed from life", er jedoch einige Zeit später die Ansicht vertritt: "How naive the *Magician of Cincinnati* was!"

Aber bei aller Parodie, bei aller karikierenden Übersteigerung werden in "The Artist" durchaus ernstzunehmende Fragen berührt, die nicht nur für die Hauptperson dieses Gedichts, sondern für jeden Künstler - nicht umsonst ist der Titel ganz allgemein formuliert - relevant sind. Wenn der Bildhauer nicht weiß, wie er ein gegebenes Werk zum Abschluß bringen soll ("*Summer Night*, shall I never succeed in finishing you? Oh you are the absolute end of all my creation!"), wenn er befürchtet, daß ihm die Ideen ausgehen könnten ("Oh what can I create now, Earth, // Green Earth on which everything blossoms anew?"), oder wenn er sich fragt, ob sein Werk Anerkennung findet ("The foreman of the foundry wants to look at my work. It seems that he too is an 'artist' - does sketches and watercolors and such...What will he think of *Bee*?"), so wird natürlich die Art und Weise, wie er mit diesen Fragen umgeht, ironisiert und mehr oder weniger lächerlich gemacht. Die zugrundeliegenden Fragen selbst jedoch drehen sich um zwar vielleicht banale, aber deshalb noch keineswegs lächerliche Probleme, die jeden Künstler, und das heißt, letztlich auch Kenneth Koch selbst, immer wieder beschäftigen. Es ist bezeichnend, daß die Tagebuchnotizen des Bildhauers oft von einer Dringlichkeit geprägt sind, die - wie das folgende Beispiel illustrieren mag - zumindest nicht *nur* komisch wirkt: "It doesn't seem possible - the Pacific Ocean! I have ordered sixteen million tons of blue paint. Waiting anxiously for it to arrive. How would grass be as a substitute? cement?" Diese Zeilen ganz am Ende des Gedichts weisen insofern eine gewisse Ambivalenz auf, als zwar das hier skizzierte Projekt selbst einigermaßen grotesk ist, aber die Gefühle des Künstlers in diesen ersten Stadien der Arbeit an einem neuen Projekt, seine durch die atemlose Aneinanderreihung von Stichworten vermittelte innere Unruhe und Nervosität, durchaus authentisch erscheinen. Neben solchen ambivalenten Textpassagen bringen auch ein paar - freilich nicht sehr zahlreiche - selbstironische Kommentare des Bildhauers - etwa "Perhaps somebody will grow up having been influenced by *Play*, / I think - but what good will that do?" oder "I just found these notes written many years ago. / How seriously I always take myself!" - eine gewisse Relativierung des Karikaturistischen mit sich. Dennoch: obwohl "The Artist" nicht bloß eine simple Satire ist, obwohl die hier am Beispiel eines fiktiven Bildhauers veranschaulichten Probleme des

Künstlerdaseins bei aller oberflächlichen Lächerlichkeit einen durchaus ernsten Kern haben, ist der Grundton des Gedichts von Witz und Ironie bestimmt.

Ein ganz anderer - verhalten-meditativer - Ton beherrscht das von Barbara Guest verfaßte Gedicht "The Nude" (44), das sich um die Arbeit eines fiktiven Malers an einem weiblichen Akt dreht. Der sich ähnlich wie Kenneth Kochs "The Artist" über mehrere Seiten erstreckende Text besteht aus einer lockeren Aneinanderreihung von Assoziationen und Reflexionen, an Hand derer der Sprecher sowohl die den Schaffensprozeß begleitenden Überlegungen und Empfindungen des Malers als auch seine eigenen Reaktionen umreißt. Dabei gibt es mehrfach abrupte Sprünge von einem Thema zum anderen. Durch die Leitmotivtechnik - von zentraler Bedeutung sind etwa der schon im Titel vorkommende Begriff "Nude" und damit verwandte Ausdrücke - und durch die im großen und ganzen lineare Zeitstruktur wird jedoch eine alle Textabschnitte übergreifende Einheit gestiftet.

Das Gedicht enthält keine ausführlichere Beschreibung des Aktbildes, das den entscheidenden Bezugspunkt der hier in Worte gefaßten Gedankengänge konstituiert. Dennoch wird deutlich, daß sich der Künstler im Laufe der Entwicklung seines Werkes immer mehr von der Darstellung einer Frauengestalt entfernt und seine Wahrnehmungen angesichts des Modells statt dessen in eine Landschaft umsetzt, so daß es gegen Ende des Gedichts heißt: "There is no figure. // This is landscape, / portrait of nude melancholy [...] He has not drawn her, / the sheen of her body only survives." Aber obwohl die wesentlichen Etappen der Bildentwicklung recht klar zutage treten, bleiben etliche Details vage und ungreifbar. Dies liegt zum einen darin begründet, daß infolge der bereits angesprochenen plötzlichen gedanklichen Sprünge einige Bemerkungen einfach zu knapp sind, als daß sie eine genau definierbare Bedeutung hätten:

He confides,
"Each day I define myself."

He notices a coarseness of flesh,
he thickens his paint,

"It is a glimpse into the future,
fields light up," she says.

Diese den letzten Abschnitt des Gedichts einleitende Textpassage beispielsweise setzt sich aus Versparen zusammen, die auf den ersten Blick - schon allein, weil sie recht

---

(44) *FR*, 57-64. Das Gedicht ist auch in dem aufwendig produzierten Kunstbuch: W. Brandt, *Nudes*, B. Guest, "Poem", New York 1986, veröffentlicht worden; der Text erscheint dort im Anschluß an Aktstudien von Warren Brandt (Zeichnungen, Radierungen, Photos), bezieht sich aber, wie Guest in einem Gespräch mit der Verfasserin am 22. September 1990 erläutert hat, auf das Thema des Akts im allgemeinen.

schlicht formuliert und grammatisch völlig korrekt sind - durchaus verständlich klingen. Die jeweiligen Inhalte werden aber alle nur kurz angerissen und sind von einem Verspaar zum anderen ziemlich disparat; im letzten Verspaar wird die Unbestimmtheit außerdem noch dadurch erhöht, daß nicht klar ist, worauf das Pronomen "it" verweist. Es gibt daher ganz unterschiedliche Möglichkeiten, wie der Leser die einzelnen Aussagen weiterdenkt und welche Beziehungen er zwischen ihnen herstellt.

Darüber hinaus konfrontiert Guest uns in "The Nude" - ebenso wie in vielen anderen ihrer Gedichte - mit diversen Texteinheiten, die sich deshalb einer eindeutigen Paraphrase entziehen, weil wir sie nicht direkt in unsere Alltagswirklichkeit übersetzen können. Ein repräsentatives Beispiel liefert etwa der folgende Passus:

> Is a weight become effervescent
> when attacked by knowledge
>
> Of shells and other remainders
> of sexual consciousness tossed from sand,
>
> They live in a contradiction of time.

Bei diesem elliptischen Satz, der wahrscheinlich die Zeile "A native body beneath its plumes." ergänzt, ist zwar anzunehmen, daß der Sprecher hier auf die erotische Ausstrahlung eines unbekleideten Körpers anspielt. Auf Grund der surrealistischen Kombination von nicht zusammenpassenden Substantiven und Adjektiven beziehungsweise Verben ("*weight* become *effervescent* / when *attacked* by *knowledge*") und der Verwendung von so schwer umschreibbaren Bildern wie "remainders / of sexual consciousness tossed from sand" oder "a contradiction of time" ist es jedoch nicht möglich, die Inhalte dieser Anspielungen in allgemeinverbindlicher Form zu präzisieren. Einmal mehr bewirkt überdies ein Pronomen, bei dem wir nicht wissen, worauf es sich bezieht ("they"), eine zusätzliche Verrätselung.

Doch obgleich Guest in "The Nude" vieles nur andeutet und es dem Leser überläßt, die Dinge weiterzudenken, enthält das Gedicht auch durchaus unzweideutige Texteinheiten, und häufig handelt es sich dabei um allgemeine Reflexionen über die Kunst. Unter anderem werden die folgenden Themen angeschnitten: der Versuch des Künstlers, persönliche Emotionen an konkreten Objekten zu festzumachen ("The narcissism of the artist escapes into a body / that defines his emotions, // An interior where his own contour is less misty."); die Einsicht, daß der Künstler den Gegenstand nie vollständig zu erfassen vermag ("A severe distance is established between her realism / and his anxious attempt to define it."; "He explains he is thinking of the body. // Its behavior is strange, hiding behind leaves / he can never trap or bribe it."); die Überzeugung, daß das Kunstwerk erst durch den Rezipienten vollendet wird ("You are the viewer and without you / the picture cannot exist, the model shall cease to breathe."); die die alltägliche Wirklichkeit transzendierende Natur der Kunst ("the actual timing of an artist's abrupt gesture // Is supernatural despite interferences / of local ornamental mundaneity"); die Freiheit des Künstlers, nach Belieben die unterschiedlichsten Einflüsse zu verarbeiten ("The artist borrows mannerisms and technique, / he is free to copy, the other world is ambitionless.").

Alle diese Reflexionen gehen zwar aus von der Arbeit eines einzelnen Malers an einem einzelnen Werk, doch sie haben - wie auch schon die neutralen Wendungen "the artist" beziehungsweise "an artist" sowie das Vorherrschen der *simple present tense* signalisieren - durchweg einen recht allgemeinen Charakter, und dies impliziert: sie besitzen eine umfassendere Relevanz. Das heißt: ähnlich wie in Kenneth Kochs "The Artist" geht es in Barbara Guests "The Nude" nicht nur um eine individuelle Künstlergestalt und deren Schaffen, sondern zugleich um ästhetische Grundfragen, welche letztlich weit über die Anliegen des hier im Mittelpunkt stehenden fiktiven Malers hinausgehen. Aber die Verfahrensweisen der beiden Dichter sind natürlich sehr unterschiedlich: während Koch 'seinen' Bildhauer humorvoll ironisiert, wählt Guest eine von distanzierter Sympathie getragene Stillage. Und während Koch, obwohl er den Leser mitunter mit sehr fragmenthaften Texteinheiten konfrontiert, meistens relativ explizite und eindeutige Aussagen trifft, zieht Guest es vor, die Dinge nur implizit anzudeuten beziehungsweise mehrdeutig zu formulieren.

4.4. Exkurs: Die Aufzeichnung visueller Wahrnehmungen bei James Schuyler

James Schuyler macht zwar in seinen Gedichten nie konkrete Gemälde, einzelne Künstlergestalten oder die bildende Kunst als solche zum zentralen Gegenstand, doch er hat etliche Texte verfaßt, die den Leser insofern an die Malerei erinnern, als ihre Inhalte einen ausgeprägt visuellen Charakter haben. Immer wieder begegnet man in Schuylers Oeuvre Gedichten oder längeren Textpassagen, in denen der Autor eine sehr plastische Vorstellung von bestimmten Interieurs, Landschaften oder Stadtszenerien vermittelt. Und oft spielen dabei nicht zuletzt Farbeindrücke eine wichtige Rolle. Ein repräsentatives Beispiel liefert das Gedicht "February" (45). Im Mittelpunkt dieses Textes stehen verschiedene Wahrnehmungen beim Blick in einen Innenraum und aus diesem Innenraum hinaus in den New Yorker Alltag: in unsystematischer und daher etwas sprunghaft

---

(45) *FE*, 15f.

anmutender Abfolge wird aneinandergereiht, welche Dinge die besondere Aufmerksamkeit des vermutlich mit Schuyler identischen Sprechers auf sich ziehen. Meistens skizziert
der Sprecher lediglich, was er sieht, doch an manchen Stellen geht er zusätzlich auf
Assoziationen ein, die das Gesehene bei ihm auslöst. Auch diese Assoziationen drehen
sich freilich fast immer um visuelle Impressionen; so evoziert zum Beispiel das Grün von
Tulpenstengeln und -blättern Erinnerungen an "One green wave [...] in the violet sea",
und dieses Erinnerungsbild wird seinerseits verglichen mit "the UN Building on big
evenings, / green and wet / while the sky turns violet."

Obwohl es ein paar in gewissem Maße einheitsstiftende Leitmotive gibt - am
markantesten ist das Motiv der Tulpen -, stehen die einzelnen Aussagen des Gedichts
recht unverbunden nebeneinander. Dies tritt um so deutlicher zutage, als sie schon in sich
sehr knapp, wenn nicht gar fragmentarisch sind. Schuyler konstruiert mehrfach elliptische
Sätze - gleichsam einen passenden Auftakt bildet bereits der erste Satz "A chimney,
breathing a little smoke." - und beschränkt sich außerdem in der Regel darauf, die
verschiedenen in "February" zur Sprache gebrachten Wahrnehmungen nur an Hand
einiger weniger, allerdings wesentlicher, Details zu umreißen. Typisch sind so lakonische,
nicht weiter ausgeführte Bemerkungen wie zum Beispiel "Two dog-size lions face each
other / at the corner of a roof." Und selbst wenn bestimmte Beobachtungen - was nicht
sehr oft vorkommt - durch Vergleiche ergänzt werden, so ändert dies meistens nichts
daran, daß die entsprechenden Aussagen insgesamt eher knapp, ja fast stichwortartig
wirken: "A few almond trees / had a few flowers, like a few snowflakes / out of the blue
looking pink in the light."

Gerade weil Schuyler darauf verzichtet, die einzelnen visuellen Eindrücke
genauer zu beschreiben, und weil er, im ganzen gesehen, verhältnismäßig wenige
Adjektive benutzt, fällt um so mehr auf, daß das Gedicht relativ viele Farbangaben
enthält: "pink", "blue", "green", "violet", "gray", "gold", "yellow". Diese Farbwörter
springen nicht nur deshalb ins Auge, weil sie so zahlreich sind. Sie werden zusätzlich
dadurch akzentuiert, daß sie meistens gleich am Anfang oder aber ganz am Schluß eines
Satzes auftreten, also jeweils eine sehr prominente Position einnehmen. Darüber hinaus
werden einige von ihnen, in unterschiedliche Zusammenhänge eingebettet, mehrfach wiederholt. Manchmal verleiht der Autor den Farbadjektiven auch einfach dadurch ein noch
stärkeres Gewicht, daß er sie substantiviert. In Versen wie "The pink of five tulips /
at five P.M. on the day before March first." oder "The green of the tulip stems and leaves /
like something I can't remember, [...]" ruft dies, zumal die Substantivierung hier mit einer
Plazierung des jeweiligen Farbworts an den Satzbeginn einhergeht, den Eindruck hervor,
daß der Sprecher weniger an den fraglichen Gegenständen als vielmehr an deren Farben
interessiert sei. Letztere werden jedenfalls in den Vordergrund gerückt.

Angesichts der mehr oder minder ausschließlichen Konzentration auf visuelle Wahrnehmungen, welche freilich in der Regel nur in großen Zügen umrissen werden, so daß der Leser verschiedene Möglichkeiten hat, sich das Bild detaillierter auszumalen, sowie der besonderen Betonung diverser Farbimpressionen können wir resümierend festhalten, daß James Schuyler in "February" zwar nicht die bildende Kunst selbst zum Gegenstand macht, aber gewissermaßen ihre Inhalte aufgreift. Anders ausgedrückt: der Dichter schreibt nicht *über* Maler oder Malerei, sondern er setzt sich mit ähnlichen Themen auseinander wie etwa ein Landschaftsmaler, der eine New Yorker Stadtszenerie darstellt.

5. ÄSTHETISCHE AFFINITÄTEN ZWISCHEN DICHTERN UND MALERN

Angesichts der Tatsache, daß die New York Poets vor allem in der Anfangsphase ihrer schriftstellerischen Laufbahn in den fünfziger Jahren einen engen Gedankenaustausch mit verschiedenen meist gleichaltrigen Malern der New York School pflegten - ein Gedankenaustausch, der sich ja, wenn auch mit mittlerweile geringerer Intensität, bis in die Gegenwart fortsetzt -, liegt es nahe zu fragen, ob es nicht irgendwelche Gemeinsamkeiten im Hinblick auf die Kunstauffassungen der Dichter und der bildenden Künstler gibt. Wenn man die Werke der New Yorker Lyriker und Maler im Überblick betrachtet, fallen einem freilich zunächst eher diverse Unterschiede als Ähnlichkeiten ins Auge, und das gilt nicht nur für den Vergleich zwischen Dichtern und bildenden Künstlern, sondern schon im Hinblick auf die einzelnen Schriftsteller beziehungsweise Maler untereinander. Was verbindet etwa die oft recht enigmatischen Texte einer Barbara Guest mit den häufig unmittelbar einleuchtenden Gedichten eines James Schuyler? Oder welche Beziehungen bestehen zwischen den weitgehend ungegenständlichen Kompositionen einer Joan Mitchell und den, jedenfalls auf den ersten Blick, so realitätsnah anmutenden Landschaftsbildern einer Jane Freilicher?

Und doch: bei einer genaueren Auseinandersetzung mit den New York Poets und verschiedenen Repräsentanten der "Zweiten Generation" der New York School stößt man zumindest hinsichtlich der künstlerischen Grundimpulse dieser in unterschiedlichen Medien arbeitenden Künstler auf frappierende Übereinstimmungen. Ihre Werke mögen sehr heterogen und daher kaum miteinander vergleichbar sein; ihre programmatischen Äußerungen aber zeigen, daß die Lyriker und die bildenden Künstler zum Teil ganz ähnliche Ziele verfolgen. Natürlich muß man die programmatischen Äußerungen, in denen ein Künstler selbst sein Tun und Denken reflektiert, immer mit einer gewissen Vorsicht interpretieren. Gleichwohl hebt der bekanntlich auch als Kritiker renommierte Maler Fairfield Porter zu Recht hervor: "Artistic manifestos indicate where the artist directs his attention." (1) Und so spiegeln die Selbst-Kommentare der New York Poets und der mit ihnen befreundeten bildenden Künstler, daß zumindest zwei Dinge sowohl von den Dichtern als auch von den Malern wiederholt in den Mittelpunkt ihrer Überlegungen gerückt werden: Erstens wird deutlich, daß sie das Kunstwerk als ein in hohem Maße improvisatorisches prozessuales Geschehen begreifen. Zweitens kommt zum Vorschein, daß sie nicht an der Vermittlung präzise umschreibbarer Inhalte oder gar Botschaften interessiert sind, sondern das Bild oder den Text als ein asymbolisches Wahrnehmungsangebot verstehen, welches verschiedene Auslegungen zuläßt. Besonders wichtig ist dabei, daß diese beiden Anliegen im Schaffen der einzelnen Künstler - obwohl

---

(1) F. Porter, "Against Idealism", *Art and Literature* 2, Summer 1964, 222.

natürlich jeder von ihnen im Laufe der Jahre einige mehr oder weniger signifikante Entwicklungen und Veränderungen durchgemacht hat - bis heute von zentraler Bedeutung sind.

Daß sich mancherlei Parallelen feststellen lassen, was die künstlerischen Grundhaltungen der New Yorker Dichter und Maler betrifft, impliziert indes nicht unbedingt, daß zu irgendeinem Zeitpunkt eine unmittelbare Beeinflussung - sei es wechselseitig, sei es in nur einer Richtung - stattgefunden habe. Jane Freilicher hat einmal gesagt: "My poet friends didn't influence me directly with their work but there's a sympathetic vibration [...] and something in their sensibility I feel an affinity for." (2) Diese Bemerkung kann man meines Erachtens verallgemeinern: die New York Poets und eine Reihe zeitgenössischer Maler haben eine ähnliche künstlerische Sensibilität, und infolgedessen sind auch bei ihren ästhetischen Grundkonzepten Affinitäten zu erkennen. Lyriker und bildende Künstler haben sich zwar gegenseitig bestärkt, aber es gibt keine Anzeichen, geschweige denn Beweise dafür, daß sie bestimmte Ideen, Methoden oder Zielvorstellungen direkt voneinander übernommen hätten. Freilich ist es im Grunde auch unwesentlich, zu erwägen, wer wen in welcher Hinsicht beeinflußt haben könnte. Entscheidend sind die Übereinstimmungen oder Parallelen in den Kunstauffassungen der Dichter und Maler als solche.

Doch wie schon angesprochen: obwohl die New York Poets und die mit ihnen befreundeten Maler zum Teil ähnliche Grundeinstellungen vertreten, sind die von diesen Prinzipien geprägten Texte und Bilder sehr ungleichartig, und so erscheint es mir wenig sinnvoll, Einzelvergleiche zwischen Gedichten und Gemälden zu ziehen. Darüber hinaus ist bereits die Art und Weise, wie allein die fünf in der vorliegenden Untersuchung betrachteten Schriftsteller die obengenannten Konzepte in die dichterische Praxis umsetzen, sehr unterschiedlich. Da nun in meiner Arbeit die Lyriker im Vordergrund stehen, werde ich in meinen weiteren Ausführungen wie folgt vorgehen: zum einen möchte ich veranschaulichen, daß die New Yorker Dichter und Maler in ihren programmatischen Kommentaren, in der Theorie gewissermaßen, sehr ähnliche Aussagen treffen, was die beiden Stichworte "Prozeß" und "Anti-Symbolismus" anbelangt. Zum anderen soll genauer dargelegt werden, wie die mit diesen zwei Schlüsselbegriffen verknüpften Ideen in den Texten der fünf von mir behandelten Lyriker eine immer wieder andere Realisierung erfahren. In den - nach Dichtern getrennten - Kapiteln, die die praktische Verwirklichung

---

(2) Zit. in: G. Henry, "Jane Freilicher and the Real Thing", *AN* 84, January 1985, 83. Vgl. hierzu auch die Beispiele, mit denen Kenneth Koch die bereits in einem anderen Zusammenhang zitierte Aussage: "We [...] seemed to find each other because we were excited in the same way about similar things." illustriert: "It's like when two people discovered oxygen simultaneously: and I don't think 'Proust had read Freud, yet he discovered some of the same things." (D. Spurr, "An Interview with Kenneth Koch", *Contemporary Poetry: A Journal of Criticism* 3, Winter 1978, 8).

bestimmter ästhetischer Konzepte zum Gegenstand haben, werde ich also keine Gegenüberstellung von Lyrik und Malerei vornehmen. Es sollen allenfalls, wenn es sich anbietet, punktuelle Verweise auf bestimmte bildende Künstler oder deren Werke gemacht werden.

5.1. Das Kunstwerk als prozessuales Geschehen

In einer 1988 abgehaltenen Podiumsdiskussion zum Thema "The New York School" betonte die Kunstkritikerin Dore Ashton, daß der Ausdruck "process" vor allem in den fünfziger und sechziger Jahren sowohl bei bildenden Künstlern als auch bei Dichtern "a word that was in great currency" gewesen sei (3). Und 1989 konstatierte Ashton, daß "the notion of art as process" im Denken etlicher Repräsentanten der New York School auch heute noch eine wichtige Rolle spiele (4). In der Tat zieht sich der Begriff des Prozessualen wie ein Leitmotiv durch die programmatischen Äußerungen der New Yorker Lyriker und Maler. Immer wieder unterstreichen sie, daß sie nicht die Absicht verfolgen, Kunstwerke hervorzubringen, die schon im vorhinein sorgfältig geplant und zu Ende gedacht werden, sondern vielmehr versuchen, bei der Gestaltung ihrer Gedichte und Bilder so unvoreingenommen wie möglich jenen Ideen, Gefühlen und Wahrnehmungen zu folgen, die sich erst während des Malens oder Schreibens einstellen. Und immer wieder verwenden sie, wenn sie ihre Zielsetzungen näher erläutern, bemerkenswert ähnliche Formulierungen.

Als erstes möchte ich einige mir besonders interessant erscheinende Aussagen zitieren, in denen das Wort "Prozeß" selbst eine Schlüsselposition einnimmt. Was die Maler angeht, so erläutert zum Beispiel Fay Lansner, daß die für viele ihrer Werke charakteristische Kombination von bogenförmig geschwungenen figurativen und kantigen geometrischen Elementen nicht von abstrakten, dem Malen vorgeordneten Überlegungen abgeleitet worden sei, sondern sich durch die künstlerische Praxis ergeben habe: "it arrived through the process of painting and elimination" (5). Und sie weist, einen dem Begriff "Prozeß" verwandten Ausdruck benutzend, darauf hin, daß sie in einer ihrer

(3) Zit. nach einer von den Mitarbeitern des Poetry Project angefertigten Kassette der Diskussion, die am 9. April 1988 im Rahmen des von The Poetry Project organisierten Symposiums "Poetry of Everyday Life" (7.-10. April 1988, St. Mark's Church, New York) stattfand.
(4) D. Ashton in einem Gespräch mit der Verfasserin am 19. September 1989.
(5) I.H. Sandler, "Fay Lansner: An Interview", Beilage zu: *Fay Lansner*, Introduction by B. Guest, Swarthmore, Pa. 1976, 8.

wichtigsten Werkgruppen, das heißt, den Arbeiten zum Thema "images of the self", stets beabsichtige, "[to] show the *unfolding* of varieties of thought that went into the making of these images." (6) Jane Freilicher definiert das Bild einmal als "an exploration of how one sees, a representation of the process of seeing" (7), eine Definition, deren Inhalt Freilicher an anderer Stelle noch detaillierter darlegt: "When I start painting, it's with this rush of feeling - an emotional reaction to something I find beautiful in the subject, which provides the energy, the impetus to paint. Then, as the process of painting evolves, other things enter into it - a discovery of what it is I think I'm seeing." (8) Beide Künstlerinnen machen also - wenngleich sie das Wort "Prozeß" in unterschiedliche Kontexte einbetten - deutlich, daß sie durch das Malen selbst zu unvorhersehbaren Erkenntnissen oder Einsichten gelangen und daß sie immer auch diesen Denk- beziehungsweise Sehprozeß als solchen vor Augen führen möchten.

Unter den Lyrikern rückt vor allem John Ashbery gleich mehrfach explizit den Begriff des Prozessualen ins Zentrum seiner programmatischen Äußerungen. Er konstatiert: "The process of writing poetry becomes the poem." (9) oder hebt hervor, daß er das Gedicht als "a record of a thought process" (10) und zugleich als "a kind of history of its own coming into being" (11) versteht. Aber auch bei den anderen New York Poets begegnet man aufschlußreichen Kommentaren zum Stichwort "Prozeß". Barbara Guest zum Beispiel bezeichnet das Schreiben des Gedichts als "the defenestrating *process* of saying something new" und deutet an, daß nur im kreativen Akt selbst allmählich eine angemessene Struktur, angemessene formale "supports" verwirklicht werden können (12). Und Kenneth Koch erwähnt, er habe bei der Suche nach einem eigenen Stil festgestellt, daß sich Form und Inhalt jener Texte, die ihm am besten gefielen, immer erst während des Dichtens herauskristallisierten: "it was all happening in the process." (13) Interessant ist in diesem Zusammenhang auch Kochs Aussage, daß er

---

(6) Ibid., meine Hervorhebung.
(7) R. Doty, "Interview with the artist", in: *Jane Freilicher: Paintings*, ed. ders., New York 1986, 51.
(8) Zit. in: Henry, "Freilicher and the Real Thing", 79.
(9) A. Poulin, Jr., "The Experience of Experience: A Conversation with John Ashbery" (1972), *Michigan Quarterly Review* 20, 1981, 251.
(10) J. Bloom / R. Losada, "Craft Interview with John Ashbery" (1972), in: *The Craft of Poetry: Interviews from "The New York Quarterly"*, ed. W. Packard, New York 1974, 121.
(11) L.A. Osti, "The Craft of John Ashbery: An Interview", *Confrontation* 9, Fall 1974, 89.
(12) B. Guest, "Radical Poetics and Conservative Poetry", unveröffentlichtes Typoskript eines Vortrags, New York 1990, 2f., meine Hervorhebung; der Text wurde mir freundlicherweise von The Poetry Project, St. Mark's Church, New York, zur Verfügung gestellt.
(13) H.A. Harrison, "A Conversation With Kenneth Koch", in: *Larry Rivers: Performing for the Family: An Exhibition of Paintings, Sculpture, Drawings, Mixed Media Works, Films and Video 1951-1981*, AK Guildhall Museum, East Hampton, N.Y. 1983, 11.

in seiner Lyrik anstrebe, "[to] catch the movement of the mind" (14). All diese Zitate signalisieren, daß die Schriftsteller, ähnlich wie die bildenden Künstler, das Kunstwerk nicht als Ausarbeitung von im voraus fixierten Entwürfen, sondern primär als Aufzeichnung bestimmter Impressionen und Bewußtseinsbewegungen auffassen, die sie im Verlauf des Schaffensprozesses erleben.

Kommen wir nun zu diversen Einzelaspekten der Konzentration auf den Verlauf des Malens oder Dichtens selbst, die in den hier zur Diskussion stehenden Selbstzeugnissen häufig angesprochen werden. Besonders zahlreich sind sowohl bei den Lyrikern als auch bei den bildenden Künstlern Hinweise auf die Tatsache, daß sie zu Beginn des Arbeitsprozesses in der Regel keine feste Vorstellung von dem Resultat haben, das sie letztlich erzielen. Robert Goodnough etwa schreibt: "Usually when I work I start without a clear idea of what the result will be, preferring to let the idea commence with the first shapes and proceed through a process of development on the canvas." (15) Jane Freilicher erklärt: "I can't think consciously at the beginning about organizing a painting. Sometimes I plunge into a picture and it seems impossible that any organization will result, but if you don't start with a preconceived arrangement you get a fresher view of things." (16) Grace Hartigan stellt heraus: "I think through the brush and the medium. And that way I'm not a preconceptual artist at all. I can't preconceive at all." (17) Und Michael Goldberg vertritt die Ansicht: "the idea of beginning a painting with a preconceived notion of how it's going to look when finished has always seemed to me to be illustration, sometimes on a very high level, but involving an implied mystique that really isn't painting at all." (18)

Von den Dichtern sei als erstes John Ashbery zitiert, der einmal betont: "I don't begin with the intention of writing a particular *thing*, [...] I actually try to begin writing with my mind a tabula rasa; I don't want to know, can't know what I'm going to write." (19) Kenneth Koch bemerkt: "When I evolved a style of my own that I liked [...] I found that in the best things I wrote, I had no idea what I was saying while I was saying it, or certainly before. I found out while I was writing it" (20). James Schuyler schließlich erwidert die Frage "Do you then have a very clear idea about what you're going to do

---

(14) J. Ashbery / K. Koch, *(A Conversation)*, Tucson, Ariz. [o.J.], 16.
(15) R. Goodnough, "About Painting", *Art and Literature* 6, Autumn 1965, 120.
(16) Zit. in: F. Porter, "Jane Freilicher paints a picture", *AN* 55, September 1956, 47.
(17) Zit. in: A. Russo, *Profiles on Women Artists*, Frederick, Md. 1985, 104.
(18) M. Goldberg, "The Canvas Plane, or Onwards and Upwards", *It Is* 1, Spring 1958, 17.
(19) R. Jackson, "John Ashbery, 1981: The Imminence of a Revelation", in: ders., *Acts of Mind: Conversations with Contemporary Poets*, Alabama 1983, 72.
(20) Harrison, "Conversation With Koch", 11.

when you sit down to start writing?" mit einem dezidierten "No, on the contrary." (21);
und andernorts erwähnt er, daß er nie wisse, "how a poem is going to go." (22)

Einigen der zitierten Aussagen ist bereits zu entnehmen, daß die Lyriker und die
bildenden Künstler unter anderem deshalb auf klar umrissene, im voraus definierte
Zielvorstellungen verzichten, weil sie sich gleichsam selbst überraschen möchten, weil sie
alle einen Grundsatz gemeinsam haben, den Grace Hartigan einmal so formuliert: "I don't
want to find what I know, but what I don't know" (23). Daß sie formale und / oder
inhaltliche Überraschungen prinzipiell als etwas Positives betrachten, wird mitunter auch
ganz direkt zum Ausdruck gebracht. Hartigan selbst behauptet an anderer Stelle: "as far
as painting is concerned, I surprise myself every morning when I go in." (24) Elaine de
Kooning führt in einem Aufsatz über den Maler Edwin Dickinson mit großer Anerkennung aus:

> his refusal to make his art on the basis of a pre-decided concept puts him in the
> position of following, not leading his painting. [...] Dickinson can be surprised by
> the development of one of his own paintings in a way that avant-garde artists -
> taking conscious decision as a point of departure, knowing beforehand what they
> are trying to do - can never be surprised. And in this unfailing element of self-
> surprise is much of the vitality of his art. (25)

Jane Freilicher hebt hervor: "It's always a surprise to me [...] to see what I'm going to do.
I don't preconceive it, and therefore, although there's a relation from one painting to the
next, I very often feel as if I'm approaching a really new experience, that I see it all fresh
for the first time, and then suddenly, the painting exists on its own". (26) Kenneth Koch
unterstreicht: "One thing I like about writing is that I don't know what I'm going to do,
that I'm surprised by it." (27). John Ashbery ist generell der Meinung: "surprise [...] is the
one essential ingredient of great art." (28) und gibt an anderer Stelle auf die Frage "When
you look back over your poems, are you ever surprised by what appears there?" die
Antwort: "Yes, I frequently am surprised [...] by what I read. Sometimes I don't know
where it came from or why I said it. It seems in the best case to have a mysterious light

(21) J.W. Ross, "James Schuyler: CA Interviews the Author" (1980), in: *Contemporary
Authors: A Bio-Bibliographical Guide to Current Writers in Fiction, General
Nonfiction, Poetry, Journalism, Drama, Motion Pictures, Television, and Other Fields*,
Bd. 101, ed. F.C. Locher, Detroit 1981, 446.
(22) J. Schuyler in einem Gespräch mit der Verfasserin am 18. September 1990.
(23) Zit. in: "Is today's artist with or against the past?" Part I, *AN* 57, Summer 1958, 57.
(24) Zit. in: Russo, *Women Artists*, 104.
(25) E. de Kooning, "The Modern Museum's fifteen: Dickinson and Kiesler", *AN* 51,
April 1952, 66f.
(26) Zit. in: Russo, *Women Artists*, 81.
(27) Spurr, "Interview with Koch", 2.
(28) J. Ashbery, "Up From the Underground", *The New York Times Book Review*,
29.1.1967, 30.

of its own which I didn't intend." (29) Und auch Barbara Guest betont die Wichtigkeit des "element of surprise" und hält es für unerläßlich, daß der Dichter offen ist für "unexpected dramas [that] have entered the poem." (30)

Neben dem Begriff der *surprise* ist besonders der Begriff des Findens ein Schlüsselwort, das die New Yorker Lyriker und bildenden Künstler gern benutzen, wenn sie darauf hinweisen, daß sie die endgültige Gestalt eines bestimmten Werks in hohem Maße von unvorhersehbaren - eben überraschenden - Entdeckungen abhängig machen, die im Verlauf des Schreibens oder Malens auftreten. Schon verschiedene der oben zitierten Selbst-Kommentare enthalten repräsentative Beispiele zum Thema des "finding through painting" (31); weitere typische Aussagen wären: "I approach painting as a primitive, emotional painter. I paint until I have found the form and color that becomes the emotion." (32) oder: "What is happening to me [...] goes into my poems. I don't think my experiences are clarified or made beautiful for myself or anyone else, they are just there in whatever form I can find them." (33)

Untrennbar verknüpft mit der Bereitschaft, ja der bewußten Tendenz zur Einbeziehung von unerwarteten Entdeckungen ist noch ein weiterer Aspekt der voraussetzungslosen Konzentration auf den Schaffensprozeß als solchen, der in den programmatischen Äußerungen der Dichter und Maler öfter zur Sprache kommt. Es handelt sich um die Vorstellung, daß das Kunstwerk eine Art Eigenleben entwickle und daß der Künstler gleichsam in einen Dialog mit dem Werke eintrete und dabei in gewissem Maße die Rolle des eher passiv Reagierenden übernehmen solle. So schreibt etwa Fairfield Porter: "Painters are concerned with things. The most prominent things in the painter's experience are right in front of him, like the paint on the canvas. It is better if he does not achieve a plan, and that the painting eludes him, with a life of its own."(34) Und in einem anderen Kontext fordert er: "Let the paint dictate to you." (35) Auch Jane Freilicher begreift die Bildgestaltung im Sinne eines Wechselspiels zwischen ihren eigenen Gedanken und dem, was die zu einem bestimmten Zeitpunkt bereits entstandenen Farbformen vorgeben: "[...] the minute you put something on the canvas, you have something else to reckon with and [...] another factor is re-acting which is the material

---

(29) R. Labrie, "John Ashbery: An Interview", *The American Poetry Review* 13, May / June 1984, 30f.
(30) B. Guest, "A Reason for Poetics", *Ironwood* 12, Fall 1984, 154.
(31) Diese von Lester Johnson geprägte Formel wird zitiert in: I. Sandler, *The New York School: The Painters and Sculptors of the Fifties*, New York 1978, 127.
(32) L. Johnson, "Cahier Note", *It Is* 5, Spring 1960, 7.
(33) F. O'Hara, "[Statement for *The New American Poetry*]" (1959), *CP*, 500.
(34) F. Porter, "Statement" (1974), in: *Fairfield Porter: 1907-1975*, AK Hirschl & Adler Modern, New York 1985, [o.S.].
(35) P. Cummings, "Conversation with Fairfield Porter" (1968), in: *Fairfield Porter: Realist Painter in an Age of Abstraction*, Essays by J. Ashbery / K. Moffett, AK Museum of Fine Arts, Boston, Mass. 1982, 51.

reality you have just established. As you proceed you have this conversation between what's there and what you initially thought you wanted ." (36) Barbara Guest benutzt, genau wie Porter, das Bild des "life of its own" und fügt, gleichfalls in Analogie zu dem Maler, hinzu, daß es sehr wichtig sei, auf die von dem Text selbst vermittelten Impulse einzugehen: "Let the poem come to you." (37) John Ashbery konstatiert: "words tend to try to have a life of their own, to take over at times, in fact." (38); und auch er deutet an, daß seine Gedichte stets eine gewisse Eigendynamik entfalten: "I begin with unrelated phrases and notations that later on I hope get resolved in the course of the poem as it begins *to define itself* more clearly for me." (39)

Offenheit für Überraschungen und unvorhersehbare Entdeckungen, Sensibilität für das Eigenleben des Kunstwerks - es nimmt nicht wunder, daß in den Selbst-Kommentaren der New Yorker Dichter und bildenden Künstler auch mehrfach der Begriff des Zufalls wiederkehrt. Die Lyriker und Maler teilen die Überzeugung, daß es sehr sinnvoll und fruchtbar sein kann, sich mehr oder minder zufällig entwikkelnde Text- oder Bildelemente in ihre Werke zu integrieren. Larry Rivers bemerkt, er sei "interested in what happens accidentally on the canvas" (40). Helen Frankenthaler stellt fest: "[...] how accidents are controlled - [...] this fascinates me" (41). John Ashbery erklärt: "I am a believer in fortuitous accidents." (42), ja er behauptet sogar einmal, nicht ohne Ironie natürlich: "Whatever things are on my desk or in the room or outside the window seem to get sucked into the poem as though a vacuum cleaner was at work." (43) Und Frank O'Hara sagt im Rahmen eines Kommentars zu seiner Arbeitsmethode unter anderem dies: "[...] what really makes me happy is when something just falls into place as if it were a conversation or something." (44)

Frankenthaler ist freilich nicht die einzige, die zu verstehen gibt, daß Zufälle immer einer gewissen Kontrolle unterworfen werden müssen; besonders aufschlußreich ist in diesem Zusammenhang auch der folgende Passus aus einem Gespräch zwischen Larry Rivers und Frank O'Hara:

---

(36) J. Freilicher / A. Katz, "A Dialogue", *Art and Literature* 1, March 1964, 205.
(37) B. Guest in einem Gespräch mit der Verfasserin am 18. September 1989.
(38) Jackson, "Ashbery, 1981", 74.
(39) Bloom / Losada, "Craft Interview", 119, meine Hervorhebung.
(40) S. Rodman, "Larry Rivers", in: ders., *Conversations with Artists*, New York 1957, 117.
(41) H. Geldzahler, "An Interview with Helen Frankenthaler", *Artforum* 4, October 1965, 38.
(42) P. Stitt, "John Ashbery" (1980), in: *Poets at Work: The Paris Review Interviews*, ed. G. Plimpton, New York 1989, 408. Ashbery nennt hier auch konkrete Beispiele, die die zitierte Aussage illustrieren.
(43) Labrie, "Ashbery", 32.
(44) E. Lucie-Smith, "An Interview with Frank O'Hara" (1965), *SSW*, 21.

INTERVIEWER: So you would admit to a strong element of accident in your paintings?
RIVERS: Certainly.
INTERVIEWER: The concept of "accident" in art seems to upset much of the public.
RIVERS: It shouldn't. It depends what happens. I mean you can bump into somebody in the park - just by accident, you know - and it can be splendid. On the other hand, you can bump into somebody else and eventually get yourself mugged.
INTERVIEWER: How does this apply in painting?
RIVERS: In painting something happens - paint falls on your canvas - and you can use it. Or reject it by rubbing it out. (45)

Was Rivers hier anspricht - daß er nämlich sehr bewußt entscheidet, ob er zufällig zustandegekommene Details akzeptiert oder aber verändert - wird auch von anderen angedeutet, so zum Beispiel von John Ashbery: "I've been characterized as a kind of Jackson Pollock of words, splattering them around on paper without any regard for where they may fall or what they may mean [...] But I [...] really care too much for words, or rather what words mean, to proceed in such a lighthearted manner." (46) Und an anderer Stelle betont Ashbery: "There is a sort of monitoring or editing activity that goes on as I'm writing" (47). Mit anderen Worten: die New York Poets und die Maler der "Zweiten Generation" der New York School sind zwar sehr gerne bereit, bestimmte Zufallseffekte, die sie aus irgendeinem Grunde als interessant empfinden, zuzulassen, doch sie unterstreichen zugleich, daß sie den Prozeß des Malens oder Schreibens bei aller Spontaneität sehr bewußt lenken. Es geht es ihnen also nicht um einen radikalen Verzicht auf jede rationale Steuerung des Bilder- oder Gedichte-Machens im Sinne der surrealistischen *écriture automatique*, sondern allenfalls um eine Kombination von Bewußtem und Unbewußtem. Man könnte in diesem Zusammenhang eine Bemerkung von John Ashbery zitieren, die sich auch auf die anderen hier untersuchten Künstler übertragen läßt: "my poetry is really consciously trying to explore consciousness more than unconsciousness, although with elements of the unconscious to give it perspective." (48)

Soweit einige zentrale inhaltliche Einzelheiten der Kommentare der New Yorker Lyriker und Maler zum Konzept des Kunstwerks als prozessualem Geschehen. Ich möchte nun noch auf ein stilistisches Detail aufmerksam machen, das in den programmatischen Äußerungen immer wieder ins Auge fällt. Elaine de Kooning stellt einmal die folgenden Überlegungen an: "For me the most important thing about the words 'painting' and 'drawing' is that they end in **-ing**. A painting to me is primarily a

(45) L. Rivers, "'Why I Paint As I Do'" (1959), *SSW*, 117.
(46) "An Interview with John Ashbery", in: *American Writing Today*, Bd. 1, ed. R. Kostelanetz, Washington, D.C. 1982, 266.
(47) Labrie, "Ashbery", 31.
(48) Bloom / Losada, "Craft Interview", 118.

verb. Not a noun - an event first and only secondarily an image." (49) 'The painting as a verb': in zahlreichen Aussagen der Maler - und das läßt sich, wenn man "painting" durch "poem" ersetzt, auch auf bestimmte Bemerkungen der Lyriker übertragen - erfährt das von Elaine de Kooning verwendete Bild quasi eine Ergänzung oder Konkretisierung. Denn sowohl die Dichter als auch die bildenden Künstler benutzen bei der Charakterisierung ihres Schaffens - sei es der kreative Akt selbst, seien es die letztlich hervorgebrachten Werke - häufig Verben der Bewegung und signalisieren so schon auf rein sprachlicher Ebene, daß weniger das abgeschlossene Werk als vielmehr der Verlauf des Malens oder Schreibens im Mittelpunkt ihrer ästhetischen Reflexionen steht. Elaine de Kooning selbst schreibt an anderer Stelle über den Malvorgang: "I'd rather be on the move than right." (50) Joan Mitchell hält fest: "I do like to move around in a space on the canvas, that is for sure." (51) Interessant ist auch Helen Frankenthalers Hinweis: "I don't start with a color order, but find the color *as I go*." (52) John Ashbery erklärt: "It [= my poetry] sets up a kind of imaginary field and moves around it, in an almost cinematic way, I think." (53) oder teilt knapp und bündig mit: "my poetry [...]'s moving, growing, developing" (54). James Schuyler beschreibt sein Arbeitsverfahren wie folgt: "I just want to keep the story going [...] I write as I go along" (55). Und in einem Interview mit Frank O'Hara findet sich der anschauliche Kommentar: "I'm really attracted to [...] a certain dashing [...] You're sort of galloping into the midst of a subject and just learning about you, you know. [...] You just gallop right in and deal with it." (56)

Es ist mittlerweile wohl hinreichend deutlich geworden, daß die New York Poets und die bildenden Künstler der "Zweiten Generation" der New York School sozusagen eine ähnliche Sprache sprechen, wenn sie zu der für beide Gruppen gleichermaßen grundlegenden Konzentration auf den Schaffensprozeß als solchen Stellung nehmen. Abschließend möchte ich noch einmal kurz auf die eingangs zitierte Aussage Dore Ashtons zurückkommen, daß der Ausdruck "Prozeß" in den fünfziger und sechziger Jahren allgemein sehr weit verbreitet gewesen sei. In der Tat war dieser Begriff zu dem Zeitpunkt, als die verschiedenen hier betrachteten Schriftsteller und Maler anfingen, eigene Kunstauffassungen und einen eigenen Stil zu entwickeln, keineswegs etwas fundamental Neues. Er spielte vielmehr schon im Denken der Mitglieder der "Ersten Generation" eine wichtige Rolle. Freilich haben nicht nur die jüngeren bildenden Künstler

(49) Dies., "Statement", *It Is*, Autumn 1959, 29.
(50) E. de Kooning, "Cahier Leaf: Prejudices, Preferences and Preoccupations", *It Is* 1, Spring 1958, 19.
(51) Zit. in: J.E. Bernstock, *Joan Mitchell*, New York 1988, 34.
(52) Geldzahler, "Interview with Frankenthaler", 38, meine Hervorhebung.
(53) Osti, "Craft of Ashbery", 87.
(54) Bloom / Losada, "Craft Interview", 120.
(55) M. Hillringhouse, "James Schuyler: An Interview", *The American Poetry Review* 14, March / April 1985, 10, 12.
(56) Lucie-Smith, "Interview with O'Hara", 25.

nie einen Hehl daraus gemacht, daß sie sich, was die Akzentuierung des schöpferischen Handelns selbst angeht, an den älteren Malern orientiert haben (57). Auch die Lyriker haben darauf hingewiesen, daß sie in diesem Punkt von den Wegbereitern des Abstrakten Expressionismus inspiriert wurden. Stellvertretend sei hierzu John Ashbery zitiert, der einmal die Frage "Would a familiarity with action painters and collages be useful?" wie folgt beantwortet:

> These are examples of poetry, or art, which makes itself up as it goes along, which is the subject of any one of my poems - the poem creating itself. The process of writing poetry becomes the poem. This was radically demonstrated by action painters such as Jackson Pollock and Willem de Kooning, who set out not knowing where they were going, in a sensible trance, as it were, and created works of art which are themselves the histories of their own coming into being. There was no poetry like this when I began writing. (58)

Doch obgleich sowohl die jüngeren Maler als auch die Dichter die Betonung der prozessualen Natur des Kunstwerks von den 'klassischen' Abstrakten Expressionisten übernommen haben, gibt es Unterschiede. Der Grundgedanke - die Idee, daß Inhalt und Form des Kunstwerks erst im Verlauf des Malens oder Schreibens allmählich definiert werden sollen - bleibt mehr oder weniger gleich, aber die Art und Weise, wie dieser Gedanke von den Lyrikern und den Repräsentanten der "Zweiten Generation" in Worte gefaßt wird, der Ton ihrer programmatischen Äußerungen ist anders. Die Selbst-Kommentare von Vertretern der "Ersten Generation" sind oft von einem dramatisch, ja fast pathetisch anmutenden Unterton getragen. Da wird der kreative Akt zum Beispiel bezeichnet als "a voyaging into the night, one knows not where, on an unknown vessel, an absolute struggle with the elements of the real" (59) oder als "the struggle [...] to bring out from the non-real, from the chaos of ecstasy, something that evokes a memory of the emotion of an experienced moment of total reality" (60). Oder die Suche nach neuen Ausdrucksformen wird verglichen mit

> a journey that one must make, walking straight and alone. No respite or short-cuts were permitted. [...] Until one had crossed the darkened and wasted valleys and come at last into clear air and could stand on a high and limitless plain. Imagination, no longer fettered by the laws of fear, became as one with Vision. And the Act, intrinsic and absolute, was its meaning, and the bearer of its passion. (61)

Das in solchen Äußerungen zutage tretende Pathos ist der nachfolgenden Generation von Dichtern und bildenden Künstlern fremd. Ton und Diktion ihrer ästhetischen Reflexionen

---

(57) Vgl. Sandler, *New York School*, Kap. 3: "The Colonization of Gesture Painting", 46-58.
(58) Poulin, "Experience", 251f.; vgl. auch: Osti, "Craft of Ashbery", 89.
(59) R. Motherwell, in: *Modern Artists in America*, ed. ders. et al., New York 1952, 20.
(60) B. Newman, "The Ideographic Picture" (1947), in: *American Artists on Art: From 1940 to 1980*, ed. E.H. Johnson, New York 1982, 19.
(61) C. Still, 'Letter to Gordon Smith' (1959), in: *Theories of Modern Art: A Source Book by Artists and Critics*, ed. H.B. Chipp, Berkeley etc. 1968, 575f.

sind, bei allem Engagement, nicht mehr so gehoben und ernst, sondern nüchterner und gelassener, ja häufig - wie etwa der Auszug aus dem Gespräch zwischen Frank O'Hara und Larry Rivers illustriert - recht zwanglos und manchmal sogar ein bißchen selbstironisch. Die Dringlichkeit und die Leidenschaftlichkeit, die in jener Generation, welche den entscheidenden Durchbruch der avantgardistischen Nachkriegskunst herbeiführte, verständlich und vielleicht sogar nötig gewesen waren, haben sich also abgeschwächt. Und der größeren stilistischen Sachlichkeit entpricht auch eine lockerere innere Haltung: die von den älteren Malern formulierten Ideen werden von der nächsten Künstlergeneration mit einer gewissen Distanz weiterentwickelt (62).

Aber abstrakte Grundpositionen und praktische Verwirklichung sind zweierlei. Dichter und Maler stimmen darin überein, daß sie das Kunstwerk als Aufzeichnung von im Schaffensprozeß selbst erlebten Gedanken und Eindrücken begreifen, doch die Art und Weise, wie sie dieses Konzept in die Praxis umsetzen, ist recht unterschiedlich. Wie eingangs bereits angekündigt, möchte ich im folgenden vor allem im Hinblick auf die New York Poets näher untersuchen, wie sich der Verzicht auf eine genaue Vorausplanung des Kunstwerks, das Sich-Einlassen auf eine in hohem Maße improvisatorische Arbeitsmethode in Form und Inhalt der von ihnen hervorgebrachten Texte niederschlägt, das heißt, es sollen verschiedene Varianten der Auffassung des Gedichts als prozessualem Geschehen vor Augen geführt werden.

---

(62) Die Unterschiede zwischen der "Ersten" und der "Zweiten Generation" der New York School können im Rahmen der vorliegenden Arbeit nicht weiter vertieft werden. Interessante Details zu diesem Thema enthalten u.a. die folgenden Studien: K. Baker, "Second Generation: Mannerism or Momentum", *Art in America* 73, June 1985, bes. 103f.; Bernstock, *Mitchell*, 53-55; A. Mackie, *Art / Talk: Theory and Practice in Abstract Expressionism*, New York 1989, 39, 93, 252, Anm. 31; J.B. Myers, "The Impact of Surrealism on the New York School", *Evergreen Review* 4, March / April 1960, bes. 77f.; C. Ratcliff, "Selfhood Paints a Self-Portrait: Fifties Figuration in New York and Elsewhere", in: *The Figurative Fifties: New York Figurative Expressionism*, organized by P. Schimmel / J.E. Stein, AK Newport Harbor Art Museum, Newport Beach, Calif. 1988, 25-36, passim; B. Rose, "The Second Generation: Academy and Breakthrough", *Artforum* 4, September 1965, 53-63, passim; P. Schimmel, "The Lost Generation", in: *Action / Precision: The New Direction in New York 1955-60*, organized by P. Schimmel, AK Newport Harbor Art Museum, Newport Beach, Calif. 1984, bes. 19-27, 40f.

5.1.1. Frank O'Hara

Als ein Schlüsselwort in jenen programmatischen Äußerungen, in denen Frank O'Hara auf das Element des Prozessualen in seiner Dichtungskonzeption zu sprechen kommt, erweist sich der Begriff der *experience*. So fällt zum Beispiel in einem Essay über die Lyrik Kenneth Kochs der zweifellos auch auf O'Haras eigenes Schaffen beziehbare Satz "Poetry is experience, often peculiar to the poet." (63) Dichtung als - unter Umständen sogar dem Autor selbst "seltsam" erscheinende - Erfahrung: dieser Gedanke wird besonders in dem 1959 verfaßten "[Statement for *The New American Poetry*]" noch detaillierter dargelegt:

> I am mainly preoccupied with the world as I experience it [...]. I don't [...] care about clarifying experiences for anyone [...]. What is happening to me [...] goes into my poems. I don't think my experiences are clarified or made beautiful for myself or anyone else, they are just there in whatever form I can find them. [...] It may be that poetry makes life's nebulous events tangible to me and restores their detail; or conversely, that poetry brings forth the intangible quality of incidents which are all too concrete and circumstantial. Or each on specific occasions, or both all the time. (64)

"[T]he world as I experience it", "What is happening to me", "experiences [...] in whatever form I can find them", "life's nebulous events", "incidents which are [...] concrete and circumstantial" - in solchen Formulierungen klingt an, daß O'Haras Gedichte in erster Linie persönliche Erlebnisse des Autors zum Gegenstand haben, daß sie spezifische, wenn auch nicht unbedingt auf Anhieb verständliche Erfahrungen, Ereignisse und Eindrücke in seinem Alltagsleben thematisieren. Und diese in hohem Maße autobiographischen Wahrnehmungen und Handlungen - John Ashbery charakterisiert O'Haras Oeuvre sogar als "almost exclusively autobiographical" (65) - werden, der Ästhetik der Improvisation entsprechend, nicht mit Distanz und Bedacht "erklärt" oder "verschönert", sie werden nicht geordnet und gedeutet, sondern so spontan und unvermittelt wie möglich in Worte gefaßt. Zwar konnte O'Hara seine Gedichte natürlich nicht im Augenblick des aktuellen Erlebens schreiben, will sagen, er hatte seine Erfahrungen zum Zeitpunkt der sprachlichen Übersetzung immer bereits zu einem gewissen Grade verarbeitet. Dennoch hat gerade dieser New York Poet sich schon dadurch um ein Maximum an Direktheit und Authentizität bemüht, daß er seine Texte, wie wir von Zeitgenossen wissen, meistens ungewöhnlich schnell und oft sofort im Anschluß an einen bestimmten Einfall hervorbrachte. Kenneth Koch erinnert sich: "Frank O'Hara wrote his poems quickly, unexpectedly stirred by something he was thinking or feeling, often when

---

(63) F. O'Hara, "On and About Kenneth Koch: A Counter-Rebuttal" (1955), *SSW*, 62.
(64) O'Hara, "[Statement for *The New American Poetry*]", 500.
(65) J. Ashbery, "Introduction", *CP*, x.

other people were around." (66) John Ashbery verwendet im Rahmen seiner Bemerkungen zu O'Haras Arbeitsweise das anschauliche Bild des "Dashing the poems off at odd moments" (67). Und James Schuyler berichtet: "One Saturday noon I was having coffee with Frank and Joe LeSueur [...], and Joe and I began to twit him about his ability to write a poem any time, any place. Frank gave us a look - both hot and cold - got up, went into his bedroom and wrote "Sleeping on the Wing," a beauty, in a matter of minutes." (68) Bezeichnend ist auch, daß O'Hara in der Regel nur sehr wenige Revisionen vornahm. Er selbst ergänzt in einem Interview den Kommentar "This element of speed is important in writing..." mit der Feststellung "Yes, I don't believe in reworking - too much." (69) Und seine Manuskripte bestätigen, daß er seine Texte tatsächlich relativ selten im nachhinein veränderte (70).

Bei Frank O'Hara manifestiert sich die für die New York Poets charakteristische Ausrichtung auf den kreativen Akt als solchen also darin, daß er in vielen Gedichten das Ziel verfolgt, so rasch und unverfälscht wie möglich einen Ausschnitt aus dem Fluß der ihm in seinem Alltag zustoßenden Ereignisse und der dadurch ausgelösten beziehungsweise der gleichzeitig ablaufenden inneren Reaktionen zu vermitteln. Als ein erstes Beispiel dafür, wie er dieses Ziel realisiert, möchte ich den Text "Personal Poem" besprechen:

    Now when I walk around at lunchtime
    I have only two charms in my pocket
    an old Roman coin Mike Kanemitsu gave me
    and a bolt-head that broke off a packing case
5   when I was in Madrid the others never
    brought me too much luck though they did
    help keep me in New York against coercion
    but now I'm happy for a time and interested

    I walk through the luminous humidity
10 passing the House of Seagram with its wet
    and its loungers and the construction to
    the left that closed the sidewalk if
    I ever get to be a construction worker

---

(66) K. Koch, "All the Imagination Can Hold", *The New Republic*, 1./8.1.1972, 23. Interessant ist auch noch eine andere Reminiszenz Kochs: "One extraordinary thing about Frank was that he could write with other people in the room. If he had an idea while people were there, he would just go and sit down and say, 'Excuse me a minute.' And he would write a poem. The strangest example of this I can remember was at a party in East Hampton. There were about 40 people in the room, and Frank sat down in the corner of the room with the typewriter and wrote a rather good poem. He did this without the slightest pretension." ("Frank O'Hara and His Poetry: An Interview with Kenneth Koch", in: *American Writing Today*, Bd. 1, ed. R. Kostelanetz, Washington, D.C. 1982, 251).
(67) Ashbery, "Introduction", vii.
(68) J. Schuyler, "'Frank O'Hara: Poet Among Painters'", *AN* 73, May 1974, 45.
(69) Lucie-Smith, "Interview with O'Hara", 21.
(70) Vgl. Donald Allens "Notes" in: *CP*, 519-557.

```
     I'd like to have a silver hat please
15   and get to Moriarty's where I wait for
     LeRoi and hear who wants to be a mover and
     shaker the last five years my batting average
     is .016 that's that, and LeRoi comes in
     and tells me Miles Davis was clubbed 12
20   times last night outside BIRDLAND by a cop
     a lady asks us for a nickel for a terrible
     disease but we don't give her one we
     don't like terrible diseases, then

     we go eat some fish and some ale it's
25   cool but crowded we don't like Lionel Trilling
     we decide, we like Don Allen we don't like
     Henry James so much we like Herman Melville
     we don't want to be in the poets' walk in
     San Francisco even we just want to be rich
30   and walk on girders in our silver hats
     I wonder if one person out of the 8,000,000 is
     thinking of me as I shake hands with LeRoi
     and buy a strap for my wristwatch and go
     back to work happy at the thought possibly so (71)
```

Das auf den 27. August 1959 datierte (72) "Personal Poem" gehört zu jenen Gedichten, die Frank O'Hara einmal selbstironisch "my 'I do this I do that' / poems" (73) genannt hat. Es handelt sich um Texte, die einen besonders ausgeprägt autobiographischen Charakter haben und in denen O'Hara in tagebuchartig erzählender Form festhält, was er während eines präzise definierten - in den meisten Fällen recht kurzen - Zeitabschnitts erlebt. Der vorliegende Text dreht sich, ebenso wie viele andere "'I do this I do that' poems", um eine *lunch hour*.

Schon im ersten Vers - der Leser wird übrigens ohne lange Einleitung gleich mitten in die Handlung des Gedichts hineingezogen - signalisiert O'Hara durch das Zeitadverb "now" und das ins Präsens gesetzte, passenderweise eine Bewegung ausdrückende Verb "walk" (74), daß er die Geschehnisse nicht aus der Rückschau, sondern aus einer dynamischen Gegenwartsperspektive heraus schildert. Bei der weiteren Lektüre gewinnt man denn auch den Eindruck, daß die in "Personal Poem" verbalisierten Beobachtungen, Assoziationen, Reflexionen, Gesprächsfetzen und Phantasievorstellungen in genau der sprunghaften und unvorhersehbaren Abfolge aneinandergereiht werden, die für den realen Verlauf von Anschauungs- und Bewußtseinsbewegungen

---

(71) *CP*, 335f.
(72) O'Hara hat viele seiner Gedichte auf den Tag genau datiert, was als ein weiteres Indiz dafür gewertet werden darf, daß er sehr schnell schrieb.
(73) F. O'Hara, "Getting Up Ahead of Someone (Sun)", *CP*, 341.
(74) Neben "Personal Poem" hat O'Hara auch noch etliche andere Texte verfaßt, in denen das Motiv des *walking* eine zentrale Rolle spielt; s. z.B.: "A Walk on Sunday Afternoon", *CP*, 20f.; "Poem (Let's take a walk)", *CP*, 41f.; "Walking to Work", *CP*, 126; "A Step Away From Them", *CP*, 257f.; "All That Gas", *CP*, 324; "The Day Lady Died", *CP*, 325; "Poem (Now the violets are all gone)", *CP*, 346; "F. (Missive & Walk) I. #53", *CP*, 420; "Mozart Chemisier", *CP*, 428; "Walking", *CP*, 476f.

kennzeichnend ist. Da geht etwa der Hinweis des Dichters darauf, daß er als Talisman unter anderem "a bolt-head that broke off a packing case / when I was in Madrid" in der Tasche hat, nahtlos in die Überlegung über, daß andere Glücksbringer nie sehr wirksam gewesen seien (Zeilen 5 - 7). Ein Satz, in dem O'Hara hauptsächlich verschiedene visuelle Wahrnehmungen während eines kleinen Spaziergangs anspricht ("I walk through the luminous humidity [...] and get to Moriarty's"), wird plötzlich dadurch unterbrochen, daß der Autor einen durch den Anblick einer Baustelle ausgelösten Gedanken einschiebt: "if / I ever get to be a construction worker / I'd like to have a silver hat please". Oder einige Einzelheiten zum äußeren Rahmen eines gemeinsamen Mittagessens mit dem Dichter LeRoi Jones werden abrupt durch Anspielungen auf den Inhalt der sich bei dieser Gelegenheit entfaltenden Unterhaltung abgelöst: "we go eat some fish and some ale it's / cool but crowded we don't like Lionel Trilling / we decide [...]".

Der Leser sieht sich also mit einem Katalog von disparaten Details konfrontiert, zwischen denen keine expliziten Verbindungen hergestellt, sondern die einfach eins nach dem anderen aufgezählt werden. Gewiß, alle Texteinheiten haben gemeinsam, daß sie mit konkreten - durch stilistische Strategien wie die Nennung von Eigennamen um so spezifischeren - Alltagserfahrungen Frank O'Haras verknüpft sind. Kohärenz im Sinne eines kausalen Aufeinanderbezogenseins der verschiedenen Einzelaussagen hat "Personal Poem" jedoch nicht. Aber dieses Fehlen einer kausalen Linearität entspricht natürlich vollkommen den künstlerischen Intentionen des Lyrikers: dieser hat kein Interesse daran, ein geschlossenes, logisch strukturiertes Text-Ganzes zu komponieren, in dem alle Einzelbestandteile sorgfältig aufeinander abgestimmt sind, sondern er konzentriert sich darauf, punktuell-prozessuale Momente des Erlebens zu vergegenwärtigen. Dabei legt er - was angesichts seines Bemühens um ein Höchstmaß an Unmittelbarkeit nur konsequent ist - keinen Wert auf die immer einen gewissen Abstand voraussetzende Differenzierung oder unterschiedliche Behandlung von relativ bedeutsamen und eher nebensächlichen Mitteilungen. Statt dessen findet alles, was im Augenblick des Erfahrens beziehungsweise Dichtens präsent ist, die vorbehaltlose Aufmerksamkeit des Lyrikers. Und so wird zum Beispiel die Information "[I] buy a strap for my wristwatch" als ebenso belangvoll erachtet wie Aussagen über literarische Präferenzen des Autors und des mit ihm befreundeten LeRoi Jones: "we don't like Lionel Trilling / we decide, we like Don Allen we don't like / Henry James so much we like Herman Melville".

Es fällt auf, daß O'Hara dazu neigt, nicht nur sehr abrupt, sondern auch sehr rasch von einem Thema zum anderen überzuwechseln: nichts wird vertieft, alles wird nur stichwortartig angerissen. Quasi in einem Atemzug berührt der Dichter etwa in der zweiten Hälfte der zweiten 'Strophe' (Zeilen 17 - 23) als erstes einen Gedanken an seinen (vermutlich im Baseball geleisteten) "batting average", sodann die von LeRoi Jones' erwähnte

Tatsache, daß Miles Davis am Vorabend von einem Polizisten geknüppelt worden sei, und danach die Begegnung mit einer Frau, die Passanten um "a nickel for a terrible / disease" bittet. Diese Schnelligkeit auf inhaltlicher Ebene wird durch verschiedene Formelemente noch verstärkt. Schon auf den ersten Blick nimmt man beispielsweise wahr, daß O'Hara fast vollständig auf Interpunktionszeichen verzichtet, also bereits bei der typographischen Gestaltung seines Textes kaum Zäsuren setzt, die den Leser zum Innehalten einladen. Sehr effektiv ist ferner die in "Personal Poem" angewendete Enjambement-Technik: fast überall werden die Zeilen gegen den syntaktischen Zusammenhang gebrochen, so daß die einzelnen Verse meistens ohne nennenswerte Unterbrechung oder Pause ineinanderfließen; in der Texteinheit "then // we go eat some fish and some ale" ist der Zeilensprung sogar strophenübergreifend. Einen solchen Eindruck des stetigen Vorwärtstreibens erzeugen schließlich auch die - vor allem in der zweiten 'Strophe' vorherrschenden - parataktischen Satzbaumuster. Passagen wie "[...] and get to Moriarty's where I wait for / LeRoi and hear who wants to be a mover and / shaker the last five years my batting average / is .016, and LeRoi comes in / and tells me Miles David was clubbed [...]" sind nicht zuletzt deshalb von einer großen Dynamik geprägt, weil immer wieder neue Sinneinheiten ohne jeden Einschnitt einfach parataktisch aneinandergefügt werden. Daß O'Hara nur selten argumentativ gliedernde hypotaktische Konjunktionen benutzt, ist zugleich ein weiteres Indiz dafür, daß der Dichter ein Sprachkontinuum schaffen möchte, welches ganz dem ja genausowenig geordneten oder strukturierten Erlebnis- und Bewußtseinskontinuum korrespondiert.

O'Haras Absicht, in seiner Lyrik zu einer möglichst spontanen Wiedergabe bestimmter Sequenzen von Momentaufnahmen aus seinem Alltagsleben zu gelangen, manifestiert sich in "Personal Poem" auch darin, daß er sich nicht einer gehobenen und sorgsam durchgeformten, eben einer 'klassisch' poetischen Diktion bedient, sondern einen sehr ungekünstelt und zwanglos wirkenden Stil vorzieht. Der Gebrauch eines schlichten, unprätentiösen Vokabulars; die gelegentliche Einbeziehung von umgangssprachlichen Ausdrücken wie zum Beispiel "that's that" oder "cop"; die schon erwähnte Vorliebe für eine unkomplizierte parataktische Syntax - solche stilistischen Verfahren bringen es mit sich, daß der Text an ein lockeres, sich wie von allein entwickelndes, nicht auf ein klar umrissenes Ziel ausgerichtetes (Selbst-)Gespräch erinnert, und tragen dazu bei, dem Gedicht eine bemerkenswerte Frische und Direktheit zu verleihen.

"Personal Poem" ist ein typisches Beispiel für jene Gedichte Frank O'Haras, die - überwiegend unschwer nachvollziehbare - Alltagshandlungen und -erfahrungen sowie dadurch ausgelöste Assoziationen thematisieren, und dies in einer Form, die eindrücklich das stetige Fließen des Stromes äußerer Phänomene und innerer Regungen fühlbar macht. Der Lyriker entwickelt hier ein Textkontinuum, dessen Einzelbestandteile buchstäblich ohne Punkt und Komma so rasch und bruchlos ineinandergeblendet werden, daß der Leser den Ereignisfluß - "the stream of events / going so fast" (75) - beziehungsweise den Prozeß der Umsetzung von Denk- in Sprachbewegungen in all seiner Dynamik und "ongoingness", wie James Breslin es einmal nennt (76), miterleben kann. Betrachtet man nun O'Haras Oeuvre im Überblick, so stellt man fest, daß der Dichter, vor allem zwischen 1960 und 1962, auch öfter Texte verfaßt hat, die die Fragmenthaftigkeit und Unvollständigkeit der "frail / instant[s]" (77), die im Gedicht protokolliert werden, in den Vordergrund rücken und die den Leser - was in gewissem Maße eine unvermeidliche Begleiterscheinung dieser Betonung des Fragmentarischen ist - mit zum Teil etwas rätselhaften Texteinheiten konfrontieren. Das läßt sich zum Beispiel an dem folgenden Auszug aus dem Gedicht "F.M.I. 6/25/61" veranschaulichen:

```
        Park Avenue at 10:10
        P.M.
        fragrant after-a-French-movie-rain is over
                                        "and shine the stars"
5           Kupka buildings aren't being built, damn it
        and I'm locked up in this apartment outdoors for a good reason, Mario
        Mario? there are 20 of em in this neighborhood
                                        in your blue sweater
                excepting there's a staggering grid        of...
10      air cooling, rushing along                    out of the Astor
                                              out of the Ritz, Godfrey
                                              out of the Broadhurst-Plaza
                        I'll have an omelette aux fines herbes
                like after Dolce Vita
15                                            like after a whole day of it
        I respond to your affection like a tuning fork which makes me feel
                                                        pretty queer
                no ketchup no sugar
                a plain unadorned piece of meat
20                                            you think of doom
                                              but you don't give a damn (78)
```

Bereits die typographische Gestaltung dieses am 26. Juni 1961 verfaßten Gedichts - ich zitiere knapp die erste Hälfte - spiegelt wider, daß O'Hara hier eine viel stärkere Vereinzelung der verschiedenen Sinneinheiten vornimmt, als es in dem von der äußeren Form her sehr kompakten "Personal Poem" der Fall ist. Die manchmal nur eine Zeile umfassenden Textabschnitte werden in unterschiedlichen Abständen eingerückt, so daß etliche unbedruckte Zwischenräume entstehen, die schon rein optisch die Zusammenhanglosigkeit der in "F.M.I. 6/25/61" registrierten Wahrnehmungs- und Denkmomente unterstreichen.

---

(75) Ders., "Post the Lake Poets Ballad", CP, 336f.
(76) J.E.B. Breslin, From Modern to Contemporary: American Poetry, 1945-1965, Chicago / London 1984, 221.
(77) F. O'Hara, "For Bob Rauschenberg", CP, 322.
(78) CP, 410.

Auch auf semantischer Ebene ist der Mangel an Kohärenz noch ausgeprägter, als wir es in "Personal Poem" kennengelernt haben. Während die einzelnen Aussagen in dem früheren Gedicht bei aller Heterogenität zumindest in sich keine besonderen Verständnisprobleme bereiten und in recht einleuchtender Art und Weise verschiedene Etappen einer Erlebniskette in einer *lunch hour* des Autors markieren, ist es in dem vorliegenden Text trotz der präzisen Zeitangabe am Anfang relativ schwierig, die diversen Sinneinheiten genau bestimmbaren Punkten eines größeren Erfahrungskontinuums zuzuordnen. Dies hängt zum einen damit zusammen, daß mehrere Textabschnitte bereits für sich allein betrachtet nicht exakt paraphrasierbar sind. Den ersten Versen ist zwar zu entnehmen, daß O'Hara auf eine Reihe von Ereignissen, Überlegungen und Impressionen im Anschluß an einen abendlichen Kinobesuch abhebt, aber im Detail bleibt manches unklar. Ein Grund hierfür besteht darin, daß viele Sätze elliptisch sind und deshalb mitunter Fragen aufwerfen, die sich nicht definitiv beantworten lassen. Beispielsweise ist nicht zu ermitteln, was genau mit der Wortfolge "in your blue sweater" zum Ausdruck gebracht werden soll oder was das sich unmittelbar anschließende Textfragment "excepting there's a staggering grid   of..." beinhaltet. Darüber hinaus verwendet der Autor mehrmals Personalpronomina und auch Eigennamen, bei denen man nicht weiß, auf wen sie sich beziehen. So wird nirgends erläutert, von welchem Mario in "F.M.I. 6/25/61" die Rede ist (79), und man kann nicht eindeutig entscheiden, wer der jeweilige Referent des außer in der eben zitierten Zeile 8 auch in den Zeilen 16, 20 und 21 auftauchenden Personalpronomens "you" ist.

Abgesehen davon, daß einige Texteinheiten von "F.M.I. 6/25/61" schon in sich mehr oder minder fragmentarischen Charakter haben, liegt ein weiteres Element der semantischen Inkohärenz darin, daß bei diesem Gedicht, im Vergleich zu "Personal Poem", schwerer nachzuvollziehen ist, wie die einzelnen Abschnitte miteinander verknüpft sind. Gewiß, auch in "Personal Poem" werden meistens keine expliziten Verbindungen zwischen den verschiedenen Sinneinheiten hergestellt; dennoch ist es dort für den Leser leichter, sich selbst zu überlegen, wie diese Einheiten in ein umfassenderes Kontinuum eingebettet sind, als es bei "F.M.I. 6/25/61" der Fall ist. Warum zum Beispiel folgt in dem oben zitierten Auszug auf eine Anspielung auf Liebesgefühle (Zeilen 14 - 17) der leicht absurd und daher komisch anmutende Passus "no ketchup no sugar / a plain unadorned piece of meat"? Und wieso kommt direkt im Anschluß daran die Überlegung "you think of doom / but you don't give a damn" zur Sprache? Mir scheint, daß es hier und andernorts noch größere inhaltliche 'Lücken' oder Brüche zwischen den verschiedenen Texteinheiten gibt als in "Personal Poem". An manchen Stellen gewinnt man

---

(79) Zwar nennt O'Hara auch in "Personal Poem" nur den Vornamen des Dichters LeRoi Jones, aber er macht in den ersten Zeilen der dritten 'Strophe' diverse Anspielungen darauf, daß es sich um einen Schriftsteller handelt, so daß die Identifikation nicht sehr schwierig ist.

jedoch, wenn man über den Übergang von einem Vers oder Abschnitt zum nächsten nachdenkt, den Eindruck, daß gleichsam das Wortmaterial selbst eine gewisse Eigendynamik entfaltet und über die jeweilige Fortsetzung entscheidet. Das gilt etwa für die Wortgruppen, die in der Aufzählung "out of the Astor / out of the Ritz, Godfrey / out of the Broadhurst-Plaza" und bei dem Wechsel von "like after *Dolce Vita*" zu "like after a whole day of it" wiederholt werden.

Insgesamt können wir festhalten, daß O'Hara in "F.M.I. 6/25/61" dazu tendiert, uns nur Stichworte zu präsentieren, nur knapp zu skizzieren, was in seinem Bewußtsein vorgeht. Er ist hier noch weniger als in "Personal Poem" daran interessiert, ein abge-rundetes, geschlossenes Text-Ganzes hervorzubringen. Statt dessen versucht er, vor allem die sprunghafte Natur des Erlebnisprozesses, den bruchstückhaften Charakter der einzelnen Erfahrungsmomente zu illustrieren. Indem er das Flüchtige seiner Bewußtseins-bewegungen betont, erzeugt er freilich am Ende einen ähnlichen Eindruck von Schnelligkeit wie in "Personal Poem". Und diese Evokation von Schnelligkeit ist nicht nur typisch für die hier vorgestellten Varianten der "'I do this I do that' poems", sondern allgemein ein wesentliches Merkmal von O'Haras Lyrik. Immer wieder zeigt sich bei der Lektüre seiner Gedichte, daß sie in der einen oder anderen Form, um eine von O'Hara selbst geprägte Wendung aufzugreifen, "parable[s] of speed" (80) sind.

5.1.1.1. Exkurs: O'Haras Dichtung als *action poetry*

Gerade im Zusammenhang mit Kommentaren zu der improvisatorischen Schreibmethode Frank O'Haras und zu seinem Konzept des Gedichts als prozessualem Geschehen wird die Lyrik dieses New York Poet in der Forschungsliteratur gelegentlich mit dem Action-painting verglichen oder mit Begriffen beschrieben, die von diesem kunsthistorischen Terminus abgeleitet worden sind. Marjorie Perloff beispielsweise bemerkt im Rahmen einer Einzelinterpretation: "Like an action painting, 'Music' presents the poet's act of coming to awareness rather than the results of that act." (81) Außerdem bezeichnet sie die Gedichte "Rhapsody" und "Joe's Jacket" jeweils als "'action poem'", wobei sie allerdings nicht genau definiert, was sie darunter versteht (82). Jerome Klinkowitz führt aus:

---

(80) F. O'Hara, "Naphtha", *CP*, 337.
(81) M. Perloff, *Frank O'Hara: Poet Among Painters*, New York 1977, 124.
(82) Ibid., 29 u. 148. Die Begriffe "action poem" oder "action poet(ry)" fallen auch in den folgenden Untersuchungen: A. Cook, *Figural Choice in Poetry and Art*, Hanover,

O'Hara prefers writing in the present tense, because it is the tense of action. "It is 12:20 in New York a Friday / three days after Bastille day, yes" begins one of his most typical poems, "The Day Lady Died." Like an action painter, O'Hara relies on his sense of continuing movement to capture the reality of experience and tries to make the dance of words in his sentences as strong and as expressive as the sweep of Franz Kline's arm across the surface of a canvas, or as vital as the push and pull of graphic elements in a work by Hans Hofmann. (83)

Und in einem Aufsatz von Lavonne Mueller begegnet man gleich einer ganzen Kette von Vergleichen mit der Malerei:

O'Hara was preoccupied by the "absolute risk" of action painting, and his poetry resounds with the acceptance of this aesthetic action. [...] O'Hara's trajectories of language are like the network of colors in a Pollock composition. [...] Like the substance of painting, O'Hara's language is defined by its growth - by a journey across the page; [...] word-like gestures are carried along by the superimposition of other instantaneous word/gestures - a perpetual web, that swells and disperses and breathes as though alive. (84)

Es stellt sich die Frage, inwiefern diese und ähnliche Verweise auf das Action-painting (85) angemessen und sinnvoll sind. Vielleicht kann man diese Frage am besten dadurch beantworten, daß man O'Hara kurz einem wichtigen Repräsentanten des Action-painting gegenüberstellt. Nehmen wir als Beispiel den bereits von Mueller erwähnten Jackson Pollock, zumal O'Hara speziell für diesen so bedeutenden Abstrakten Expressionisten große Bewunderung hegte (86).

Wenn man sich ein typisches Werk von Pollock, sagen wir, das 1950 entstandene *drip painting Number 32* (Abb. 13) anschaut, so nimmt man unter anderem wahr, daß das hier entwickelte dynamische Liniengewirr einen Eindruck von Bewegung und Schnelligkeit hervorruft, den man tatsächlich mit einem zentralen Effekt der oben besprochenen Gedichte Frank O'Haras assoziieren könnte. Und wenn man sich darüber

---

N.H. 1985, 190; R. Lussan, "Rapports de style dans l'oeuvre de Frank O'Hara: de la poé-sie à la peinture", *Revue française d'études américaines* 7, 1982, 407; H. Zinnes, "Review of *The Collected Poems*" (1973), in: *Frank O'Hara: To Be True to a City*, ed. J. Elledge, Ann Arbor 1990, 55. Zinnes geht sogar so weit zu behaupten: "What is an Action Poem' It is a poem by Frank O'Hara - an aleatory poem that is an act, a gesture, a consequence of a continual flow of what the poet-art curator saw felt desired thought acted on or denied, a reiteration of words, without limit, without self-consciousness, of moments Frank O'Hara spent alone or with his friends" (ibid., 55).
(83) J. Klinkowitz, *The American 1960s: Imaginative Acts in a Decade of Change*, Ames, Ia. 1980, 36.
(84) L. Mueller, "Frank O'Hara: Going the Full Length", *West Coast Review* 7, October 1972, 25.
(85) S. z.B. auch die freilich sehr knappen Vergleiche in: A. Libby, "O'Hara on the Silver Range", *Contemporary Literature* 17, 1976, 241; C. Molesworth, *The Fierce Embrace: A Study of Contemporary American Poetry*, Columbia, Miss. / London 1979, 88.
(86) Das bezeugt besonders eindringlich die von O'Hara verfaßte, in Kap. 3, 84-86, besprochene Pollock-Biographie.

hinaus über Pollocks Schaffensweise informiert (87), so gelangt man zu der Erkenntnis, daß der Maler in der Regel ähnlich rasch und spontan arbeitete und außerdem ein ähnlich additives Kompositionsverfahren anwendete, wie es für den Lyriker charakteristisch ist. Das heißt: im Hinblick auf die Mal- beziehungsweise Schreibmethode und auf mindestens einen grundlegenden künstlerischen Effekt existieren Übereinstimmungen zwischen O'Hara und Pollock, und unter diesen beiden Gesichtspunkten halte ich es denn auch für durchaus passend und anregend, O'Haras Lyrik als eine Art *action poetry* aufzufassen.

Meines Erachtens muß man aber, um O'Haras Dichtung angemessen beschreiben zu können, über das Konzept des Action-painting noch hinausgehen. Denn ebenso wie mit den Gemälden eines Jackson Pollock haben O'Haras Texte vieles mit den Arbeiten jener New Yorker Maler gemeinsam, die die improvisatorische Maltechnik der Action-painters übernahmen, diese jedoch auf eine in wesentlich höherem Maße figurative Kunst übertrugen. Es bietet sich an, hier zum Vergleich den bekanntlich eng mit O'Hara befreundeten Larry Rivers heranzuziehen, der vor allem in den fünfziger und sechziger Jahren zahlreiche Werke geschaffen hat, die eine an das Action-painting erinnernde Spontaneität der Bildentwicklung bekunden, aber weitaus gegenständlicher sind als die von Künstlern wie Pollock gestalteten Arbeiten. In dem Gemälde *The Studio* (1956; Abb. 14) zum Beispiel präsentiert uns Rivers, vor einem nur vage angedeuteten Hintergrund, eine Reihe von Porträts von Freunden und Familienangehörigen. Zentral für dieses Bild - wie auch für die oben erörterten Texte O'Haras - sind also verschiedene deutlich in Erscheinung tretende Alltagsmotive. Als besonders interessant erweisen sich für uns die zwei folgenden Merkmale von *The Studio*: zum einen werden die von Rivers porträtierten Personen zum Teil bruchstückhaft dargestellt oder lediglich in groben Zügen umrissen; an manchen Stellen bleibt die Leinwand sogar vollkommen unbedeckt. Zum anderen setzt der Maler mehrfach unterschiedliche Posen ein und derselben Person nebeneinander oder verschränkt sie miteinander. Beide Strategien - der Verzicht auf Vollständigkeit und 'Vollendung' sowie die Kombination verschiedener Körperhaltungen - vermitteln dem Betrachter den Eindruck, daß er unterschiedliche Stadien der Entstehungsgeschichte dieses Gemäldes verfolgen kann. Sie legen die Vermutung nahe, daß Rivers, ähnlich wie die Action-painters und auch ähnlich wie Frank O'Hara, nicht ein im voraus fixiertes Resultat zu erreichen versucht, sondern erst im Verlauf des Schaffensprozesses entscheidet, welche Gestalt ein gegebenes Werk letztlich annimmt.

---

(87) Vgl. z.B.: T.B. Hess, *Abstract Painting: Background and American Phase*, New York 1951, 154; B. Robertson, *Jackson Pollock*, Köln 1960, 30. Aufschlußreich sind zu diesem Punkt auch Selbst-Kommentare Pollocks wie etwa: "When I am *in* my painting, I'm not aware of what I'm doing. It is only after a sort of 'get acquainted' period that I see what I have been about." (1947); "I approach painting the same way I approach drawing, that is direct - with no preliminary studies." (1947) oder: "The method of painting is the natural growth out of a need." (1951) (alle Aussagen zit. in: *Jackson Pollock: A Catalogue Raisonné of Paintings, Drawings and Other Works*, Bd. 4, ed. F.V. O'Connor / E.V. Thaw, New Haven / London 1978, 241, 262).

Aber diese prozeßorientierte Arbeitsmethode wird eben - und insofern ist sowohl die Kunst von Larry Rivers als auch die Lyrik von Frank O'Hara eine Weiterentwicklung oder Abwandlung des Action-painting - auf in der 'klassischen' Aktionsmalerei ungekannte Themen übertragen.

5.1.2. James Schuyler

"Let's love today, the what we have now, this day, not / today or tomorrow or / yesterday, but this passing moment, that will / not come again." (88) Diese Zeilen aus James Schuylers Langgedicht "A Few Days" könnte man als Motto verwenden, wenn man zu beschreiben versucht, inwiefern auch Schuylers Lyrik in hohem Maße auf das ausgerichtet ist, was im Augenblick - im "passing moment" - des Schreibens aktuell ist. Bei der Lektüre seiner Gedichte stellt man fest, daß dieser New York Poet mit einer noch größeren Ausschließlichkeit als Frank O'Hara immer wieder Ausschnitte aus dem ihn während des Schaffensprozesses beschäftigenden Alltagsgeschehen aufzeichnet. Und noch häufiger als bei O'Hara kommt es vor, daß die Texte - ihre Titel bestehen mitunter einfach aus Datumsangaben (89) - eine große Ähnlichkeit mit mehr oder weniger unredigierten Tagebucheintragungen haben. Dies hängt unter anderem damit zusammen, daß Schuylers Gedichten oft recht deutlich anzumerken ist, daß der Autor noch entschiedener als O'Hara auf Überarbeitungen verzichtet; als er in einem Interview einmal gefragt wird: "Do you revise a lot?", antwortet er mit einem nachdrücklichen "Not at all." und fügt hinzu: "Punctuation, perhaps, but that's all. I'm mystified why people have to revise. Some people really labor for hours and hours, and I can't see any difference between version one and version one hundred." (90)

Daß man sich bei Schuylers Texten vielfach an spontan niedergeschriebene autobiographische Alltagschroniken erinnert fühlt, gilt vor allem für die Langgedichte, die der Lyriker hauptsächlich seit den frühen siebziger Jahren hervorgebracht hat (91).

---

(88) J. Schuyler, "A Few Days", *FD*, 73.
(89) S. z.B.: "May 24th or so", *FE*, 56f.; "Today (July 26th, 1965)", *FE*, 59f.; "3/23/66", *FE*, 80; "8/12/70", *CL*, 39; "June 30, 1974", *MP*, 5-8; "Dec. 28, 1974", *MP*, 13f.; "February 13, 1975", *MP*, 50; "August First, 1974", *FD*, 11; "October 5, 1981", *FD*, 20.
(90) Ross, "Schuyler: CA Interviews the Author", 446. Daß er im nachhinein meistens nichts mehr verändert und nur in Ausnahmefällen kleinere "adjustments" vornimmt, hat Schuyler auch in einem Gespräch mit der Verfasserin am 18. September 1990 bekräftigt.
(91) Ich denke hier vornehmlich an die folgenden Texte: "A Vermont Diary", *CL*, 50-58; "Hymn to Life", *HL*, 123-139; "The Morning of the Poem", *MP*, 57-117; "A Few Days", *FD*, 65-91.

Ich möchte deshalb als erstes einen Auszug aus dem fast 27 Seiten umfassenden Titelgedicht des 1985 veröffentlichten Bandes *A Few Days* besprechen:

```
        [...] I'd like to spend
        part of this lovely
     day in a darkened movie theater: only there's nothing I
        want to see. Fellini's
 5   Orchestra Rehearsal was too much like Alice in Orchestralia.
        Perhaps a good
     walk is more what's called for. I could tool down to
        Dave's Pot Belly
     and have a butterscotch sundae: eating on the pounds I
10       walked off. Or
     I could go shopping: I need cologne. Taylor's Eau de Portugal
        for choice. In the
     country you can take a walk without spending money. In
        the city it isn't
15   easy. This soft September sun makes the air fizzy like
        soda water: Perrier
     in the odd-shaped bottle from France. I dreamed last
        night about autumn
     trees: orange, red, yellow, and the oaks dark green. I
20       wish there were
     something besides gingkos and plane trees to see short
        of Central Park.
     "It does wonders for your back..." The radio is on:
        perhaps this will
25   be a lucky day and they'll play something besides the
        New World Symphony
     on Telemann. I could call Ruth and chat, only it isn't
        noon so she
     isn't up yet. It still isn't noon: it's tomorrow
30       morning. The risen
     sun almost comes in the north windows: I see it lie
        along the balcony,
     cut into shapes by the wrought-iron balustrade, a
        design of crazy
35   chrysanthemums and willow leaves. [...] (92)
```

Schon der schlichte Titel dieses letzten Langgedichts Schuylers gibt einen ersten Hinweis darauf, daß der Schriftsteller hier vornehmlich das so unprätentiöse Ziel hat, "ein paar Tage" aus seinem Alltagsleben zu verfolgen. Dabei handelt es sich zwar insofern um durchaus besondere Tage, als sie in die letzten Monate vor dem Tod der nach längerer Krankheit in hohem Alter verstorbenen Mutter des Dichters fallen, aber davon ist in Schuylers Text kaum etwas zu spüren: der Autor konzentriert sich in erster Linie darauf, völlig unspektakuläre Dinge festzuhalten. So trägt er denn auch in der oben zitierten Passage - sie befindet sich ungefähr in der Mitte des Gedichts - ganz alltägliche, zum Teil sogar regelrecht banale Einzelheiten zusammen.

---

(92) *FD*, 76f.

Zunächst beschreibt Schuyler verschiedene Überlegungen zu der Frage, wie er einen zum Zeitpunkt des Dichtens anscheinend noch vor ihm liegenden Septembertag verbringen soll (Zeilen 1 - 12). In diesem Textabschnitt wird schon allein durch das präzise Registrieren diverser Eigennamen ("Fellini's / *Orchestra Rehearsal*", "Dave's Pot Belly", "Taylor's Eau de Portugal") der tagebuchartige Charakter des Gedichts unterstrichen. Nach einer allgemeineren, leicht trivial wirkenden Reflexion über die Gefahr, bei einem Spaziergang in der Stadt Geld auszugeben (Zeilen 12 - 15), folgt dann eine sinnliche Wahrnehmung: Schuyler zieht einen originellen - bezeichnenderweise von einem vollkommen unpoetischen Konsumprodukt inspirierten - Vergleich zwischen der "spritzigen" Septemberluft und "soda water: Perrier / in the odd-shaped bottle from France". Auch der sich ohne jede Überleitung anschließende kurze Rückblick auf einen Traum in der Nacht zuvor dreht sich um sinnliche, allerdings um visuelle Wahrnehmungen, nämlich um Farbimpressionen von bunten Herbst-Bäumen. Dieses Traum-Bild löst einen weiteren Gedanken an Bäume aus: der Autor wünscht sich, daß in den Straßen nicht nur Gingkos und Platanen zu sehen wären. Danach werden wir erneut mit einem abrupten Themenwechsel konfrontiert: Schuyler zitiert ein paar Worte aus einem Werbeslogan im Radio, hebt auch explizit hervor: "The radio is on" und bringt sodann die Hoffnung zum Ausdruck, daß eine interessante Musiksendung auf dem Programm steht. Wiederum ganz unvermittelt stellt der Dichter dann die Überlegung an, daß er vielleicht eine Freundin anrufen könnte, doch diese Idee wird rasch verworfen. Innerhalb ein und desselben Verses, ziemlich unauffällig also, vollzieht Schuyler nun, an das Stichwort "noon" anknüpfend, einen zeitlichen Sprung ("It still isn't noon: it's tomorrow / morning."), und im Anschluß daran schildert er mit bemerkenswerter Anschaulichkeit, wie am Morgen des nächsten Tages die Sonne auf dem Balkon vor seinem Zimmer dank des schmiedeeisernen Geländers ein pittoreskes Muster erzeugt.

Eine genauere Untersuchung der in dem obigen Auszug aus "A Few Days" verbalisierten Gedankengänge zeigt unter anderem, daß Schuyler - und dies ist generell typisch für seine Lyrik - bei der Wiedergabe subjektiver Alltagsbetrachtungen nicht davor zurückscheut, selbst noch so belanglos anmutende Details zu berücksichtigen. Man könnte sogar sagen, daß er so banale Dinge wie zum Beispiel "a butterscotch sundae" von "Dave's Pot Belly", "Taylor's Eau de Portugal" oder das in dem bereits erwähnten Vergleich angesprochene "Perrier / in the odd-shaped bottle from France" richtig zelebriert. In jedem Fall entsteht beim Leser der Eindruck, daß der Dichter wirklich ohne jeden Vorbehalt, ohne jede 'Selbstzensur' alles in seinen Text aufzunehmen bereit ist, was in einem bestimmten Augenblick seine Aufmerksamkeit erregt, ja daß er sich gleichsam ganz in den jeweils anvisierten Moment verliert.

Schuylers Konzentration auf aktuelles Gegenwartsgeschehen spiegelt sich auch darin, daß durchweg das Präsens dominiert. An manchen Stellen - und dies ist ein wichtiger Unterschied zu den "'I do this I do that' poems" von Frank O'Hara - hat man sogar das Gefühl, daß der Autor die Ereignisse quasi simultan, das heißt, in genau dem Augenblick, in dem sie sich abspielen, ins Gedicht überträgt; Ann Lauterbach, eine jüngere New Yorker Lyrikerin, hat hierzu einmal den instruktiven Kommentar abgegeben:

> [...] the time of the poem and the time in the poem, especially in the majestic longer works, seem to be the same. To put it another way: Schuyler undergoes the life of the poem as he is writing it [...] Writing, for Schuyler, is an act of living which simultaneously preserves and relinquishes, celebrates and mourns, anticipates and forgets, promises and rescinds (93)

In dem oben zitierten Passus aus "A Few Days" manifestiert sich die Neigung zum "writing in and of the present moment" (94) besonders deutlich in knappen Sachmitteilungen wie "The radio is on" oder in Beschreibungen, die sich offenbar auf während des Schreibens beobachtete Phänomene beziehen, so zum Beispiel: "The risen / sun *almost comes in* the north windows: *I see it lie* / along the balcony [...]". Gleichwohl integriert Schuyler, wie wir gesehen haben, gelegentlich auch Erinnerungen an Vergangenes in sein Gedicht. Bei diesen Rückblenden handelt es sich jedoch meistens um spontane Assoziationen, die durch Gegenwartserlebnisse ausgelöst werden. So kommt dem Schriftsteller etwa der Gedanke daran, daß ihm ein bestimmter Fellini-Film nicht besonders gut gefallen hat, zu einem Zeitpunkt ins Gedächtnis, als er sich fragt, ob er ins Kino gehen soll (Zeilen 1 - 5).

Ich habe bei entsprechenden Beispielen schon darauf hingewiesen, daß Schuyler - und dies stellt eine Gemeinsamkeit mit Frank O'Hara dar - mehrmals ziemlich plötzlich von einem Thema zum anderen überwechselt. Doch obwohl diese Sprünge zuweilen innerhalb nur eines Verses stattfinden (etwa in den Zeilen 15, 17 und 27), strahlt "A Few Days" nicht die gleiche Geschwindigkeit und Rastlosigkeit aus wie O'Haras "'I do this I do that' poems", sondern wirkt relativ ruhig und gemächlich. Denn Schuyler verwendet in dem vorliegenden Gedicht - ebenso wie in etlichen anderen Texten - viel seltener als O'Hara elliptische Satzkonstruktionen und führt überdies schon durch Interpunktionszeichen Zäsuren herbei; grundsätzlich einen gewissen Einhalt gebietende Doppelpunkte benutzt er sogar verhältnismäßig oft. Aber auch "A Few Days" evoziert - vor allem, weil es nicht in klar voneinander abgegrenzte Strophen unterteilt ist, weil das Textbild wegen des fast überall eingehaltenen Alternierens von längeren und kürzeren Zeilen von einem

---

(93) A. Lauterbach, "Fifth Season", *Denver Quarterly* 24, Spring 1990, 71.
(94) R. Thompson, "'A Few Days'", *Denver Quarterly* 24, Spring 1990, 112.

sehr gleichmäßigen Rhythmus geprägt ist und weil Schuyler gern Enjambements einsetzt
- einen Eindruck stetigen Fließens, kontinuierlichen Vorwärtstreibens.

Zum Schluß noch eine kurze Anmerkung zum Stil von "A Few Days": Schuyler
bedient sich meistens eines lockeren, prosanahen Parlandostils, der durch recht kurze,
einfach gebaute Sätze und ein schlichtes, unkompliziertes Vokabular gekennzeichnet ist.
Auch dies trägt mit dazu bei, daß sein Gedicht in mancher Hinsicht den Charakter eines
mehr oder minder improvisierten Tagebuchs hat.

Der oben zitierte Auszug aus "A Few Days" endet, wie gesagt, mit einer sehr
prägnant und anschaulich beschriebenen visuellen Impression. Das Moment des Visuellen
ist allgemein von großer Bedeutung in der Lyrik James Schuylers. Der Dichter selbst
erklärt einmal: "What I write about a great deal of the time is something immediate that I
see, or something I think about that I've seen." (95) Und in einem anderen Interview
konstatiert er: "To me, much of poetry is as concerned with looking at things and trying
to transcribe them as painting is." (96) In der Tat stehen besonders in seinen kürzeren
Gedichten oft Wahrnehmungs- oder Beobachtungsprozesse im Mittelpunkt. Ein
typisches Beispiel liefert ein in der 1980 publizierten Sammlung *The Morning of the
Poem* enthaltenes Gedicht mit dem Titel "Song":

```
     The light lays layered in the leaves.
     Trees, and trees, more trees.
     A cloud boy brings the evening paper:
     The Evening Sun. It sets.
 5   Not sharply or at once
     a stately progress down the sky
     (it's gilt and pink and faintly green)
     above, beyond, behind the evening leaves
     of trees. Traffic sounds and
10    bells resound in silver clangs
     the hour, a tune, my friend
     Pierrot. The violet hour:
     the grass is violent green.
     A weeping beech is gray,
15   a copper beech is copper red.
     Tennis nets hang
     unused in unused stillness.
     A car starts up and
     whispers into what will soon be night.
20   A tennis ball is served.
     A horsefly vanishes.
     A smoking cigarette.
     A day (so many and so few)
     dies down a hardened sky
```

---

(95) Hillringhouse, "Schuyler: Interview", 5.
(96) Ross, "Schuyler: CA Interviews the Author", 445.

25   and leaves are lap-held notebook leaves
       discriminated barely
       in light no longer layered. (97)

Ebenso wie etliche andere Gedichte von James Schuyler dreht sich "Song" um eine Übergangszeit (98), nämlich um die "violette Stunde" eines Sonnenuntergangs. Der Autor macht uns den "gemessenen Fortschritt" vom Hellen zum Dunklen, von "light [that] lies layered in the leaves" zu "light no longer layered" dadurch erfahrbar, daß er uns eine Sequenz von - zum Teil recht disparaten - Sinneseindrücken präsentiert, die einprägsam einige wesentliche Facetten der Phase der Abenddämmerung einfangen. Obwohl er uns hier und da auch auditive Wahrnehmungen vermittelt (Zeilen 9 - 11, 16 - 17), erfaßt er hauptsächlich eine Reihe von visuellen Impressionen. Diese beziehen sich sowohl auf traditionelle Themen der Naturlyrik wie Lichteffekte oder Landschaftsmotive als auch auf unkonventionellere Gegenstände wie "Tennis nets", "A horsefly" oder "A smoking cigarette". Dabei fällt übrigens auf, daß der Lyriker - ebenso wie in dem bereits in einem anderen Zusammenhang besprochenen Gedicht "February" - mehrfach auf die Farben der Dinge eingeht. Er erwähnt zum Beispiel, daß der Himmel "gilt and pink and faintly green" sei, und über verschiedene Landschaftselemente schreibt er in einer bei aller Lakonik sehr wirkungsvollen Aufzählung "the grass is violent green. / A weeping beech is gray, / a copper beech is copper red."

In den meisten Fällen werden die diversen Einzelwahrnehmungen nicht genauer ausgemalt, sondern nur kurz angerissen. "A tennis ball is served. / A horsefly vanishes. / A smoking cigarette.": solche knappen - hier durch die Dichte noch frappierenderen - Sätze verwendet Schuyler immer wieder. Selbst die eigentlich eine gewisse Ausführlichkeit signalisierenden Enumerationen, die der Dichter an manchen Stellen - zum Beispiel in den Aussagen "Trees, and trees, more trees." und "a stately progress down the sky [...] above, beyond, behind the evening leaves" - entwickelt, um die Schritt für Schritt weiter ausholende Bewegung des Sehprozesses zu konkretisieren, sind auffallend knapp. Indem er also vieles betont kurz und bündig formuliert, bringt Schuyler dem Leser eindringlich die Flüchtigkeit dessen, was er um sich herum hört und beobachtet, zu Bewußtsein.

Dieser Eindruck von Flüchtigkeit wird nun zusätzlich dadurch verstärkt, daß die in "Song" zusammengetragenen Wahrnehmungen sehr heterogen sind. Besonders in der zweiten Hälfte des Gedichts lenkt der Autor seine Aufmerksamkeit fast in jedem Satz - und das impliziert: fast in jedem Vers - auf etwas anderes. Und er stellt weder Verbindungen zwischen einzelnen aufeinanderfolgenden Aussagen her, noch läßt sich

---

(97) *MP*, 17.
(98) Der Dichter hat zum Beispiel auch etliche Texte verfaßt, die Entwicklungsprozesse im Herbst (z.B.: "Going", *FE*, 71f.; "Jelly Jelly", *HB*, 40; "Verge", *CL*, 56-58) oder am Morgen (z.B.: "In Earliest Morning", *CL*, 11-13; "The Morning", *FD*, 19; "Good Morning", *MP*, 15f.) thematisieren.

irgendein übergreifendes Ordnungsmuster erkennen. Der Lyriker konfrontiert den Leser vielmehr mit einer ganz zufällig anmutenden Auswahl von Details, die, so hat es den Anschein, in genau der unvorhersehbaren Sequenz aneinandergereiht werden, wie er sie in einer spezifischen Situation, in einer spezifischen "Dämmerstunde" zur Kenntnis nimmt. Auch der Aufbau des vorliegenden Gedichts bestätigt somit, daß Schuyler, um ein treffendes Urteil von Howard Moss zu zitieren, "[a] chronicler of the haphazard" (99) ist.

5.1.3. Kenneth Koch

Ähnlich wie Frank O'Hara und James Schuyler hat auch Kenneth Koch, allerdings erst seit ungefähr Mitte der siebziger Jahre, gelegentlich explizit autobiographische Gedichte verfaßt, die an tagebuchartige Alltagschroniken erinnern (100). Diese unmittelbar auf das persönliche Alltagsleben des Autors bezogenen Texte sind jedoch, wenn man Kochs Oeuvre als Ganzes betrachtet, nicht sehr zahlreich. Charakteristischer - und zugleich noch origineller - ist eine Gruppe von Gedichten, in denen sich in einer anderen Hinsicht manifestiert, daß auch Koch, obwohl er seine Texte bisweilen etlichen Revisionen unterzieht (101), eine in hohem Maße improvisatorische Schaffensmethode anwendet und sich an einem Grundsatz orientiert, den er in einem seiner Gedichte so formuliert: "Nothing is so essential as this - / Moment" (102). Ich meine verschiedene in allen Phasen der Laufbahn dieses Schriftstellers vorkommende Texte, die im wesentlichen aus kataloghähnlichen Aufzählungen bestehen und die den Leser mit immer wieder neue Themen berührenden Sinneinheiten überraschen; in dem Gedicht "The Art of Poetry" heißt es einmal, ein Lyriker solle sich, um zu entscheiden, ob ein gegebener Text gut sei, immer als erstes fragen: "Is it [= the poem] astonishing? / [...] Does it say

---

(99) H. Moss, "James Schuyler: Whatever Is Moving", *The American Poetry Review* 10, May / June 1981, 14.
(100) Typische Beispiele hierfür wären etwa "Fate" (*BMA*, 11-14) oder "A Time Zone" (*The Paris Review* 115, Summer 1990, 109-120), zwei Gedichte, die ich hier auch deshalb herausgreife, weil sie aufschlußreiche Informationen über die vielfältigen Kontakte zwischen Koch und anderen New York Poets und bildenden Künstlern ihrer Zeit vermitteln.
(101) Daß er seine Gedichte unter Umständen mehrmals abwandelt, hat Koch in einem Gespräch mit der Verfasserin am 24. September 1990 angesprochen. Dabei hob er jedoch hervor, daß er diese Veränderungen durchführe, gerade weil er das Dichten als einen dynamischen Prozeß begreife, bei dem er nicht ein bestimmtes, von vornherein feststehendes Endergebnis erreichen, sondern so unvoreingenommen wie möglich auf aus der konkreten Schreibsituation erwachsende Moment-Einfälle reagieren wolle.
(102) K. Koch, "With Janice", *DN*, 28f.

something I was unaware of / Before I sat down to write it?" (103) - gerade die auf langen Enumerationen basierenden Gedichte Kochs rufen beim Leser das Gefühl hervor, daß der Autor hier, wenngleich mit einem Anflug von Ironie, auf ein auch für sein eigenes Werk relevantes Prinzip hinweist.

Besonders markante Beispiele für diesen ein wenig an die Lyrik von Walt Whitman erinnernden Gedichttyp stellen eine Reihe von Texten dar, bei denen die Auflistung jeweils von nur einem bestimmten Wort ausgeht, welches dann auch oft den Titel bildet. Dies gilt etwa für das Gedicht "Faces":

The face of the gypsy watching the bird gun firing into the colony of seals; but it
    was filled with blanks;
The face of the old knoll watching his hills grow up before him;
The face of the New England fruit juice proprietor watching his whole supplies
5   being overturned by a herd of wild bulls;
The face of a lemur watching the other primates become more developed;
The face of gold, as the entire world goes on the silver standard, but gold remains
    extremely valuable and is the basis for international exchange;
The face of the sky, as the air becomes increasingly filled with smoke and planes;
10 The face of the young girl painted as Saint Urbana by Perugino, whose large
    silver eyes are focused on the green pomegranate held by a baby (it is
    Jesus) in the same painting;
The face of the sea after there has been a storm, and the face of the valley
When the clouds have blown away and it is going to be a pleasant day and the
15 pencils come out for their picnic;
The face of the clouds;
The faces of the targets when all the arrows are sticking out of them, like
    tongues;
The face of insects; the tiny black moustachioed ineptitude of a fly;
20 The face of the splinters on the orange crate;
The face of the Depression, which shook up America's faith in her economy so
    badly;
The face of President Hoover during this event;
The face of Popeye; the face of Agamemnon; the face of Ruth in the Bible; the
25 face of Georges Simenon;
The face of the hornet; the face of the carnation; of the orchid; the face of the
    roots of the elm tree;
The face of the fruit juice stand proprietor in Hawaii - it is black and lined
With the years and the climate; the face of God in Pinturicchio; the 1920's face of
30 Gala Eluard;
And the face of Paul Eluard; the face of the birthday party as envisioned by Pablo
    Picasso; the map of Ireland
In Barbara's face; the map of Egypt on the wall
Of the Alexander-of-Macedon-looking hotel proprietor's face; the eye's face; the
35 face of the ear; faces of all the noses;
[...]
Some faces! the End; or rather the Beginning; or really the End. Faces taking a
    fall,
Faces to be discriminated, faces in bathtubs, gorgeous, risky faces totaling into
    the billions,
40 Unimaginable faces shaped like a hat or a football; clowns' faces; the face of Saint
    Ursula

---

(103) *AL*, 29.

When she was playing a banjo; the face of Einstein; the face of the East; the face
    of grain; the face on the weathervane;
The face of Liberal London; the Seine's rusty face; the visitor from Mexico,
45   mangled by disease;
Bentham's face; and the face of the secret
Which no one can tell, which is continually bursting from these faces -
Noah's face, Kusawara's face, Poussin face, Tiepolo face; frog faces, browed
    faces, angular face, peppy face; the faces of seaweed; the faces of
50   seeds. (104)

Ich zitiere - recht ausführlich, da ich einen möglichst intensiven Eindruck von der Detailliertheit und dem eindringlichen Rhythmus der von Koch entwickelten, fast vollständig elliptischen (105) Variationskette vermitteln möchte - den Anfang und das Ende des Gedichts. "Faces" ist, ebenso wie die meisten anderen Texte dieser Art, relativ lang, was damit zusammenhängt, daß sich der Autor in den fraglichen Gedichten von der folgenden Zielvorstellung leiten läßt:

I like the idea of bringing the whole world onto the stage. I like doing that in my poems, too, bringing in everything. In poems like "The Pleasures of Peace," "Faces," and "Sleeping with Women," I felt a desire to bring in everything, not just the pleasures, but everything. [...] I like to give the impression of totality, of endlessness in as short a form as I can. (106)

Die hier so nachdrücklich artikulierte Absicht, "alles" ins Gedicht "hineinzubringen", findet im Falle von "Faces" nicht nur darin ihren Niederschlag, daß der Text sich über mehrere Seiten hinzieht, sondern äußert sich vor allem in dem schier unerschöpflich anmutenden Einfallsreichtum, mit dem Koch den hier gewählten Schlüsselbegriff in immer wieder andere Kontexte einbettet und dabei in der Tat die unterschiedlichsten Bereiche menschlichen Lebens berücksichtigt. Etwa einerseits die Natur (beispielsweise: "The face of the sea after there has been a storm"), andererseits Kultur und Wissenschaft (zum Beispiel: "the 1920's face of Gala Eluard; / And the face of Paul Eluard" und: "the face of Einstein"). Oder einerseits die Politik (etwa: "The face of President Hoover"), andererseits die Religion (unter anderem: " The face of Ruth in the Bible"). Wie breit das Spektrum der einzelnen Bestandteile der den Text von "Faces" konstituierenden Auflistung ist, zeigt sich darüber hinaus auch in Details wie der Tatsache, daß Koch einerseits bedeutende Repräsentanten 'hoher' Kunst erwähnt (Perugino, Pinturicchio, Pablo Picasso, Poussin, Tiepolo), andererseits die Namen von literarischen Gestalten

---

(104) *PP*, 86f., 95.
(105) Ungefähr in der Mitte des Gedichts stößt man zwar auf den - bezeichnenderweise sehr kurzen und unauffälligen - Satz: "I want to take all these faces / And make them mine." (*PP*, 90), doch der Eindruck, daß praktisch der gesamte Text elliptisch sei, wird dadurch nicht wesentlich abgeschwächt.
(106) D. Shapiro, "A Conversation with Kenneth Koch" (1969), *Field: Contemporary Poetry and Poetics* 7, Fall 1972, 58. Daß Koch in seinen Gedichten eine möglichst große *inclusiveness* anstrebt, hat er auch in einem Gespräch mit der Verfasserin am 24. September 1990 betont; vgl. zu diesem Punkt auch: Harrison, "Conversation With Koch", 11.

oder Schriftstellern nennt, die man mit verhältnismäßig trivialen Kunstformen assoziiert (Popeye, Georges Simenon). Oder darin, daß er einerseits sachliche Anspielungen auf zeitgenössische oder historische Fakten macht (etwa: "The face of the sky, as the air becomes increasingly filled with smoke and planes" oder: "The face of the Depression, which shook up America's faith in her economy so badly"), andererseits aber surreale Phantasiebilder entwirft (zum Beispiel: "the face of the valley / When [...] the pencils come out for their picnic" oder: "the map of Ireland / In Barbara's face").

Besonders interessant ist für uns die Art und Weise, wie die verschiedenen Sinneinheiten des vorliegenden Gedichts miteinander kombiniert beziehungsweise aneinandergereiht werden. Vor allem fällt auf, daß Koch immer wieder - er ist in dieser Hinsicht noch radikaler als O'Hara und Schuyler - äußerst abrupt von einem Thema zum nächsten überwechselt. Um nur ein repräsentatives Beispiel herauszugreifen: von Wolken zu Zielscheiben, zu Insekten, zu Splittern auf einer Kiste, zur Weltwirtschaftskrise - solche überraschenden, übrigens oft sehr komischen Sprünge, wie sie uns in den Zeilen 16 - 22 begegnen, sind für den gesamten Text kennzeichnend. Mitunter werden sogar innerhalb eines einzigen Verses - etwa in "The face of Popeye; the face of Agamemnon; the face of Ruth in the Bible; the face of Georges Simenon" - überaus heterogene Dinge zusammengebracht. In einem bemerkenswert schlichten und anschaulichen Kommentar zu seinem Gedicht "Lunch" schreibt Koch: "The whole poem seems to me in certain ways like traveling. It is always changing places, and it is always beginning a new story or part of a story which seems unconnected to what happened before." Und wenig später fügt er hinzu: "I never knew what was going to come next in the poem. I wanted to let myself be surprised by what I was writing - this, too, was a little bit like travel, like being in a strange city and, for no reason, deciding to walk down a particular street or to go into a certain doorway." (107) Dieser Kommentar ist auch auf "Faces" übertragbar. Man hat bei der Lektüre des Gedichts den Eindruck, daß der Autor ganz unsystematisch und spontan fast mit jedem Vers eine oder mehrere neue Anwendungsmöglichkeiten des Wortes "face" durchspielt, eben ähnlich wie ein Reisender verfährt, der sich von einem Augenblick zum anderen entscheidet, einen ihm noch unbekannten Ort zu erforschen. Und dabei präsentiert er uns - das illustrieren insbesondere Verse wie "Noah's face, Kusawara's face, Poussin face, Tiepolo face, frog faces, browed faces, angular face, peppy face; the faces of seaweed; the faces of seeds" - oft lediglich "part[s] of a story", knappe Stichworte also, die nicht weiter vertieft werden. Gerade solche Textpartien entfalten übrigens stets eine hohe Eigendynamik und sind von einer ähnlichen Schnelligkeit geprägt wie die oben vorgestellten Gedichte von Frank O'Hara.

---

(107) K. Koch / K. Farrell, *Sleeping on the Wing: An Anthology of Modern Poetry with Essays on Reading and Writing*, New York 1981, 290f.

Doch bei aller inhaltlichen Disparatheit gibt es - zusätzlich zu dem kontinuierlich wiederkehrenden Wort "face" - manchmal von einem Vers zum nächsten oder auch über einen längeren Abschnitt hinweg bestimmte sprachliche oder stilistische Elemente, die zumindest eine formale Verbindung zwischen den betreffenden Texteinheiten schaffen beziehungsweise als eine Art Movens fungieren, das den Assoziationsfluß vorwärtstreibt. Das gilt etwa für die recht häufig eingesetzten parallelen Satzkonstruktionen, für die bereits die ersten sechs Zeilen des Gedichts ein Beispiel enthalten ("The face of [...] watching [...]"). Außerdem werden gelegentlich einzelne Wörter mehrmals aufgegriffen; die entsprechenden Variationen befinden sich meistens in unmittelbarer Nachbarschaft zueinander (zum Beispiel: "clouds": Zeilen 14 und 16; "map": Zeilen 32 und 33), können aber auch in größeren Abständen auftreten (zum Beispiel: "proprietor": Zeilen 4, 28 und 34). An wieder anderen Stellen hat es den Anschein, als ob der Dichter nicht zuletzt durch seine Freude an bestimmten Lauten zu der jeweiligen Fortsetzung veranlaßt worden sei (zum Beispiel: "The face of grain; the face on the weathervane", "the faces of seaweed; the faces of seeds").

Es ist jedoch nicht zu erkennen, daß die Wiederholungen spezifischer Struktur- oder Textelemente einem im voraus festgelegten Schema folgen. Sie sind offenbar - was nach meinem Empfinden vor allem bei den Lautvariationen spürbar wird - das Resultat von Moment-Entscheidungen. Und obwohl durch diese Wiederholungen auf einer rein formalen Ebene gewisse Beziehungen zwischen verschiedenen Gedichtpartien hergestellt werden, ändert dies nichts daran, daß sich die einzelnen Sinneinheiten auf inhaltlicher Ebene keineswegs zu einem geschlossenen Ganzen zusammenfügen. Statt dessen trifft auch auf "Faces" zu, was Philip Auslander im Rahmen einiger sehr prägnanter Bemerkungen zu Kochs "Sleeping With Women" wie folgt formuliert: "Each image is connected to the others through repetition or rhyme, yet, because there is no idea or action to advance, each image stands on its own. The images accumulate, but do not build toward anything" (108).

Angesichts dieser Tatsache, daß Koch dem Leser kein abgerundetes, kohärentes Ganzes, sondern eine Folge von unverbundenen Anschauungs- und Denkmomenten vorlegt, ist es übrigens nur konsequent, daß er darauf verzichtet, sein Gedicht mit einer 'richtigen' Einleitung oder einem 'richtigen' Ende zu versehen. Er zieht uns gleich mitten in die Aufzählung hinein und bricht am Schluß - die amüsante absurde Äußerung "the End; or rather the Beginning; or really the End" ist noch keineswegs der letzte Vers - ziemlich unvermittelt ab.

(108) P. Auslander, *The New York School Poets as Playwrights: O'Hara, Ashbery, Koch, Schuyler and the Visual Arts*, New York etc. 1989, 103.

Es gibt in der Lyrik von Kenneth Koch noch eine zweite wichtige Variante von listenähnlich aufgebauten Gedichten, die den Leser jeweils mit einer Sequenz von disparaten Einzelaussagen konfrontieren, jedoch insofern einen weniger ausgeprägten Aufzählungscharakter haben, als sie nicht auf der Wiederholung eines bestimmten Wortes basieren und auch nicht aus elliptischen, sondern aus vollständigen Sätzen bestehen. Als Beispiel zitiere ich einen Auszug aus einem Gedicht mit dem bezeichnend vagen Titel "Some General Instructions":

> [...] Be artistic, and be unfamiliar.
> Think of the blue sky, how artists have
> Imitated it. Think of your secretest thoughts,
> How poets have imitated them. Think of what you feel
> 5   Secretly, and how music has imitated that. Make a moue.
> Get faucets for every water outlet in your
> House. You may like to spend some summers on
> An island. Buy woolen material in Scotland and have
> The cloth cut in London, lapels made in France,
> 10   Become religious when you are tired of everything
> Else. As a little old man or woman, die
> In a fine and original spirit that is yours alone.
> When you are dead, waste, and make room for the future.
> Do not make tea from water which is already boiling.
> 15   Use the water just as it starts to boil. Otherwise
> It will not successfully "draw" the tea, or
> The tea will not successfully "draw" it. Byron
> Wrote that no man under thirty should ever see
> An ugly woman, suggesting desire should be so strong
> 20   It affected the princeliest of senses; and Schopenhauer
> Suggested the elimination of the human species
> As the way to escape from the Will, which he saw as a monstrous
> Demon-like force which destroys us. [...] (109)

Der vorliegende Auszug - er befindet sich in der zweiten Hälfte des sich über zehn Seiten erstreckenden, also erneut relativ langen Gedichts - zeigt, daß Kenneth Koch auch in "Some General Instructions" in sehr rascher und unvorhersehbarer Form immer wieder neue Ideen verbalisiert. Gewiß, alle Sinneinheiten haben gemeinsam, daß sie "allgemeine Instruktionen" enthalten, doch diese Instruktionen erweisen sich im einzelnen als äußerst unterschiedlich. Das Spektrum reicht von banalen praktischen Ratschlägen in der Art von "Get faucets for every water outlet in your / House." bis zu verhältnismäßig abstrakten und anspruchsvollen Empfehlungen wie zum Beispiel einer Reihe von Aufforderungen, über bestimmte Aspekte von Kunst, Lyrik und Musik nachzudenken (Zeilen 2 - 5). Manche Überlegungen - etwa so neutral konstatierende Betrachtungen wie "You may like to spend some summers on / An island." - könnten, zumindest wenn man den gegebenen Kontext einmal außer acht läßt, als durchaus ernst gemeint verstanden werden; andere Anweisungen - zum Beispiel: "When you are dead, waste, and make room for the future." - sind bereits für sich allein betrachtet von einer skurrilen Komik

---

(109) *AL*, 20f.

getragen. Und mal beschränkt der Dichter sich auf so knappe Äußerungen wie "Make a moue.", mal geht er - etwa in dem Passus über das Tee-Kochen (Zeilen 14 - 17) - weiter ins Detail. Doch welche Inhalte auch immer thematisiert werden - noch viel bedeutsamer ist, daß Koch die verschiedenen Sinneinheiten in, so scheint mir, noch höherem Maße, als dies in "Faces" der Fall ist, gern so aneinanderreiht, daß eklatant gegensätzliche Aussagen aufeinanderprallen. Dies bewirkt natürlich eine Intensivierung der ja an etlichen Stellen ohnehin schon vorhandenen Komik, wie in dem obigen Auszug etwa die Sequenzen "Think of what you feel / Secretly, and how music has imitated that. Make a moue." oder "When you are dead, waste, and make room for the future. / Do not make tea from water which is already boiling." illustrieren.

Anders als in "Faces", das im Hinblick auf den Stil recht einheitlich ist, vollzieht Koch in "Some General Instructions" nicht nur unter inhaltlichen, sondern auch unter sprachlichen Aspekten zahlreiche abrupte Sprünge. So folgt beispielsweise auf die bei aller Ironie durchaus nicht unsachlich formulierte Empfehlung "Become religious when you are tired of everything / Else." ein einigermaßen absurder "Ratschlag", dessen grotesker Humor dadurch noch eine Steigerung erfährt, daß der Autor hier sentimentale Euphemismen und Klischees parodiert, wie sie für die herablassend-gönnerhafte Kommunikation über alte Menschen (oder sogar mit ihnen) typisch sind: "As *a little old man or woman*, die / In *a fine and original spirit that is yours alone*." Vielleicht noch frappierender ist der sogar innerhalb ein und desselben Verses vorgenommene Stilwechsel am Ende des oben zitierten Textabschnitts, als der Dichter direkt im Anschluß an einen einfachen, eher umgangssprachlichen Beschreibungsstil (Zeilen 14 - 17) den komplizierten akademischen Jargon wissenschaftlicher Abhandlungen imitiert und lächerlich macht (Zeilen 17 - 23).

In "Some General Instructions" werden also sowohl die Themen als auch der Stil einem ständigen, in der Regel sehr plötzlich eintretenden Wandel unterworfen. Mit anderen Worten: Koch setzt hier gleich auf mehreren Ebenen sehr abwechslungsreich in die Praxis um, was er in einem Interview im Rahmen einiger Bemerkungen zu der Tatsache, daß die Dinge in einem stetigen Fluß begriffen sind, so ausdrückt: "everything is always changing and turning into something else" (110). Und so ist auch der vorliegende Text, ähnlich wie wir es bereits bei "Faces" kennengelernt haben, kein kohärentes Ganzes, sondern, wie Richard Howard einmal über das Gedicht "January Nineteenth" schreibt, "a series of tiny - or immense - epiphanies, unavailing in their tug at one another save as the will decides." (111)

---

(110) B. Zavatsky, "Kenneth Koch: 'I Like Writing'", *The New York Times Book Review*, 10.4.1977, 27.
(111) R. Howard, *Alone with America: Essays on the Art of Poetry in the United States Since 1950*, enlarged ed., New York 1980, 337.

5.1.4. John Ashbery

Es gibt mittlerweile eine recht beträchtliche Anzahl von Interviews mit John Ashbery, in denen der Schriftsteller mit sehr aufschlußreichen Formulierungen deutlich
macht, in welchem Sinne seine Gedichte Aufzeichnungen von Entwicklungsprozessen
sind: "I'm attempting to reproduce in poetry, the actions of a mind at work or at rest."
(112); "my poems [...] are the record of a thought process - the process and the thought
reflect back and forth on each other." (113); "any one of my poems might be considered
to be snapshot of whatever is going on in my mind at the time - first of all the desire to
write a poem, after that wondering if I've left the oven on or thinking about where I must
be in the next hour." (114); "the movement of experiencing is what I'm trying to get
down. [...] Most of my poems are about the experience of experience. [...] the particular
occasion is of lesser interest to me than the way a happening or experience filters through
to me." (115); "I am more interested in the movement among ideas than in the ideas
themselves, the way one goes from one point to another rather than the destination or
the origin." (116) Solche Kommentare dokumentieren, daß Ashbery das Ziel verfolgt, in
seinen Texten den Ablauf seiner während des Dichtens aktuellen mentalen Bewegungen
festzuhalten, den von allerlei Zufällen und Widersprüchen geprägten Denkprozeß selbst
zu transkribieren. Anders als etwa Frank O'Hara und vor allem James Schuyler ist
Ashbery offensichtlich nicht so sehr daran interessiert, konkrete Handlungen oder Ereignisse darzustellen. Seine Gedichte drehen sich also weniger um die *Inhalte* seines inneren
Erlebens als vielmehr um den *Fluß* des Erfahrens und Reflektierens. Diese Intention Ashberys, in seinen Texten Bewegungen seines Bewußtseins zu vergegenwärtigen, hat
manche Interpreten dazu veranlaßt, seine Gedichte als "mentale Selbstporträts" anzusehen (117). Bis zu einem gewissem Grade ist das auch zutreffend, doch Ashberys Lyrik
hat nichtsdestoweniger einen weitaus weniger explizit autobiographischen Charakter, als
dies bei den drei anderen bislang besprochenen New York Poets - bei Koch freilich in erheblich geringerem Maße als bei O'Hara und Schuyler - der Fall ist. Denn seine Gedichte
sind nicht nur generell ungreifbarer und abstrakter (118), sondern der Autor versucht
auch durchweg, eine detaillierte Beschreibung spezifischer persönlicher Erlebnisse zu

---

(112) Bloom / Losada, "Craft Interview", 118.
(113) Ibid., 121.
(114) Zit. in: D. Kalstone, *Five Temperaments*, New York 1977, 171.
(115) Poulin, "Experience", 245.
(116) Stitt, "Ashbery", 408.
(117) Dieser Begriff fällt zum Beispiel in: R. Kostelanetz, "John Ashbery" (1976), in:
ders., *The Old Poetries and the New*, Ann Arbor 1981, 109, sowie in: J. Sartorius, "Was
in unserem Kopf alles los ist: die Diskurse eines porösen Subjekts", in: J. Ashbery,
Selbstporträt im konvexen Spiegel: Gedichte 1956-1977, aus d. Amerikan. v. C. Cooper
u. J. Sartorius, München 1977, 120.
(118) Dies wird weiter unten (Kap. 5.2. u. 5.2.5) noch vertieft.

vermeiden: "I don't write about my own private experiences very much, but try to write about paradigms of common experience which I hope other people can share." (119)

Bei der praktischen Realisierung seiner Absicht, dem Prozeß seines Denkens und Wahrnehmens sprachliche Gestalt zu verleihen, wendet Ashbery, der normalerweise recht schnell schreibt (120) und nach eigenen Angaben, ähnlich wie O'Hara und Schuyler, höchstens "minor revisions" (121) vornimmt, verschiedene Strategien an. Besonders wichtig ist unter anderem der folgende Unterschied: in manchen - vor allem in seinen früheren - Gedichten konfrontiert Ashbery den Leser immer wieder mit betont unvermittelten und übergangslosen Juxtapositionen von heterogenen Aussagen oder Aussagefragmenten und rückt so die sprunghafte, nicht-lineare Natur des Bewußtseinsstromes in den Vordergrund. In anderen, insgesamt zahlreicheren Texten unterstreicht er, indem er komplexe und ungewöhnlich lange Einzelsätze bildende Assoziationsketten entwickelt, deren Bestandteile zumindest äußerlich nahtlos ineinander übergehen, hauptsächlich das kontinuierliche, ununterbrochene Fließen der während des Schaffensprozesses ablaufenden mentalen Bewegungen. Besonders kühne Beispiele für die erstgenannte Verfahrensweise enthält der Band *The Tennis Court Oath*; die entsprechenden Texte markieren jedoch eine relativ kurze experimentelle Übergangsphase, und der Autor empfindet sie im nachhinein als überwiegend nicht mehr sehr interessant (122). Es erscheint mir daher sinnvoller, die fragliche Strategie an Hand eines weniger radikalen, aber deshalb für Ashberys Werk als Ganzes auch charakteristischeren Gedichts zu veranschaulichen. Es handelt sich um das Langgedicht "The Skaters", aus dem ich einen Auszug vom Beginn des vierten und letzten Teils zitiere:

(119) Labrie, "Ashbery", 31. Vgl. auch: J. Murphy, "John Ashbery: An Interview", *Poetry Review* 75, August 1985, 21; Poulin, "Experience", 251.

(120) Vgl. M. Blume, "John Ashbery, Making Nothing Happen", *International Herald Tribune*, 2.10.1989, 14; D. Yeaton, "John Ashbery", in: *Dictionary of Literary Biography: Yearbook 1981*, ed. K.L. Rood et al., Detroit 1982, 22.

(121) S. Gangel, "An Interview with John Ashbery", *San Francisco Review of Books* 3, November 1977, 11. An anderer Stelle erläutert Ashbery: "I have somehow trained myself not to write something that I will either have to discard or be forced to work a great deal over. [...] although there are poems even today that I don't find satisfactory once I have finished them, most of the corrections I make are pretty minor. I like the idea of being as close to the original thought or voice as possible and not to falsify it by editing." (Stitt, "Ashbery", 406f.). Vgl. auch: Bloom / Losada, "Craft Interview", 115.

(122) Vgl. z.B.: "A lot of these poems [...] in *The Tennis Court Oath* [...] are really like automatic poetry, which no longer interests me very much. For instance, the poem 'Europe,' the long poem in that book, is one that's no longer very close to me. At the time I wrote it I was baffled as to what to do in poetry; I wasn't satisfied with the way my work was going and I felt it was time to just clear my head by writing whatever came into it and that's very much the case with that poem; and I think it helped me along but I don't value it as much as ones [sic!] I've written since." (Bloom / Losada, "Craft Interview", 115f.) S. auch: J. Koethe, "An Interview with John Ashbery", *Sub-Stance* 37-38, 1983, 181; Murphy, "Ashbery: Interview", 20; Osti, "Craft of Ashbery", 94f.; Stitt, "Ashbery", 411.

The wind thrashes the maple seed-pods,
The whole brilliant mass comes spattering down.

This is my fourteenth year as governor of C province.
I was little more than a lad when I first came here.
5   Now I am old but scarcely any wiser.
So little are white hair and a wrinkled forehead a sign of wisdom!

To slowly raise oneself
Hand over hand, lifting one's entire weight;
To forget there was a possibility
10   Of some more politic movement. That freedom, courage
And pleasant company could exist.
That has always been behind you.

An earlier litigation: wind hard in the tops
Of the baggy eucalyptus branches.

15   Today I wrote, "The spring is late this year.
In the early mornings there is hoarfrost on the water meadows.
And on the highway the frozen ruts are papered over with ice."

The day was gloves.

How far from the usual statement
20   About time, ice - the weather itself had gone.

I mean this. Through the years
You have approached an inventory
And it is now that tomorrow
Is going to be the climax of your casual
25   Statement about yourself, begun
So long ago in humility and false quietude.

The sands are frantic
In the hourglass. But there is time
To change, to utterly destroy
30   That too-familiar image
Lurking in the glass
Each morning, at the edge of the mirror.

The train is still sitting in the station.
You only dreamed it was in motion.

35   There are a few travelers on Z high road.
Behind a shutter, two black eyes are watching them.
They belong to the wife of P, the high-school principal. (123)

In einem Aufsatz von Lynn Keller begegnet man im Rahmen einiger bei aller Kürze sehr anregender Bemerkungen zu "The Skaters" dem treffenden Hinweis: "each section, like the waterfall of "Clepsydra," perpetually "Drums at different levels" (RM 27) as the narration shifts from academic exposition, to lyrical description, to metaphysical elaboration, to cliché visions in archaic diction, to commentary on the poem

---

(123) *RM*, 60f.

itself or of the poet's voices upon each other." (124) Dieses vielschichtige Wechselspiel ungleichartiger narrativer Einheiten ist gerade im vierten Teil des Gedichts, wo die Themenwechsel noch rascher erfolgen als vorher, sehr lebhaft. Dabei wird dem Leser die sprunghafte Natur der Denk- und Sprachbewegungen - ähnlich wie in O'Haras "F.M.I. 6/25/61" - schon durch die Typographie vor Augen geführt: mit jeder neuen 'Strophe' wendet sich Ashbery in der Regel auch einem neuen Gedankenstrang zu. Und diese Gedankenstränge sind, wie Keller zu Recht herausstellt, auf ganz unterschiedlichen Ebenen angesiedelt. So folgt etwa auf die Schilderung einer dramatisch bewegten Naturszenerie in den ersten beiden Zeilen des wiedergegebenen zitierten Auszugs ein von matter Melancholie getragener, in einem klischeehaften Erzählstil abgefaßter und genau deshalb parodistisch anmutender Abschnitt, in dem ein zuvor noch nicht erwähnter "governor" ein resigniertes Selbstporträt skizziert. Oder das rätselhafte Bild "The day was gloves." wird abgelöst durch einen ironischen selbstreflexiven Kommentar über diese Aussage (Zeilen 19 - 20), und dieser - in ähnlicher Form übrigens auch in vielen anderen Gedichten Ashberys vorkommende - Sprung auf eine Art Meta-Ebene spiegelt vielleicht besonders deutlich wider, daß sich der Schriftsteller bemüht, so präzise wie möglich die im Verlauf des Dichtens aktuellen Bewußtseinsbewegungen, die eben auch Gedanken über den Schreibprozeß selbst einschließen, zu konkretisieren (125). Oder, um noch ein drittes Beispiel zu nennen, der Autor präsentiert uns im Anschluß an eine mit dem beunruhigenden Bild "The sands are frantic / In the hourglass." eingeleitete Überlegung zu dem Thema "there is time / To change" die einen völlig anderen Sinnzusammenhang evozierende, im Gegensatz zu der Dynamik der vorherigen Zeilen ganz statische visuelle Impression "The train is still sitting in the station. / You only dreamed it was in motion."

Die semantische Inkohärenz, von der "The Skaters" geprägt ist, wird noch dadurch verstärkt, daß der Dichter - und dies ist allgemein typisch für Ashbery und zugleich ein wichtiger Unterschied zu O'Hara, Schuyler und Koch - immer wieder mit grammatischer Diskontinuität verbundene Perspektivwechsel vornimmt. Beispielsweise bezieht sich in der zweiten 'Strophe' der vorliegenden Textpartie das Personalpronomen "I" auf den nicht genauer identifizierten "governor", in der fünften 'Strophe' hingegen auf einen vermutlich auf Ashbery selbst verweisenden Sprecher. Mit diesem Verzicht auf eine einheitliche Perspektive ist verknüpft, daß sich gelegentlich von einer Sinneinheit zur

---

(124) L. Keller, "'Thinkers Without Final Thoughts': John Ashbery's Evolving Debt to Wallace Stevens", *ELH* 49, 1982, 250.
(125) Das hat der Lyriker auch in einer zum Teil bereits weiter oben zitierten Aussage konstatiert: "my poems are frequently commenting on themselves as they're getting written and therefore the methodology occasionally coincides with the subject. They are a record of a thought process - the process and the thought reflect back and forth on each other." (Bloom / Losada, "Craft Interview", 121). Vgl. auch Ashberys Hinweis: "When it [= my poetry] is commenting on itself it's only doing so in such a way as to point out that living, creating is a process which tends to take itself very much into account" (ibid., 128).

nächsten - etwa beim Übergang von der siebten zur achten 'Strophe' - das Tempus ändert oder daß sich der Autor - was wir allerdings ja auch schon bei Koch kennengelernt haben - auf einmal eines anderen Stils bedient. Ein Beispiel für letzteres liefert neben dem bereits besprochenen Anfang auch der Schluß des obigen Auszugs: nach zwei neutral beschreibenden Versen (Zeilen 33 - 34) wird plötzlich unvermittelt ein Erzählfragment eingefügt (Zeilen 35 - 37), das wie eine weitere literarische Parodie klingt (126). Ashbery selbst gibt in einem Interview auf die Frage "What types of diction are you aware of incorporating into your poetry?" die Antwort: "As many kinds as I can think of." Und er erklärt dies mit seinem Wunsch, "to reflect the maximum of my experience when I'm writing" (127). Auch die Heterogenität der Diktion ist somit ein Indiz dafür, daß Ashbery - wie er an einer anderen Stelle desselben Gesprächs zum Ausdruck bringt - generell versucht, in seinen Gedichten erfahrbar zu machen, daß man zu jedem Zeitpunkt einer Fülle disparater Reize und Informationen ausgesetzt ist und infolgedessen von einem Augenblick zum anderen überaus unterschiedliche Gedanken und Wahrnehmungen erleben kann: "every moment is surrounded by a lot things in life that don't add up to anything that makes much sense and these are part of a situation that I feel I'm trying to deal with when I'm writing" (128).

In "The Skaters" konzentriert sich Ashbery also primär darauf, die Disparatheit der sich beim Schreiben abspielenden Anschauungs- und Denkmomente zu unterstreichen: er konfrontiert uns, um eine gute Formulierung von Alan Williamson aufzugreifen, mit "an immense *assemblage* of half-told stories" (129), und dabei veranschaulicht er die nicht-lineare Struktur der im Gedicht festgehaltenen mentalen Bewegungen - der Lyriker selbst spricht einmal von "Snapped-off perceptions as they come to me" (130) - nicht nur durch inhaltliche, sondern auch durch grammatische und stilistische Brüche sowie durch die typographische Gestaltung. In vielen anderen Texten dagegen steht es, wie gesagt, im Mittelpunkt seines Interesses zu zeigen, daß der der ins Gedicht übertragene Denkprozeß ein stetig vorwärts treibendes Kontinuum ist. Dies findet seinen Niederschlag vor allem darin, daß Ashbery oft, wie schon erwähnt, sehr komplexe Assoziationsketten aufbaut, wobei er gern außergewöhnlich lange und verschachtelte

---

(126) Der Dichter und Literaturkritiker David Shapiro ist der Ansicht, daß die fraglichen Zeilen als "Parody of Kafka" oder auch als "A Chekhovian fragment" verstanden werden könnten, fügt aber sinnvollerweise gleich einschränkend hinzu: "one does not know with any precision the source of the fragment, or what tradition it refers to, if any. As in 'Europe,' the *collagiste* fragment is offered for its own sake, a part of the discontinuity and cold externality of the poem." (D. Shapiro, *John Ashbery: An Introduction to the Poetry*, New York 1979, 126).
(127) Bloom / Losada, "Craft Interview", 128.
(128) Ibid., 119.
(129) A. Williamson, *Introspection and Contemporary Poetry*, Cambridge, Mass. / London 1984, 125.
(130) J. Ashbery, "The One Thing That Can Save America", *SP*, 44.

Sätze bildet, die in der Sekundärliteratur zu Recht mit Adjektiven wie "serpentine" (131) oder "labyrinthine" (132) charakterisiert worden sind. Als Beispiel stelle ich einen Auszug aus einem anderen Langgedicht, dem Titelgedicht der Sammlung *A Wave* vor:

> So all the slightly more than young
> Get moved up whether they like it or not, and only
> The very old or the very young have any say in the matter,
> Whether they are a train or a boat or just a road leading
> 5   Across a plain, from nowhere to nowhere. Later on
> A record of the many voices of the middle-young will be issued
> And found to be surprisingly original. That can't concern us,
> However, because now there isn't space enough,
> Not enough dimension to guarantee any kind of encounter
> 10   The stage-set it requires at the very least in order to burrow
> Profitably through history and come out having something to say,
> Even just one word with a slightly different intonation
> To cause it to stand out from the backing of neatly invented
> Chronicles of things men have said and done, like an English horn,
> 15   And then to sigh, to faint back
> Into all our imaginings, dark
> And viewless as they are,
> Windows painted over with black paint but
> We can sufficiently imagine, so much is admitted, what
> 20   Might be going on out there and even play some part
> In the ordering of it all into lengths of final night,
> Of dim play, of love that at lasts [sic!] oozes through the seams
> In the cement, suppurates, subsumes
> All the other business of living and dying, the orderly
> 25   Ceremonials and handling of estates,
> Checking what does not appear normal and drawing together
> All the rest into the report that will finally be made
> On a day when it does not appear that there is anything to receive it
> Properly and we wonder whether we too are gone,
> 30   Buried in our love,
> The love that defined us only for a little while,
> And when it strolls back a few paces, to get another view,
> Fears that it may have encountered eternity in the meantime. (133)

Besonders auffällig an der vorliegenden Textpartie - sie befindet sich in der zweiten Hälfte des 22 Seiten umfassenden Gedichts, und zwar am Anfang einer der 30 sehr verschieden langen 'Strophen' - ist natürlich der in der siebten Zeile beginnende, sich über mehr als 26 Verse erstreckende Satz, der eine Serie von Überlegungen und Assoziationen enthält, welche durch die Prophezeiung "Later on / A record of the many voices of the middle-young will be issued / And found to be surprisingly original." ausgelöst werden. Es lohnt sich, bei diesem Satz einmal genauer nachzuvollziehen, wie

---

(131) S. z.B.: T.A. Fink, *These Decibels: The Poetry of John Ashbery*, Ph.D. diss. Columbia University, New York 1981, 74, 132; L. Wolf, "The Brushstroke's Integrity: The Poetry of John Ashbery and the Art of Painting", in: *Beyond Amazement: New Essays on John Ashbery*, ed. D. Lehman, Ithaca / London 1984, 244.
(132) S. z.B.: C. Middleton, "Language Woof-Side Up", *The New York Times Book Review*, 17.6.1984, 8; Wolf, "Integrity", 251.
(133) *W*, 80f.

sich der hier aufgezeichnete Denkprozeß Schritt für Schritt weiterentwickelt. Denn auf diese Weise ist am besten zu erkennen, wie bemerkenswert exakt und differenziert Ashbery seine immer wechselnden, permanent im Fluß begriffenen mentalen Bewegungen in poetische Äquivalente umsetzt.

Die Assoziationskette fängt damit an, daß der Sprecher die eben zitierte Zukunftsperspektive, daß irgendwann später ein als originell empfundenes "Verzeichnis der vielen Stimmen der Mittel-Jungen" herausgegeben wird (Zeilen 5 - 7), für irrelevant erklärt, wofür er auch eine - freilich sehr verwickelte und allenfalls annäherungsweise paraphrasierbare - Begründung (Zeilen 7 - 18) liefert. Vor allem hebt er hervor, daß in der Gegenwart nicht genügend "Raum" vorhanden sei, der "jedweder Art von Begegnung" das "Bühnenbild" sichern würde, welches erforderlich sei, damit eventuell wenigstens für kurze Zeit überhaupt etwas Neues gesagt werden könne. Zugleich kommen in den entsprechenden Versen - die man, zum Beispiel, einerseits als Anspielung auf Kommunikationsprobleme im allgemeinen, andererseits aber auch als Dichtungsreflexion interpretieren kann - noch zahlreiche andere Details zur Sprache, da auch dargestellt wird, wie im Bewuptsein des Sprechers vieles sofort präzisiert oder ergänzt wird ("there isn't space enough, / Not enough dimension", "something to say, / Even just one word", "to stand out [...], like an English horn", "to sigh, to faint back", "all our imaginings, dark / And viewless as they are, / Windows painted over with black paint").

Der am Ende dieses ersten Teils der Assoziationskette formulierte Gedanke an "Phantastereien" wird noch weitergesponnen: der Sprecher sinnt, vereinfacht ausgedrückt, darüber nach, daß das Ich, auch wenn es von der Außenwelt abgeschlossen ist, sich dennoch imaginativ vorstellen kann, "was dort draußen vor sich gehen und sogar eine Rolle spielen mag", eine Rolle bei - wie es in einem auf Grund des vagen "it all" etwas unbestimmten Zusatz heißt - "the ordering of it all into lengths of final night, / Of dim play, of love". Der in dieser Genitiv-Reihung auftauchende Begriff "love" ist dann der Auslöser für die nächsten, einmal mehr sehr schwer umschreibbaren Gedankengänge. Unter anderem gibt der Sprecher zu verstehen, daß die Liebe eine gewisse Ordnung in "all das andere Geschäft des Lebens und des Sterbens" bringt, wobei er allerdings durch die Verwendung der Verben "suppurate" und "subsume" andeutet, daß dies zwiespältige Gefühle in ihm hervorruft. Er weist auch - in einer leicht surreal anmutenden Texteinheit - auf einen von der Liebe verfaßten "Bericht" hin, der aber - wie schon in dem die tastende Bewegung des Denkens fühlbar machenden Enjambement "[...] to receive it / Properly" anklingt - keine angemessene Resonanz findet (Zeilen 27 - 29). Dieser Hinweis wird seinerseits zum Ausgangspunkt für verschiedene Todes-Bilder (Zeilen 29 - 30), die jedoch - mit Hilfe einer für Ashbery so typischen Erweiterung ("our love, / The love that

[...]") - wieder zu metaphorischen Assoziationen zum Stichwort "Liebe" überleiten, in denen gleichzeitig auch das Motiv der Vergänglichkeit noch einmal berührt wird.

Die Beschreibung der einzelnen Etappen der oben zitierten Sequenz von Gedankenverbindungen zeigt, daß Ashbery dem Leser in der Tat eine sehr nuancierte Vorstellung von dem ununterbrochenen Fließen seiner inneren Erfahrungen vermittelt, ihm einprägsam - wie er selbst es einmal nennt - die "kinetic quality of existence and experience" (134) vergegenwärtigt. Durch eine komplizierte hypotaktische Syntax gelingt es ihm, allen Verästelungen des Bewußtseinsstromes gerecht zu werden und zu demonstrieren, auf welchen Wegen ein Erlebnis-Augenblick den nächsten nach sich zieht. Man kann also genau mitverfolgen, wie bestimmte Elemente bereits schriftlich fixierter Wahrnehmungs- oder Denkmomente - im vorliegenden Fall etwa "imaginings" oder "love" - den Autor zu direkt aus dem Vorhergesagten abgeleiteten, aber unter Umständen in eine ganz andere Richtung führenden Assoziationen inspirieren. David Lehman setzt einmal im Rahmen einiger übergreifender Bemerkungen zu Ashberys Lyrik einen einleuchtenden Vergleich ein: "they [= the poems] resemble nothing so much as a 'visible soundtrack' of a mind in perpetual motion." (135) Dieses Bild ist gerade auch für die Charakterisierung der detaillierten, kontinuierlich vorwärts treibenden Assoziations-ketten, von denen wir soeben ein Beispiel kennengelernt haben, gut geeignet.

5.1.5. Barbara Guest

In einem Essay über die Entstehungsgeschichte der von ihr verfaßten H.D.-Biographie schreibt Barbara Guest über ihre Intention unter anderem folgendes: "What I attempted to convey were the mental processes of H.D." (136) "Mentale Prozesse vermitteln": dies ist auch ein zentrales Anliegen der Schriftstellerin, was ihre Lyrik angeht. Genauso wie John Ashbery ist sie nicht in erster Linie an einer tagebuchähnlichen Wiedergabe oder Rekonstruktion spezifischer Begebenheiten aus ihrem persönlichen Alltagsleben interessiert (137). Guest erwähnt zwar häufiger als Ashbery die eine oder andere autobiographische Einzelheit, doch auch sie hat primär die Absicht, den *Verlauf* der sich während des Dichtens entfaltenden Denk- und Wahrnehmungsprozesse, die

---

(134) Stitt, "Ashbery", 410.
(135) D. Lehman, "'Visible Soundtracks'", *Newsweek*, 16.7.1984, 78.
(136) B. Guest, "The Intimacy of Biography", *The Iowa Review* 16, Fall 1986, 70.
(137) Dies hat die Dichterin in einem Gespräch mit der Verfasserin am 18. September 1989 konstatiert.

Entwicklung der unter Umständen recht ungreifbaren Bewußtseinsbewegungen als solche festzuhalten. Dabei bedient sie sich einer Methode, welche an die Strategie erinnert,
die in ihrer H.D.-Biographie zum Tragen kommt; die Autorin erläutert: "I decided not to
take the usual tack of biography. I would follow the wind where it went or where it lay.
[...] I was not going to present a formal narrative line. [...] life is not linear. It shoots
about, takes unexpected turns, goes the other way with its own firmness." (138) Diese
Äußerungen sind insofern auf Guests lyrisches Schaffen übertragbar, als auch ihre
Gedichte meistens - der Natur der ihnen zugrundeliegenden mentalen Bewegungen entsprechend - durch eine nicht-lineare Grundstruktur gekennzeichnet sind. Und diese nicht-
lineare Grundstruktur wird vielfach schon dadurch betont, daß Guests Texte, insgesamt
betrachtet, eine noch ausgeprägter Collage-artige und fragmentierte Gestalt haben, als
dies bei den anderen New York Poets der Fall ist. Das illustriert zum Beispiel das Gedicht "Timor Mortis, Florida":

```
       White foam tide
              waves descending
       line of blue and white
              blue submarine
5      where the dark sweel of thrust
              retched water

       Gulf whose eye is bluest screen

       Aii the width of it settling
       and frozen fish warming

10     Aii the width of it settling

       A near palm leans, frond chilled
       arched breeze and frontal cold

       North Ice

              sweep across a bright lateral

15     all plumes peaked, riders wary

       risked sails    the ride

                     hot and cold

       a headland wilderness

                     odd winter, a dismay

20        to treat as cemetery. Wind.

       In gardens, in snow, in flurry and flake
       the bird wren, bare tree, to follow.
```

---

(138) Ibid., 69.

Desire at the stake of palmetto
Desire the empty marina   tideless

25   Sands

         Oars in the fronds

through bullrushes

Sunset the backland washes   gates

While silt as light as dawn

30   over the threshing sea   (139)

Schon auf den ersten Blick wird deutlich, daß Guest den Leser mit einer Ansammlung von unverbundenen Textfragmenten konfrontiert, die noch stärker vereinzelt werden und noch kürzer sind als etwa die verschiedenen Einzelbestandteile von Frank O'Haras "F.M.I. 6/25/61". Etliche Verse oder Sinneinheiten umfassen nicht mehr als ein oder zwei Wörter, und an keiner Stelle des gesamten Gedichts fügen sich mehrere Aussage-Bruchstücke zu einem vollständigen Satz zusammen. Im Gegenteil, der Text ist durchweg elliptisch. Dabei nimmt die Autorin durch zahlreiche Einrückungen und dadurch, daß sie gern von einer Zeile zur nächsten, ja mitunter sogar innerhalb nur einer Zeile (Zeilen 16, 24 und 28) größere Zwischenräume läßt, eine um so klarere Trennung der verschiedenen Texteinheiten vor. Und bezeichnenderweise scheint Guest bei der Anwendung dieser typographischen Techniken keinem festen Schema zu folgen, sondern auf spontane Moment-Entscheidungen zu reagieren. Ebenso unsystematisch sind die spärliche Interpunktion und die Groß-und Kleinschreibung: vor allem in der zweiten Hälfte des Gedichts werden gelegentlich Kommata oder Punkte gesetzt, und den ganzen Text hindurch wird der Beginn einer neuen Denk- und Sprachbewegung manchmal durch Großbuchstaben bereits optisch angekündigt, aber es ist nicht zu erkennen, daß es hierfür irgendwelche konsequent eingehaltenen Prinzipien gäbe.

Man könnte sagen, daß "Timor Mortis, Florida" schon rein äußerlich signalisiert, daß Guest uns - um eine von ihr selbst geprägte Formulierung aufzugreifen - "an artful sequence of 'surprises'" (140) präsentiert. Der Inhalt bestätigt denn auch, daß die Dichterin den Leser mit immer wieder neuen Details überrascht. Der Themen-*Bereich*, der in dem vorliegenden Gedicht im Vordergrund steht, ist zwar - im Unterschied zum Beispiel zu dem in mancher Hinsicht ähnlich fragmenthaft zergliederten Ashbery-Text "The Skaters" - recht homogen: Guest skizziert hauptsächlich visuelle Impressionen, die sich auf eine nicht genauer identifizierte winterliche Küstenszenerie beziehen, sowie mit diesen Wahrnehmungen verknüpfte Assoziationen. Doch die Anordnung der den

---

(139) *P*, 86f.
(140) B. Guest, "Tlooth", *The Review of Contemporary Fiction* 7, Fall 1987, 117.

einzelnen Anschauungsmomenten korrespondierenden Textbruchstücke ist sprunghaft und nicht im Sinne einer kausal-logischen Folgerichtigkeit oder einer zielgerichteten Progression gestaltet. Das Gedicht erweckt vielmehr den Eindruck, daß die Autorin die Aneinanderreihung der diversen Einzelbeobachtungen und -gedanken auf die einer eben ganz unvorhersehbaren Entwicklung unterworfenen Bewußtseinsbewegungen abgestimmt hat. So wechselt sie etwa rasch von der vermutlich auf eine kurz vorher erwähnte Merresbucht anspielenden Bemerkung "Aii the width of it settling" zunächst zu einigen Stichworten über das Aussehen einer Palme (Zeilen 11 - 12) über, sodann zu einem lakonischen Hinweis auf "North Ice" und danach zu verschiedenen bei einem "sweep across a bright lateral" zur Kenntnis genommenen Dingen (Zeilen 14 - 18). Die eben zitierte Äußerung "Aii the width of it settling" kommt übrigens zweimal vor, und das Gedicht enthält noch andere, wenn auch bei weitem nicht so auffällige Wiederholungen bestimmter Textelemente. Beispielsweise begegnet man am Anfang dreimal dem Farbadjektiv "blue" (Zeilen 3, 4 und 7), und gegen Ende werden zwei aufeinanderfolgende Zeilen jeweils mit dem Begriff "desire" eingeleitet. Aber diese Wort-Wiederholungen haben nicht die Funktion, in der Art von Leitmotiven symbolische Bezüge zwischen verschiedenen Gedichtpartien herzustellen, sondern sie wirken ähnlich erratisch wie der Einsatz der oben besprochenen typographischen Techniken. Es ist, als ob sich die Gedanken des Sprechers punktuell mehr oder minder zufällig etwas länger bei einem bestimmten Thema aufhielten.

Dennoch: bei aller Fragmenthaftigkeit ist "Timor Mortis, Florida", wie gesagt, auf inhaltlicher Ebene letztlich weniger heterogen als etwa manche Texte von John Ashbery oder diverse 'Aufzählungs-Gedichte' von Kenneth Koch. Darüber hinaus erweist es sich auch im Hinblick auf Diktion und Tonlage - und dies ist generell charakteristisch für die Lyrik Barbara Guests und zugleich eine Gemeinsamkeit mit den meisten Texten von Frank O'Hara und James Schuyler - als verhältnismäßig einheitlich: die Autorin verwendet einen durch einige lautliche Variationen (zum Beispiel: "*all pl*umes *p*eaked, *ri*d*e*rs wa*r*y / *r*is*ked s*ail*s   the ri*de") und sprachliche Bilder (etwa: "Gulf whose eye is bluest screen" oder: "silt as light as dawn") verhalten poetischen, aber nie manierierten Stil. Nichtsdestoweniger bildet das vorliegende Gedicht auf Grund seiner oben beschriebenen Collage-ähnlichen Struktur kein geschlossenes Ganzes. Dies wird auch, wie ich abschließend anmerken möchte, dadurch bestätigt, daß "Timor Mortis, Florida", genauso wie wir es schon bei mehreren Gedichten anderer New York Poets gesehen haben, gleichsam *in medias res* beginnt und ganz abrupt wieder abbricht.

Eine wichtige Sondergruppe innerhalb des poetischen Oeuvres von Barbara Guest stellen jene Texte dar, in denen die Lyrikerin explizit den Prozeß des Dichtens selbst zu einem zentralen Thema macht. Elemente von Selbstreflexivität finden sich - in mehr oder weniger großem Umfang - bei allen New York Poets (141), aber gerade bei Guest stehen sie oft im Mittelpunkt eines gegebenen Gedichts. Das gilt zum Beispiel für den Text "Olivetti Ode":

How difficult it is   to recall you
are not Polychrome Limestone
Building received from the administrators
this day of coil and honeycomb

5   I must trace your steps
here on the keyboard
I must assign you to space

Proof of your history
will be this route
10   I am hitting
this siren note
I strike

on a ribbon your archaeology

The first cry of awe
15   that tear mixed with cement and glass
Your brow
lifted above the numerals

As now I quote

"Auguries of steep romance
20   highland of bracken and rock"

The rituals have been observed

vanish   Vanish   *Building*

Except here on my calendar

a last iridescent bite (142)

Bereits der Titel kann als ironischer Hinweis darauf verstanden werden, daß sich das vorliegende Gedicht vor allem um die schriftstellerische Tätigkeit als solche dreht. Der eigentliche Text beginnt dann damit, daß der Sprecher in der ersten 'Strophe' auf die Schwierigkeiten abhebt, die es ihm bereitet, sich die Einzelheiten des Gegenstands in Erinnerung zu rufen, den er offenbar in dem in Entstehung begriffenen Gedicht behandeln möchte. Bezeichnenderweise teilt er uns nicht mit, was genau der Inhalt beziehungsweise Bezugspunkt seiner Gedankengänge ist. Die Aussage "you / are not Polychrome Limestone / *Building*" legt zwar die Vermutung nahe, daß sich die mentalen Bewegungen des Sprechers auf irgendein Bauwerk richten, aber eindeutig beweisbar ist dies

(141) Ich erinnere hier nochmals daran, daß insbesondere auch John Ashbery gern Selbst-Kommentare in seine Texte integriert.
(142) *MM*, 66f.

nicht, zumal wir nicht erfahren, welchen Referenten das Personalpronomen "you" hat. Überhaupt bleiben gerade im ersten Abschnitt von "Olivetti Ode" etliche Details unklar: warum zum Beispiel wird das Wort "*building*" kursiv gesetzt? Oder welche Bedeutungsmöglichkeiten birgt das Sprach-Bild "this day of coil and honeycomb"? Läßt es sich vielleicht unter anderem als eine weitere Anspielung auf Architektur, nämlich auf bestimmte Ornamente, interpretieren? Doch wie auch immer jeder einzelne Leser diese und andere Fragen für sich beantworten mag, in jedem Fall gewinnt er eine lebhafte Vorstellung von dem Gestus des Suchens, der den Anfang des Schreibprozesses beherrscht.

In den nächsten drei Textabschnitten werden zunächst (Zeilen 5 - 7) der Wunsch und im Anschluß daran (Zeilen 8 - 13) der praktische Versuch des Sprechers, dem Gegenstand seiner Bewußtseinsbewegungen durch die konkrete Arbeit an der Schreibmaschine - "on the keyboard" - allmählich Gestalt zu verleihen und seine "Geschichte" und "Archäologie" zu skizzieren, verbalisiert. Danach folgen zwei elliptische Verspaare: das erste (Zeilen 14 -15) enthält im wesentlichen ein surreales Bild der Ergriffenheit, wobei man freilich nicht präzisieren kann, was die Ursache oder das Objekt dieser Ergriffenheit ist; in dem zweiten (Zeilen 16 - 17) wird eine kontextlose und daher ebenfalls recht rätselhafte visuelle Wahrnehmung - eventuell handelt es sich hierbei um eine Assoziation des Sprechers beim Betrachten seiner Schreibmaschine - formuliert.

In der sich anschließenden Textpartie wird einmal mehr ausdrücklich die dichterische Verfahrensweise selbst thematisiert. Zuerst kündigt der Sprecher an: "[...] now I quote", sodann fügt er ein tatsächlich wie ein Zitat aus einer klischeehaften Naturbeschreibung anmutendes, überdies mit Anführungszeichen versehenes und weit nach rechts eingerücktes Textfragment ein (Zeilen 19 - 20), und danach gibt er den ironischen Kommentar ab: "The rituals have been observed". Diese Bemerkung klingt schon ein bißchen wie ein Schlußsatz, doch das Gedicht besteht noch aus drei Zeilen mehr, in denen Guest den Leser mit weiteren bruchstückhaften Texteinheiten konfrontiert, die sich kaum paraphrasieren lassen. Wir können allenfalls festhalten, daß verschiedene Elemente - das durch die Wiederholung um so augenfälligere Verb "vanish" und das Adjektiv "last" - den Eindruck evozieren, daß in diesen Versen eine Bewegung des Zu-Ende-Gehens vergegenwärtigt wird.

Soweit ein Versuch, die in "Olivetti Ode" fixierten Gedankengänge zu umreißen. Es hat sich gezeigt, daß man oft gar nicht exakt die Bedeutung der in diesem Gedicht in Worte gefaßten Erlebnis-Augenblicke bestimmen kann. Und doch ist gut nachvollziehbar, wie der Denk- und Schreibprozeß unterschiedliche Etappen durchläuft. Dem Leser wird gewissermaßen das Alternieren verschiedener Bewußtseinszustände als solches fühlbar gemacht. Und weil der Text außerdem gleich mehrere explizit selbstreflexive Äußerungen enthält, ruft er erst recht den Eindruck hervor, daß Barbara Guest - eben ähnlich wie John Ashbery - weniger den Inhalt der inneren Erfahrung als vielmehr den Verlauf und Rhythmus des Wahrnehmens und Denkens, das, was Ashbery bekanntlich "the experience of experience" nennt, veranschaulichen möchte.

5.2. Das Kunstwerk als asymbolisches, bedeutungsoffenes Wahrnehmungsangebot

Als die Malerin Jane Freilicher einmal erläutert, daß sie zu der künstlerischen Sensibilität ihrer Dichter-Freunde Affinitäten verspüre (143), stellt sie fest, sie habe mit den Lyrikern vor allem folgendes gemeinsam: "a natural syntax - a lack of pomposity or heavy symbolism" (144). Eine bemerkenswert ähnliche Formulierung wählt Kenneth Koch, als er in einem Interview zu definieren versucht, in welchen Punkten die New York Poets übereinstimmen, und zu dem Schluß gelangt, die Repräsentanten dieser Dichter-Gruppe seien alle "anti-traditional, opposed to certain heavy uses of irony and symbolism." (145) Das sowohl von Freilicher als auch von Koch angesprochene Ziel, asymbolische Kunstwerke hervorzubringen, sich von dem zu befreien, was John Ashbery einmal recht drastisch "l'éternel poids mort de symbolisme" (146) genannt hat, ist neben der Konzentration auf den Schaffensprozeß als solchen eine zweite wichtige Parallele im Hinblick auf die ästhetischen Grundprinzipien der New York Poets und der Maler der "Zweiten Generation" der New York School (147).

Insbesondere die Dichter betonen oft, daß ihre Texte keine symbolische Bedeutung hätten, keine verborgenen Mitteilungen enthielten. So verwahrt sich Kenneth Koch in einem Gespräch mit Allen Ginsberg gegen die Suche nach tieferen Bedeutungsschichten: "I think you have a tendency to look for a meaning beneath the surface of my work, whereas the meaning is really that surface." (148) Er erklärt, selbst für seine durchaus "narrativen Gedichte" gelte: "I wanted to avoid all symbolism [...] I didn't want them to be like 'The Secret Sharer' or 'The Heart of Darkness,' or Joyce's

---

(143) S. den unter Anm. 2 zitierten Kommentar.
(144) Zit. in: Henry, "Freilicher and the Real Thing", 83.
(145) Zavatsky, "Koch", 27.
(146) J. Ashbery, "Réverdy en Amérique", *Mercure de France* 344, Janvier - Avril 1962, 111.
(147) Die Kunst der meisten Vertreter der "Ersten Generation" dagegen hat einen viel stärker symbolischen Charakter; vgl. Mackie, *Art / Talk*, bes. Kap. 2: "From Myth Into Symbol", 45-60, Kap. 3: "Creating the Symbol", 61-74, u. Kap. 5: "The Abstract Mystic Symbol", 105-121.
(148) A. Ginsberg, "A Poet Writes for the Stage", *The New York Times*, 8.1.1978, 6.

stories." (149) Und es ist wohl nicht zuletzt ein Spiegel seiner eigenen Dichtungskonzeption, wenn er in einer Einführung in moderne Lyrik den folgenden Lektüre-Hinweis gibt: "you may be looking for a hidden meaning that isn't there. The suggestiveness of poetry often makes people think there is one specific meaning. There isn't one. [...] Poems don't usually have hidden meanings." (150) Ähnlich konstatiert John Ashbery: "the poetry is what's there and there are no hidden meanings or references to other things beyond what most of us know." (151), eine Aussage, zu der noch eine durch einen interessanten Zusatz erweiterte Variante vorliegt: "I try to write for any reader of poetry, and there aren't any sort of hidden meanings or arcane references - or very few - and those typify 'hidden meanings' or 'arcane references.'" (152) James Schuyler beginnt ein Gedicht, dessen Sprecher mit dem Autor identisch zu sein scheint und in dem mehrere Anspielungen auf die eigene schriftstellerische Tätigkeit vorkommen, mit der programmatischen Äußerung: "All things are real / no one is a symbol" (153). Auch Frank O'Hara hebt im Rahmen eines seiner Gedichte selbstreflexiv hervor: "There is / no message." (154) Und es ist bezeichnend, daß er große Sympathie für den sich seiner Meinung nach in den Bildern von Jasper Johns manifestierenden "profound boredom [...] with the symbols of an oversymbolic society" (155) empfindet und daß er Boris Pasternak unter anderem wegen seiner "pure, nonsymbolic manner" (156) so schätzt.

Unter den Malern nimmt zum Beispiel Helen Frankenthaler eine Distanzierung vom Symbolismus vor, als sie die Entwicklung eines ihrer zentralen Anliegen - "the real concern with line, fluid line" - beschreibt und dabei unterstreicht: "This had nothing to do with doodling or the unconscious, for me, or symbolism" (157). Als Absage an eine in irgendeiner Form symbolhafte Kunst müssen auch die folgenden Bemerkungen von Larry Rivers verstanden werden: "I feel free to use the appearance of a thing [...] without assigning any specific meaning to it as an object. [...] the only qualities you can take from an object for use in a painting - at least as far as I'm concerned - are its shape and color." (158) Ebenso zu interpretieren ist Joan Mitchells Charakterisierung der von ihr angestrebten Kunst als "painting that keeps you here, not painting that takes you elsewhere." (159) Besonders signifikant ist freilich das Faktum, daß die Maler in ihren Selbst-Kommentaren eher ihr Interesse an der Gestaltung einer möglichst spannenden

---

(149) Shapiro, "Conversation with Koch", 57.
(150) Koch / Farrell, *Sleeping on the Wing*, 9.
(151) Poulin, "Experience", 244.
(152) Osti, "Craft of Ashbery", 87.
(153) J. Schuyler, "Letter to a Friend: Who Is Nancy Daum?", *CL*, 80.
(154) F. O'Hara, "An Image of Leda", *CP*, 36.
(155) Ders., "Art Chronicle I" (1962), *SSW*, 132.
(156) Ders., "About Zhivago and His Poems" (1959), *CP*, 507.
(157) Zit. in: G. Baro, "The Achievement of Helen Frankenthaler", *Art International* 6, September 1967, 34.
(158) Zit. in: F. O'Hara, "Larry Rivers, 'Why I Paint As I Do'" (1959), *AC*, 118.
(159) Zit. in: H. Gaugh, "Dark Victories", *AN* 87, Summer 1988, 159.

und lebhaften Oberfläche - sie verwenden hier den schwer übersetzbaren Begriff der *surface* - thematisieren, als daß sie die Frage anschneiden, ob es quasi hinter dieser *surface* einen tieferen Sinn gebe. Dies kann zumindest als ein indirektes Indiz dafür betrachtet werden, daß der Aspekt des möglicherweise hinter der Oberfläche verborgenen 'tieferen Sinns' für ihr Schaffen auch relativ irrelevant ist. Was nun das Stichwort "surface" betrifft, so betont etwa Jane Freilicher, ihre gesamte künstlerische Arbeit sei geprägt von "a sense of working over the *whole* surface, orchestrating the painting so you [get] a kind of energy going, [...] a sense of the surface of the painting as something alive and vibrant." (160) Gleichfalls von der intensiven Auseinandersetzung mit der Oberflächen-Textur des Bildes zeugt die folgende Aussage Michael Goldberg:

> The original canvas surface, white, flat and passive, is effectively set into motion by one color, one line, and immediately there exists a multiplicity of surfaces, both optically and physically real. One of the problems seems to be to reduce this quantity of surfaces into as few as possible - or maybe it's the other way around, to produce as many surfaces as possible. (161)

Den Begriff der *surface* gebrauchen gelegentlich auch die Dichter, wenn sie darauf aufmerksam machen, daß in ihren Texten Oberfläche und Bedeutung gewissermaßen deckungsgleich sind. Ein erstes Beispiel hierfür haben wir schon mit Kenneth Kochs Hinweis "the meaning is really that surface" kennengelernt. An anderer Stelle erwähnt Koch, die Konzentration auf die Oberflächenstruktur gehöre mit zu den für alle New York Poets typischen Tendenzen: "I think we may have been more conscious than many poets of the surface of the poem [...] and how we were using words." (162) Frank O'Hara spricht in seinen Erläuterungen zu seinem Gedicht "Second Avenue" an, daß *surface* und Sinn dort identisch seien: "the verbal elements [...] are intended consciously to keep the surface of the poem high and dry, not wet, reflective and self-conscious. Perhaps the obscurity comes in here, in the relationship between the surface and the meaning, but I like it that way since *the one is the other*" (163)

Die New Yorker Maler und Lyriker vollziehen also eine Abkehr von einer Kunst, die den Rezipienten mit symbolhaft verschlüsselten Botschaften konfrontiert. Sie wenden sich vielmehr - auch im Einklang mit dem Konzept des Kunstwerks als einer Aufzeichnung von im Schaffensprozeß aktuellen Denk- und Anschauungsmomenten - einer Präsentation dessen zu, was sie gern mit der Formel "things as they are" (164)

(160) Zit. in: Henry, "Freilicher and the Real Thing", 82.
(161) Goldberg, "Canvas Plane", 17.
(162) Zavatsky, "Koch", 27.
(163) F. O'Hara, "[Notes on *Second Avenue*]", *CP*, 497, meine Hervorhebung.
(164) Was die Lyrik angeht, so wird hier eine amerikanische Tradition fortgesetzt, die vor allem mit William Carlos Williams und seiner berühmten Maxime: "no ideas but in things" verbunden ist. In welchem Sinne gerade Williams ein richtungsweisender Vorläufer verschiedener Entwicklungen in der amerikanischen Kunst nach 1950 war, wird erörtert in: H. Mesch, "Von Re-Präsentation zu Präsentation: asymbolische

beschreiben: die bildenden Künstler wie die Dichter stellen häufig ihre Absicht heraus, in ihren Werken vorbehaltlos auf unmittelbar Vorfindliches einzugehen. So gibt etwa Fairfield Porter zu verstehen, seine Theorie und Praxis basierten auf *"respect* for things as they are" (165), und er unterstreicht: "The truest order is what you already find there, or that will be given if you don't try for it. When you arrange, you fail." (166) Oder er nennt ein konkretes Beispiel: "Often in still lifes - almost always in still lifes - I don't arrange them. [...] usually it's just that the way the dishes are on the table at the end of the meal strikes me suddenly. And so I paint it." (167) Elaine de Kooning rühmt die "acceptance of things-as-they-are" eines Franz Kline (168). Jane Freilicher konstatiert, sie neige dazu zu malen, "what's at hand." (169) Auch ihre Bemerkung, der Ausgangs-punkt ihrer Gemälde sei "reality as it is apprehended rather than analyzed" (170), deutet an, daß sie eine Schilderung der "Dinge so, wie sie sind", anstrebt. Nell Blaine schließlich erklärt: "I really want to get some essence of *what's there.*" (171), und so ist es nur angemessen, daß James Schuyler eines ihrer Bilder unter anderem mit den - nicht zuletzt im Hinblick auf seine eigene Kunstauffassung interessanten - Worten kommentiert: "It is something made out of what happened to be there, *which is always enough.*" (172)

Schuyler zeigt sich auch in seinem dem Maler Darragh Park gewidmeten Gedicht "The Morning of the Poem" beeindruckt von "the artist's (your) determination / to be strong / To see things as they are" (173). Und in einem anderen Gedicht hält er fest: "'Your poems,' / a clunkhead said, 'have grown / more open.' I don't want to be open, / merely to say, to see and say, things / as they are." (174) Ganz ähnlich hat auch Barbara Guest darauf hingewiesen, daß sie stets intendiere, "to work with what's there." (175) Wie empfänglich Kenneth Koch für die unterschiedlichsten äußeren Reize ist, verrät eine Äußerung des Lyrikers über ein Gemeinschaftsprojekt mit Larry Rivers: "It seemed to go

Tendenzen in der amerikanischen Dichtung, Kunst und Musik nach 1950", *AAA* 10, 1985, 207-232, bes. 217-219; von den New York Poets ist in diesem Aufsatz freilich nur ganz am Rande, von den Malern der "Zweiten Generation" überhaupt nicht die Rede. Eine konzise Einführung in Williams' Oeuvre, bei der gerade auch die anti-symbolistischen Züge seiner Poetik untersucht werden, bietet: M. Perloff, *The Poetics of Indeterminacy: Rimbaud to Cage*, Princeton 1981, Kap. 4: "'Lines Converging and Crossing': The 'French' Decade of William Carlos Williams", 109-154.
(165) Zit. in: J. Ashbery, "Fairfield Porter" (1982), *RS*, 315.
(166) Zit. in: ibid., 13.
(167) Cummings, "Conversation with Porter", 57.
(168) E. de Kooning, "Franz Kline: Painter of his own life", *AN* 61, November 1962, 30.
(169) Doty, "Interview with the Artist", 51.
(170) Zit. in: Henry, "Freilicher and the Real Thing", 82.
(171) Zit. in: J. Schuyler, "The View from 210 Riverside Drive", *AN* 67, May 1968, 73, meine Hervorhebung.
(172) Ibid., meine Hervorhebung.
(173) *MP*, 59. Dabei besteht übrigens *eine* Interpretationsmöglichkeit des etwas doppeldeutigen "your" darin, dieses Personalpronomen auf Schuyler selbst zu beziehen.
(174) J. Schuyler, "Dec. 28, 1974,", *MP*, 13.
(175) In einem Gespräch mit der Verfasserin am 18. September 1989.

well with the way I was writing. It's as though I didn't need a subject in advance.
Whatever stimulus there was outside, it would inspire words - like air from an open
window." (176) Und in einem anderen Zusammenhang erläutert Koch, sein Langgedicht
Ko, or A Season on Earth (New York 1959) sei im wesentlichen eine Reaktion auf
Eindrücke und Erlebnisse während eines Aufenthalts in der Toskana gewesen und von
dem Gefühl getragen: "What's given is so pleasant." (177) Daß das Sich-Einlassen auf die
Dinge so, wie sie sich ihm darbieten, auch für Frank O'Hara sehr wichtig war,
dokumentiert zum einen seine schon in einem anderen Kontext zitierte Aussage "I don't
think my experiences are clarified or made beautiful for myself or anyone else, they are
just there *in whatever form I can find them*." (178) Zum anderen könnte man hier einen
Kommentar zu John Ashberys Band *Some Trees* anführen, in dem O'Hara Sympathie und
Zustimmung für die folgende Grundhaltung bekundet: "He attempts to look deeply into
the actual matter of natural events, rather, it seems, than risk an interpretation which
might only be a comfortable means of looking away." (179)

Die Veranschaulichung von "things as they are": für die New York Poets und die
Mitglieder der "Zweiten Generation" der New York School - und dies ist übrigens ein
Unterschied zu den meisten Repräsentanten der "Ersten Generation" (180) - impliziert
dieses Konzept, daß sie dazu bereit sind, auch solche Empfindungen, Beobachtungen
oder Überlegungen in das Kunstwerk zu integrieren, die sich auf ganz alltägliche, wenn
nicht gar banale Phänomene beziehen. "I have found my 'subject'", bekennt zum Beispiel
Grace Hartigan 1956, "it concerns that which is vulgar and vital in American modern
life" (181). Und 1975 blickt sie zurück:

> Then about 1954 I came bang up against Abstract Expressionism again. By then I
> had found that my best work had some roots in the visual world. I just had to
> throw in something of the life around me, even if it was just fragments, little
> memories, little snatches, little wisps of a corner, a piece of a fruit, a vendor

---

(176) Harrison, "Conversation With Koch", 10, meine Hervorhebung.
(177) Shapiro, "Conversation with Koch", 55.
(178) S. Anm. 33.
(179) F. O'Hara, "Rare Modern" (1957), *SSW*, 76.
(180) Daß die banale Welt des Alltags in der Kunst der Maler der "Ersten Generation",
das heißt, der Abstrakten Expressionisten in einem engeren Sinne, in der Regel nur eine
ganz sekundäre Rolle spielt und daß hieraus ein bedeutsamer Unterschied zu den Vertretern der "Zweiten Generation" resultiert, wird etwa in den folgenden Studien
angesprochen beziehungsweise genauer ausgeführt: Mackie, *Art / Talk*, 39 (Mackie
liefert auch detaillierte Informationen zu dem für viele Abstrakte Expressionisten
charakteristischen "commitment to a serious subject matter" [ibid., 22], bes.: ibid., 19-
32); Ratcliff, "Selfhood", 25-27, 30f.; Sandler, *New York School*, 46-51; Schimmel, "Lost
Generation", 20-22.
(181) Zit. in: *Twelve Americans*, ed. D.C. Miller, AK The Museum of Modern Art, New
York 1956, 53.

going by, something. I felt I had to throw it in to the junk and scramble it around. (182)

Lester Johnson notiert, er habe in dem Bild *Broadway Street Scene* (1962) "some of the noise, chaos and order of the city" (183) einfangen wollen, eine Feststellung, die sich auch auf etliche andere Werke dieses weniger bekannten Vertreters der New York School übertragen läßt. Larry Rivers beschreibt das Eindringen der Alltagserfahrung in den Arbeitsprozeß in dem gemeinsam mit Frank O'Hara verfaßten, bei aller Ironie durchaus ernst zu nehmenden Text "How to Proceed in the Arts" (1961) wie folgt: "Colors appear. The *sounds of everyday life*, like a tomato being sliced, move into the large area of the white cloth." (184) Und er berichtet, er habe in *Washington Crossing the Delaware* (1953), einem seiner bekanntesten Gemälde, absichtlich ein schon kitschiges, schon allzu vertrautes Allgemeingut aufgegriffen: "I wanted to take something corny, something that had become through familiarity slightly ridiculous, and imbue it with life." (185) Auch Jane Freilicher erwähnt, sie behandle zuweilen ganz bewußt "subject matter that could almost be corny and sentimental" (186).

Bei den Dichtern tritt vor allem James Schuyler entschieden für eine Berücksichtigung des Trivialen ein. Auf die Frage "What do you think is the best thing about your work?" erwidert er unter anderem: "I think I tend to let it all hang out, if that's not too vulgar an expression." (187) In dem selben Interview bemerkt er ferner: "Virgil Thomson said the other day to me, 'Poetry and song are about feelings.' Personally, I think it's about *anything you damn please*." (188) Ganz ähnliche, allerdings weniger krass formulierte Aussagen begegnen uns in Gesprächen mit John Ashbery: "Poetry includes anything and everything." (189) und: "everything that is happening around me as I'm writing [...] crowds itself into the poetry." (190) In gleichem Sinne bringt Ashbery einmal zum Ausdruck, daß er folgendes als große Bereicherung ansieht: "The possibility of using [...] your average thoughts, things you overhear people saying in the street - *anything that comes into your mind* - as a raw material for poetry." (191) Auch Kenneth Koch befürwortet die Einbeziehung alltäglicher Einzelheiten, wie sich zum

---

(182) C. Nemser, "Grace Hartigan", in: dies., *Art Talk: Conversations with 12 Women Artists*, New York 1975, 157. Wenig später erwähnt Hartigan, das "picking fragments from the real world" sei (ibid., 165) nach wie vor ein essentielles Element ihrer Kunst.
(183) Zit. in: J. Stein, "Lester Johnson", in: *Figurative Fifties*, 102.
(184) *AC*, 96, meine Hervorhebung.
(185) Rodman, "Rivers", 119.
(186) Zit. in: Henry, "Freilicher and the Real Thing", 82.
(187) Ross, "Schuyler: CA Interviews the Author", 446.
(188) Ibid., 445, meine Hervorhebung.
(189) Gangel, "Interview with Ashbery", 10.
(190) "Interview with Ashbery", in: *American Writing Today*, 267. Vgl. auch die den gleichen Sachverhalt thematisierende, unter Anm. 43 zitierte Äußerung Ashberys.
(191) Poulin, "Experience", 249, meine Hervorhebung.

Beispiel in dem Hinweis "Popeye is a better hero, for my purposes, than Hercules." (192) manifestiert oder darin zeigt, daß er es als eine sehr erfreuliche Entwicklung in der modernen Lyrik betrachtet, daß es allenthalben die Tendenz gebe zu einem "getting rid of specifically 'poetical' subject matter and finding it in ordinary things." (193) Und bezeichnenderweise gefällt ihm an der Lyrik Frank O'Haras insbesondere auch dies: "Small personal details - [...] Frank O'Hara puts them into his poetry for their own sake; they are simply there, as important as anything else. [...] You get the feeling, reading Frank O'Hara, that anything and everything you think or see or feel can be put in a poem and it will work out right." (194) Frank O'Hara seinerseits ist sehr angetan von Kenneth Kochs "intoxication with life" (195), eine Äußerung, aus der implizit gleichfalls eine Aufwertung der Welt des Alltags spricht. Noch interessanter ist freilich eine weitere Anmerkung O'Haras zu seinem eigenen Gedicht "Second Avenue": "everything in it either happened to me or I felt happening (saw, imagined) on Second Avenue." (196)

Die New Yorker Dichter und die mit ihnen befreundeten bildenden Künstler versuchen also, weitgehend nicht-symbolische Werke zu verwirklichen, indem sie das beim Schreiben oder Malen unmittelbar Vorfindliche "so, wie es ist", das heißt, möglichst ohne jede Wertung, Erklärung oder Deutung präsentieren. Das unmittelbar Vorfindliche: dabei handelt es sich zunächst einmal, wie wir in den bislang versammelten Kommentaren gesehen haben, um ganz banale und dem Rezipienten wohl vertraute oder wenigstens keine großen Verständnisprobleme bereitende Alltags-Details beziehungsweise durch sie ausgelöste Gefühle oder Reflexionen. Das unmittelbar Vorfindliche kann aber auch in Assoziationen und Gedankengängen bestehen, die zum Beispiel durch das jeweilige Arbeitsmaterial selbst, durch Wörter oder Farb-Formen als solche evoziert werden oder auch mit Traum- und Phantasievorstellungen verknüpft sind. Dementsprechend ist der Begriff des unmittelbar Vorfindlichen auszudehnen auf die subjektive Wahrnehmung der äußeren wie der inneren Realität. Fairfield Porter zum Beispiel unterstreicht: "What one pays attention to is what is real [...] and reality is everything. [...] Everything includes the pigment as much as the canvas as much as the subject." (197) Gerade die innere Realität ist jedoch oft mehrdeutig und ungreifbar, und so hebt etwa Kenneth Koch hervor: "'making sense' is only one of the activities of our minds. There's a lot going on

---

(192) Ginsberg, "A Poet", 6.
(193) Harrison, "Conversation With Koch", 11.
(194) Koch / Farrell, *Sleeping on the Wing*, 249. Zu dieser positiven Bewertung der für O'Hara typischen Verbalisierung "kleiner persönlicher Details" paßt, daß Koch, als er einmal skizziert, inwiefern O'Hara ihn beeinflußt hat, unter anderem konstatiert: "And from Frank I learned that the silliest idea that is really in one's own head is worth more than the most brilliant idea that is really somebody else's." (Shapiro, "Conversation with Koch", 56)
(195) F. O'Hara, "Another Word on Kenneth Koch" (1955), *SSW*, 60.
(196) Ders., "[Notes on *Second Avenue*]", 497.
(197) Zit. in: Ashbery, "Fairfield Porter", 315.

otherwise." (198) Außerdem sind die mentalen Bewegungen im Verlauf des Schaffensprozesses oft etlichen Veränderungen unterworfen. Das Bemühen der New Yorker Maler und Lyriker darum, "things as they are" zu vergegenwärtigen, kann daher dazu führen, daß ihre Bilder und Texte Widersprüche in sich bergen oder gar - zumindest partiell - nicht nur keine symbolische Bedeutung, sondern überhaupt keinen paraphrasierbaren oder jedenfalls keinen eindeutig objektivierbaren Sinn haben. Die programmatischen Äußerungen spiegeln nun wider, daß diese inhaltliche Unbestimmtheit ein bewußt anvisiertes Ziel ist.

Elaine de Kooning beispielsweise schreibt über das für ihre Kunst zentrale Moment der *action*: "action has its ambiguity. Lucidity, clarity, definition must sometimes be sacrificed to action. I'm willing to make the sacrifice." (199) Jane Freilicher betont: "I don't really have a message [...] I don't really know what my message is. I think it's very tenuous, the whole idea of what you're saying in a painting." (200) Außerdem eignet ihren Gemälden deshalb eine gewisse Unbestimmtheit, weil sie nach eigenem Bekunden stets folgendes anstrebt: "I am trying for a kind of fluidity which will express the fact that an arm for instance seems to be in many positions at once, and that figure and background are not different." (201) Fay Lansner gibt zu der Mehrdeutigkeit einer Reihe von Bildern, die sich um "images of the self" drehen, die Erläuterung ab: "Since I couldn't fix one absolute image as the end result, I decided to show the varieties of images. So it seemed to follow that one would show the unfolding of varieties of thought that went into the making of these images." (202) Larry Rivers bekennt seine Absicht, viele Werke so zu gestalten, daß am Ende der Eindruck entsteht: "[they] seem pregnant with meaning but don't add up"; und im Rahmen einiger allgemeiner Überlegungen über den Vorgang des Malens konstatiert er: "There are so many things that come into your mind when you start. [...] And the more you are aware of the dualities, ambiguities, contradictions in your character, the richer your work is, really." (203)

Unter den Dichtern weisen besonders Kenneth Koch und John Ashbery immer wieder darauf hin, daß ihre Lyrik nicht die Funktion habe, präzis umschreibbare Inhalte zu vermitteln. Koch macht zum Beispiel darauf aufmerksam, daß er "different

(198) Koch / Farrell, *Sleeping on the Wing*, 263.
(199) De Kooning, "Prejudices", 19.
(200) Zit. in: Russo, *Women Artists*, 79f.
(201) Freilicher / Katz, "Dialogue", 210. Interessant ist auch der sich direkt anschließende Zusatz, der signalisiert, daß die von Freilicher angestrebte Vieldeutigkeit nicht das Resultat einer sorgfältigen Vorausplanung sein soll: "But I don't want to consciously manipulate two-dimensional parts like in Cubism [...] or an intellectually imposed style." (ibid., 210f.)
(202) Sandler, "Lansner: Interview", 8.
(203) L. Rivers, with C. Brightman, *Drawings and Digressions*, New York 1979, 176.

possibilities of meaning co-existing in one phrase" als "very exciting" empfindet (204), oder er erwähnt, bei der Entwicklung seines eigenen Stils sei es ihm ein wesentliches Anliegen gewesen zu erreichen, daß seine Texte "exciting and at the same time slightly incomprehensible" wären (205). Er betrachtet es als Vorzug, daß für Frank O'Haras Gedicht "Sleeping on the Wing" gilt: "The poem doesn't try to explain it all; rather, it gives a sense of what it's like to be in the middle of *an inexplicable combination of feelings*." (206) Und im Rückblick auf ein mehrere Jahre zuvor veröffentlichtes Gespräch mit John Ashbery führt er 1979 aus:

> Because words have an intellectual content, people think that the purpose of a poem is to convey a meaning, or that the poet has something in mind that he wants to say, whereas of course a poem, like a musical composition or like a painting, is a work of art. One thing I thought was true in that interview: I was talking to John Ashbery about making statements in poetry, and he said, "Poetry does not make statements" (207)

"Poetry does not make statements" - diese Überzeugung wird von Ashbery selbst an anderer Stelle noch etwas detaillierter dargelegt:

> I think many people feel a poet should take a subject as an essayist would and then write about it in order to come up with some conclusions and the whole matter would then be solved to everyone's satisfaction. But poetry [...] is made out of words; it is an affair of language. The situation is parallel with painting, for a painting does not make a "meaningful statement." (208)

Ein anderer interessanter Ashbery-Kommentar lautet: "I'm using words in a very precise way: they mean exactly what they say and *not something parallel or something that can be paraphrased*." (209) Ebenfalls sehr aufschlußreich ist eine Aussage, die bestätigt, daß der in vielen Gedichten Ashberys zu beobachtende Umschlag ins "Opake" in der Tat eine Reaktion auf "things as they are" ist:

> It seems to me that my poetry sometimes proceeds as though an argument were suddenly derailed and something that started out clearly suddenly becomes opaque. It's a kind of mimesis of how experience comes to me: as one is listening to someone else [...] who's making perfect sense but suddenly slides into something that eludes one. What I am probably trying to do is illustrate opacity and how it can suddenly descend over us, rather than trying to be willfully obscure. (210)

Neben Koch und Ashbery haben sich auch Barbara Guest und Frank O'Hara zum Thema der inhaltlichen Unbestimmtheit geäußert. Guest hebt zum Beispiel, als sie einmal

---

(204) Zavatsky, "Koch", 27.
(205) Shapiro, "Conversation with Koch", 53.
(206) Koch / Farrell, *Sleeping on the Wing*, 251, meine Hervorhebung.
(207) Spurr, "Interview with Koch", 4.
(208) Jackson, "Ashbery, 1981", 71.
(209) "Interview with Ashbery", in: *American Writing Today*, 267, meine Hervorhebung.
(210) Osti, "Craft of Ashbery", 87.

auf die Rolle der Imagination in ihrer Lyrik eingeht, hervor: "One of the lovely properties of imagination is that it resists clear and absolute meaning." (211) In den auch auf andere Texte O'Haras übertragbaren Erläuterungen zu "Second Avenue" heißt es im ersten Abschnitt: "These notes [...] [are] not explanatory of the meaning which I don't think can be paraphrased (or at least I hope it can't)." Und ganz am Ende bekräftigt der Autor nochmals: "I hope the poem to *be* the subject, not just about it." (212)

Da die New Yorker Lyriker und Maler also nicht die Intention haben, in ihren Werken bestimmte Botschaften zu artikulieren, da sie, um einen einprägsamen Vergleich von Fairfield Porter aufzugreifen, Kunst nicht als "raw material for a factory that produces understanding" (213) auffassen, ist es nur konsequent, daß sie dem Rezipienten explizit einen maximalen Interpretationsspielraum zugestehen. Joan Mitchell beispielsweise unterstreicht: "Other people don't have to see what I do in my work." (214) Larry Rivers erklärt: "Some painters think that associations with real images are terribly strong, and that people in general identify the same meaning with them as they themselves do. I don't think so." (215) Und er hält es nicht nur für unausweichlich, sondern auch für wünschenswert, daß die einzelnen Betrachter eines gegebenen Bildes unterschiedlich reagieren: "there's such a wide spectrum that whoever is looking at it or whoever is interested can see many things." (216) Martin James, ein weniger bekannter Maler der "Zweiten Generation", schreibt 1958, er selbst und viele andere Künstler seiner Zeit brächten bewußt solche Werke hervor, die jeweils durch einen "lack of fixed arti-culation" gekennzeichnet und "constantly in process of restructuring by the viewer" seien (217).

Barbara Guest legt einmal dar, inwiefern die sogenannten "radikalen" Gedichte, wie auch sie selber sie verfaßt, Assemblage-Charakter hätten, und fügt hinzu: "But the radical poet draws not moral from the assemblage. The moral is in the hands of the read-er." (218) In einem anderen Zusammenhang bemerkt sie: "People can react very indivi-dually." (219) Kenneth Koch weist darauf hin, daß verschiedene Partien seines Langgedichts "When the Sun Tries to Go On" durch sehr spezifische Einzelheiten inspiriert worden seien, betont aber zugleich: "It is no problem if the reader doesn't catch

(211) Guest, "Radical Poetics", 7.
(212) O'Hara, "[Notes on *Second Avenue*]", 495 u. 497.
(213) Zit. in: Ashbery, "Fairfield Porter", 314. Ashbery beruft sich übrigens auf Porters Vergleich, als er in einem Interview über sein eigenes Schaffen sagt: "People want to know what does this mean although it is what it is that is the essential." (zit. in: Blume, "Making Nothing Happen", 14).
(214) Zit. in: I. Sandler, "Mitchell paints a picture", *Art New* 56, October 1957, 70.
(215) Zit. in: O'Hara, "'Why I Paint As I do'", 118.
(216) Rivers, *Drawings and Digressions*, 181.
(217) "Panel: All-Over Painting", *It Is* 2, Autumn 1958, 75.
(218) Guest, "Radical Poetics", 2.
(219) In einem Gespräch mit der Verfasserin am 18. September 1989.

them." (220) Ganz ähnlich ist es auch nach Meinung Frank O'Haras irrelevant, wenn der Leser einen bestimmten Text anders versteht als der Autor: "What is clear to me in my work is probably obscure to others, and vice versa." (221) Drei besonders sprechende Kommentare von John Ashbery zum Stichwort "Interpretationsspielraum" sind: "What the poem *is* is going to be determined by the reader." (222); "A book is going to be interpreted or misinterpreted in as many ways as there are readers, so why not give them the maximum number of options to misinterpret you, for these are all only interpretations." (223) und: "What I am trying to get at is a general, all-purpose experience - [...] the openest possible form, something in which anybody can see reflected his own private experiences without them having to be defined or set up for him." (224)

Ziehen wir ein kurzes Resümee: die programmatischen Äußerungen der New York Poets und der Repräsentanten der "Zweiten Generation" zeigen, daß sich Dichter und Maler übereinstimmend gegen eine in irgendeiner Hinsicht symbolische Kunst richten. Dabei gehen sie unter Umständen sogar so weit, auf die Vermittlung paraphrasierbarer Inhalte ganz zu verzichten. In jedem Fall begreifen sie das Kunstwerk als ein bedeutungsoffenes Wahrnehmungsangebot, welches von jedem einzelnen Leser oder Betrachter individuell verschieden rezipiert werden kann und soll. Im folgenden möchte ich nun, genau wie in den Kapiteln über das Element des Prozessualen, an Hand einiger exemplarischer Texte demonstrieren, wie sich diese Ideen in der Lyrik der New York Poets niederschlagen.

5.2.1. James Schuyler

"All things are real / no one is a symbol." Diese schon einmal zitierten Eingangsverse des Gedichts "Letter to a Friend: Who Is Nancy Daum?" (225) möchte ich in Erinnerung rufen, da sie einen ersten Anhaltspunkt geben, in welchem Sinne die Lyrik von James Schuyler essentiell asymbolisch ist. Denn dem in diesen Zeilen so zentralen Begriff des Realen kommt in Schuylers poetischem Schaffen generell eine Schlüsselposition zu, und zwar insofern, als der Dichter in seinen Texten noch ausschließlicher und unbekümmerter als die anderen New York Poets die eigene All-

---

(220) In einem Gespräch mit der Verfasserin am 24. September 1990.
(221) O'Hara, "[Statement for *The New American Poetry*]", 500.
(222) Poulin, "Experience", 246.
(223) Jackson, "Ashbery, 1981", 72.
(224) Poulin, "Experience", 251.
(225) S. Anm. 153.

tagswirklichkeit beleuchtet, ja zelebriert. Dabei geht er so vor, daß er zwar überaus präzise festhält, welche Dinge seine Aufmerksamkeit erregen, aber so gut wie nie versucht, das, was ihn beschäftigt und was er ins Gedicht überträgt, auf eine tiefere Bedeutung hin zu analysieren oder zum Vehikel bestimmter die jeweils aktuelle Erlebnissituation transzendierender Ideen zu machen. Mit anderen Worten: Schuyler beschreibt und überläßt es dann dem Leser, das von ihm Beschriebene zu interpretieren, zu beurteilen und weiterzudenken. Dies gilt gerade auch für jene Texte, in denen der Autor primär verschiedene - in seiner Lyrik bekanntlich immer wieder in den Vordergrund gerückte - sinnliche Wahrnehmungen vergegenwärtigt. Ein Beispiel liefert ein schlicht "June" betiteltes Gedicht:

```
     A drum is played.
     From here a rose
     wears yellow studs.
     A tree intrudes
5    upon a hedge. The
     snowball bush,
     lilacs, the pink
     weigela. And
     bridal wreath,
10   spirea. A piano
     is played. On
     the mantel, yellow
     tree peonies.
     The swing moves
15   in a light breeze.
     Cymbals are played.
     Silver silken sky
     your name is space. (226)
```

Schuyler konzentriert sich in diesem kleinen, unprätentiösen Text auf diverse visuelle sowie einige wenige auditive Impressionen, die sich an einem Junitag in seinem Blickfeld beziehungsweise in seiner Hörweite befinden. Sein Gedicht besteht durchweg aus kurzen, einfachen Hauptsätzen oder sogar elliptischen Sätzen, wodurch schon auf syntaktischer Ebene angedeutet wird, daß sich der Lyriker konsequent darauf beschränkt, lediglich beim Namen zu nennen, was er sieht oder hört, daß er also keinerlei Details hinzufügt, die über das reine Konstatieren hinausgehen. Schuylers Bemühen um ein möglichst wertfreies Präsentieren der "Dinge so, wie sie sind", manifestiert sich auch in der Vermeidung bloß dekorativer Adjektive: die vier Farbwörter, die in "June" vorkommen (Zeilen 3, 7, 12 und 17), und das Adjektiv in der Wortgruppe "light breeze" haben keine schmückende Funktion, sondern dienen dazu, wesentliche Grundzüge der jeweils zur Sprache gebrachten Phänomene zu verbalisieren. Nur an einer einzigen Stelle, nämlich im vorletzten Vers, benutzt der Autor, indem er den Himmel als "silken" bezeichnet, ein Adjektiv, welches metaphorischen Charakter hat. Auch sonst weist das

(226) *HL*, 36.

vorliegende Gedicht sehr wenige von einem nüchternen Beschreibungsstil abweichende, metaphorische Ausdrücke auf. Und selbst wenn uns etwa mitgeteilt wird, daß ein Baum sich einer Hecke "aufdränge" (Zeilen 4 - 5), so ist das in dieser Aussage enthaltene Sprachbild sehr unauffällig. Darüber hinaus trägt das in dem fraglichen Kontext metaphorische Verb "intrude" hauptsächlich dazu bei, eine noch lebhaftere Vorstellung davon zu vermitteln, wie sich die äußere Erscheinung der in diesen Zeilen thematisierten Gegenstände aus der subjektiven Perspektive des Sprechers ausnimmt, das heißt, es impliziert keine tiefer reichende, gleichsam hinter die Oberfläche der Objekte blickende Interpretation.

Schuyler bedient sich in "June" also nur in Ausnahmefällen einer (überdies sehr verhaltenen) metaphorischen Ausdrucksweise, er zieht es vor, betont sachlich und knapp zu formulieren. Doch bei aller Knappheit strebt er auch nach einem Höchstmaß an Exaktheit. Das äußert sich zum Beispiel darin, daß er zweimal - und somit angesichts der Kürze des Textes recht häufig - botanische Fachtermini verwendet ("weigela", "spirea"). Diese Stilstrategie, der man in Schuylers Werk immer wieder begegnet (227), führt zugleich eine Steigerung der Authentizität der in "June" verwirklichten Konkretisierung von "things as they are" herbei.

In gewisser Hinsicht knüpft das vorliegende Gedicht an avantgardistische Tendenzen in der Lyrik des frühen 20. Jahrhunderts an, erinnert zum Beispiel an jene Texte von William Carlos Williams, die ebenfalls auf vollkommen alltägliche Objekte be- zogene Sinneseindrücke behandeln. Mir scheint aber, daß Schuyler, der auch in der Regel nicht dazu neigt, bedeutungsvolle, von großem Ernst getragene Gesten in der Art von "so much depends / upon [...]" zu machen, noch dezidierter als Williams darauf ver- zichtet, die Dinge in irgendeiner Form symbolisch zu deuten oder zu versuchen, Einsicht in ihr Wesen zu gewinnen. Vielmehr trifft auch für "June" zu, was John Koethe einmal über Schuylers Oeuvre als Ganzes schreibt: "in it, the commonplace is not transfigured, but remains defiantly ordinary" (228). Man könnte an dieser Stelle auch Fairfield Porter zitieren, den - so Schuyler selbst - "favorite painter" des Dichters (229): "art is not ideal, it's material and specific and actual." (230) "Defiantly ordinary", "material", "specific", "actual": all diese Adjektive sind gut geeignet, entscheidende Qualitäten von "June" in Worte zu fassen, und sie spiegeln wider, daß der Text eine vor allem "the pure pleasure

---

(227) Der Schriftsteller Paul Hoover, ein Freund des Dichters, hebt denn auch einmal hervor: "[...] you know how Jimmy likes flowers. He knows the names of flowers I haven't even seen. So when he talks about these flowers, I just close my eyes and heaven expands around me." (P. Hoover, "A Fictional Memoir", *Denver Quarterly* 24, Spring 1990, 17)
(228) J. Koethe, "A Brief Appreciation", *Denver Quarterly* 24, Spring 1990, 33.
(229) Hillringhouse, "Schuyler: Interview", 7.
(230) Cummings, "Conversation with Porter", 60.

of / Simply looking" (231) dokumentierende Momentaufnahme ist, in der einige Bestand-teile der Alltagsrealität des Autors sorgfältig und genau festgehalten, aber nicht erhöht werden.

Als asymbolisch erweisen sich nicht nur jene Gedichte, in denen Schuyler, wie in "June", sein Augenmerk vornehmlich auf verschiedene Elemente der äußeren Welt richtet, sondern auch solche Texte, die sich in erster Linie um weniger greifbare innere Erfahrungen, um das eigene Ich und seine Gedankengänge und Gefühle drehen. Das illustriert zum Beispiel ein Auszug aus dem Langgedicht "The Morning of the Poem":

```
    [...] Suppertime shadows sneaking over the lawn,
        a buzz saw slicing a tree into portions, cars
    Coming up the hill to dinner (they all eat Jell-O), me smoking
        and you painting: no: cleaning your brushes
5   (Though about that your are not quite so scrupulous as some I
        know): what's for dinner? Shrimp croquettes?
    Barbara Guest sent me a card, "Architectural Perspective, Italian,
        late 15th Century," that gave me a pang, that makes
    Me long to take you to that loveliest land and we could visit
10      Vicenza, walk up the drive to the Villa
    Rotunda, the building with the noblest profile in the world,
        see the cut of the flights of steps as you
    Slowly perambulate through grass scattered with pecking white
        chickens, go to the hilltop wall and look
15  Down at the fields below, where peacocks fan their tails. I doubt
        it will happen: still, there's our projected trip
    To Washington and the National Gallery, that's to look forward to.
        Paintings are such a pleasure: can I tempt you
    With Cleveland and Boston and Baltimore? California, frankly,
20      is just too far. Suppertime shadows, my gastric
    Juices are beginning to flow. Barbara writes, "I can see you working
        & poking your head outdoors in the evening - or
    Taking a late walk - " she may be right. She was right, I poked
        my head out of doors after supper (beef in
25  Tomato sauce - ick) and there the tiger lilies were, in a row
        above a low wall above the drive in which grew
    A few more tiger lilies, reddish orange, petals turning back,
        dark brown pollen, no scent, the strong
    Thick stems beaded with round black seeds. [...] (232)
```

Ähnlich wie bei "A Few Days" handelt es sich bei "The Morning of the Poem" um eine autobiographische, tagebuchartige Alltagschronik, bei der man Schritt für Schritt mitverfolgen kann, was sich im Juli und August 1976 (233) in Schuylers Leben ereignet hat. Dementsprechend hält der Autor auch in dem vorliegenden Textabschnitt alle möglichen in einem bestimmten Stadium des genannten Zeitraums aktuellen Einzelheiten

---

(231) Diese schöne Formel entnehme ich Schuylers Gedicht "Hymn to Life", *HL*, 134.
(232) *MP*, 106f.
(233) Das Gedicht beginnt mit den Zeilen: "July 8 or July 9, the eighth surely, certainly / 1976 that I know" (ibid., 57); kurz vor Schluß heißt es dann: "July is gone, / A hunk of August" (ibid., 115).

fest. Und da er der Meinung ist: "The said to be boring things / dreams, weather, a bus trip / are so fascinating." (234), befaßt er sich vorwiegend mit Dingen, die die meisten Leser als banal, wenn nicht gar als belanglos und trivial empfinden dürften. Besonders markante Beispiele hierfür liefern in der oben zitierten Passage die schon pedantisch genauen Mitteilungen über das Essen. So fragt sich der mit Schuyler identische Sprecher unter anderem, ob für das Abendessen vielleicht "shrimp croquettes" vorgesehen wären, und nicht viel später, kurz nachdem er in der Mitte von Zeile 23 einen zeitlichen Sprung zum nächsten Tag vollzogen hat, erwähnt er, daß es statt dessen "beef in / Tomato sauce" gegeben habe, was er, die Banalität auf die Spitze treibend, noch mit einem saloppen "ick" kommentiert. Charakteristisch ist auch, daß er so unerhebliche Alltags- beschäftigungen wie sein Rauchen oder die von seinem Maler-Freund Darragh Park vorgenommene Reinigung der Pinsel registriert (Zeilen 3 - 6). Oder daß er lakonisch eine Reihe von anscheinend willkürlich ausgewählten Orten aufzählt, deren jeweilige Gemäldesammlung er gern mit Park (dem "The Morning of the Poem" gewidmet ist) besuchen würde, und daß er danach die gleichfalls nicht unbedingt tiefgründige oder spannende Überlegung anfügt, Kalifornien sei "ehrlich gesagt, einfach zu weit" (Zeilen 16 - 20).

Diese und ähnliche - passenderweise durchweg in einem metaphernarmen, umgangssprachlichen Gesprächsstil vorgetragenen - Inhalte zeigen, daß es Schuyler nicht darum zu tun ist, eine sich lediglich auf diverse bedeutsame Fakten stützende Darstellung einer bestimmten Lebensphase zu erarbeiten, geschweige denn, ein idealisierendes Selbstporträt zu zeichnen. Der Lyriker veranschaulicht das eigene Dasein vielmehr so, wie es sich ihm in der gegebenen Schreib-Situation von einem Augenblick zum nächsten darbietet. Eine notwendige Folge dieses Verfahrens ist, daß er sowohl die 'erhabene' Sphäre des Intellekts als auch die 'niederen' Regionen des Körpers berücksichtigt, etwa einerseits mit so noblen Dingen wie der Architektur der italienischen Renaissance verbundene Gedanken ins Gedicht überträgt (235) und andererseits ein nach traditionellen Maßstäben so unpoetisches Thema wie "gastric / Juices" berührt. Schuyler will eben keine Beschönigung, sondern bemüht sich, genau wie in "June", um ein Maximum an Authentizität. Das offenbart sich auch darin, daß er reale Fundstücke, und zwar die Bildlegende sowie einen Satz auf einer von Barbara Guest geschickten Postkarte, zitiert und daß er etliche Eigennamen - neben Personen- und Ortsnamen (Barbara Guest; Vicenza, Villa Rotonda, Washington, National Gallery, Cleveland, Boston, Baltimore, California) auch den Namen eines Konsumprodukts (Jell-O) - in

---

(234) J. Schuyler, "Dreams", *HB*, 36.
(235) Auch dieses so 'gehobene' Thema wird allerdings einer gewissen Banalisierung unterworfen, da Schuyler es mit Hilfe der Bildlegende auf einer simplen Ansichtspostkarte einführt und den zwanglosen Plauderstil beibehält, der in seinem Text auch sonst vorherrscht ("that gave me a pang"; "that *loveliest* land"; "the noblest profile *in the world*").

seinen Text integriert (236). Besondere Beachtung verdient in diesem Zusammenhang auch die beeindruckend präzise Blumen-Beschreibung am Ende des obigen Abschnitts. Doch weder die Villa Rotonda noch die Tigerlilien sind emblematische Gegenstände, die über sich selbst hinausweisen. Überhaupt enthält "The Morning of the Poem" - auch dies ist uns ja schon von "June" her bekannt - keine distanzierten Analysen der hier notierten Gedankengänge, legt keine bestimmten Interpretationen oder Schlußfolgerungen nahe. Statt dessen geht Schuyler so vor: "He proceeds [...] from particular to particular, never pausing to generalise" (237).

Dieses Fortschreiten "from particular to particular" bringt es mit sich, daß wir mit der gleichen Aneinanderreihung gänzlich disparater Sinneinheiten konfrontiert werden, die wir schon in anderen Gedichten der New York Poets erlebt haben. Es möge genügen, hier nur ein einschlägiges Beispiel herauszugreifen: in der Mitte von Zeile 21 wechselt Schuyler ohne jede Überleitung von der Bemerkung "Suppertime shadows, my gastric / Juices are beginning to flow." zu dem schon angesprochenen Zitat aus der Postkarte von Barbara Guest über. Diese bewußt nicht nach den Gesetzen kausal-logischer Folgerichtigkeit gestaltete, sondern auf unvorhersehbaren Moment-Entscheidungen basierende Textstruktur unterstreicht freilich nur, was auch Schuylers nicht-symbolisches Präsentieren der unterschiedlichsten Details aus seinem Alltagsleben impliziert: der Leser wird zu aktiver Partizipation aufgefordert. "The Morning of the Poem" ist, wie Mark Rudman sehr treffend zu Schuylers Langgedichten im allgemeinen anmerkt, "Anti-didactic, anti-epiphanic" (238) und lädt den Leser ein, für das umfangreiche Material, das mit großer Klarheit (239), aber ohne Bedeutungsvorgabe vor ihm ausgebreitet wird, seine eigene Auslegung zu entwickeln, zwischen den vielen heterogenen Informationen, die er erhält, seine eigenen Beziehungen herzustellen sowie schließlich seine eigenen Schlüsse zu ziehen und seine eigenen Urteile zu fällen.

---

(236) Eigennamen ziehen sich durch das gesamte Gedicht hindurch. Ein exemplarischer Überblick über diesen "astonishing array of proper names" und ein kurzer Kommentar finden sich in: S. Yenser, "New Books in Review. Recent Poetry: Five Poets", *The Yale Review* 70, Autumn 1980, 122f. Einen der frappierendsten Belege, was speziell den Einbau von Namen diverser Konsumgüter anbelangt, liefert eine sich fast über eine ganze Seite erstreckende, jedoch amüsanterweise durch ein zweizeiliges Zitat aus John Ashberys Gedicht "The Picture of Little J.A. in a Prospect of Flowers" unterbrochene Einkaufsliste ungefähr in der Mitte von "The Morning of the Poem", die natürlich nicht zuletzt mehrere Markennamen einschließt (*MP*, 87).
(237) D. Shapiro, "Transcendental Meditations", *Poetry* 122, July 1973, 236.
(238) M. Rudman, "James Schuyler's Changing Skies", *Denver Quarterly* 24, Spring 1990, 100.
(239) "There is very little clarifying, but a great deal of clarity" (J. Koethe, "Freely Espoused", *Poetry* 117, October 1970, 55) - dieses von John Koethe im Hinblick auf die Sammlung *Freely Espousing* geprägte Bonmot läßt sich auch auf das vorliegende Gedicht übertragen.

5.2.2. Frank O'Hara

Frank O'Haras Oeuvre umfaßt bekanntlich ähnlich wie James Schuylers Werk eine große Gruppe autobiographischer Gedichte, in denen der Lyriker aus dem unmittelbaren Erleben heraus ganz alltägliche Ereignisse und Gedankengänge festhält und sich, wie er selbst es einmal nennt, von den "sounds of everyday life" (240) inspirieren läßt. Und genau wie bei Schuyler sind auch bei O'Hara die Texte, die konkretes Alltagsgeschehen sowie damit verknüpfte Überlegungen und Gefühle zum Gegenstand haben, dadurch gekennzeichnet, daß die hier zur Sprache kommenden Einzelheiten nicht über sich hinausweisen, nicht in größere Sinnzusammenhänge eingebunden werden: "The poet keeps his story alive by a loving fidelity to the specific facts and qualities of his daily experience - seen for themselves and not as the building blocks of larger, more significant wholes traditionally called poems" (241). Mit anderen Worten: auch O'Haras "'I do this I do that' poems" erweisen sich als asymbolisch und bedeutungsoffen. Einige Merkmale, in denen sich dies besonders klar manifestiert, möchte ich am Beispiel eines auf den 17. September 1959 datierten Gedichts erörtern, das, wie so viele O'Hara-Texte, einfach "Poem" betitelt ist:

```
         Khrushchev is coming on the right day!
                                    the cool graced light
         is pushed off the enormous glass piers by hard wind
         and everything is tossing, hurrying on up
5                                    this country
         has everything but politesse, a Puerto Rican cab driver says
         and five different girls I see
                          look like Piedie Gimbel
         with her blonde hair tossing too,
10                          as she looked when I pushed
         her little daughter on the swing on the lawn it was also windy

         last night we went to a movie and came out,
                                    Ionesco is greater
         than Beckett, Vincent said, that's what I think, blueberry blintzes
15       and Khrushchev was probably being carped at
                              in Washington, no politesse
         Vincent tells me about his mother's trip to Sweden
                                            Hans tells us
         about his father's life in Sweden, it sounds like Grace Hartigan's
20       painting Sweden
                     so I go home to bed and names drift through my head
         Purgatorio Merchado, Gerhard Schwartz and Gaspar Gonzalez, all
                 unknown figures of the early morning as I go to work

         where does the evil of the year go
25                          when September takes New York
```

---

(240) S. Anm. 184.
(241) C. Altieri, *Enlarging the Temple: New Directions in American Poetry during the 1960s*, Lewisburg / London 1980, 111.

and turns it into ozone stalagmites
                        deposits of light
                    so I get back up
        make coffee, and read François Villon, his life, so dark
30   New York seems blinding and my tie is blowing up the street
        I wish it would blow off
                        though it is cold and somewhat warms my neck
        as the train bears Khrushchev on to Pennsylvania Station
                    and the light seems to be eternal
35   and joy seems to be inexorable
                    I am foolish enough always to find it in wind
        (242)

Schon der bewußt vage Titel, den O'Hara dem vorliegenden Gedicht verliehen hat, kann als ein erstes Indiz dafür gewertet werden, daß hier keine planvolle Auseinandersetzung mit einem im voraus determinierten Thema, mit vorgewußten Ideen erfolgt. Statt dessen transkribiert der Dichter allerlei unkalkulierbare Sinneseindrücke, Gedanken und Assoziationen, die sich an einem Septembermorgen auf dem Weg zur Arbeit einstellen, und dies in einer Art und Weise, die - ähnlich wie wir es bereits bei anderen Texten dieses Autors kennengelernt haben - eine große Schnelligkeit, ja Atemlosigkeit suggeriert. Ein Staatsbesuch Chruschtschows, Licht- und Windeffekte, ein Kommentar eines puertorikanischen Taxifahrers, eine durch den Anblick einer Reihe von Passantinnen ausgelöste Erinnerung an eine nicht näher identifizierte Piedie Gimbel, eine Reminiszenz an einen Kinobesuch am Vorabend... - O'Hara hastet, auf Zäsuren setzende Interpunktionszeichen fast ganz verzichtend, rastlos von einem Detail zum nächsten, ohne den jeweils aktuellen Erlebnis-Moment zu vertiefen oder ihm eine bestimmte Bedeutung aufzucrlegen. Ob es sich nun um eine Anspielung auf ein Gespräch über avantgardistische Literatur (Zeilen 13 - 14) oder um ein paar Bemerkungen über die im Wind flatternde Krawatte des mit O'Hara identischen Sprechers (Zeilen 30 - 32) handelt, es wird alles nur kurz gestreift, so daß der Dichter gleichsam kaum Zeit hat, um das, was sich in seinem Bewußtsein abspielt, zu reflektieren, zu interpretieren oder in Wichtigeres und Unwichtigeres einzuteilen. Dementsprechend gilt auch für "Poem", was James Breslin im Rahmen einer Analyse von "A Step Away from Them" hervorhebt: "O'Hara [...] moves through a [...] world of immediacy, from which all vertical, transcendent extensions of meaning have disappeared." (243)

Das von Breslin konstatierte Fehlen tieferer Sinnschichten wird unter anderem bei den in "Poem" recht zahlreichen Eigennamen greifbar: O'Hara läßt in noch höherem Maße als James Schuyler Namen fallen, die er nicht genauer erläutert und die - zumal wenn er nur den Vornamen einer Person nennt, an die er zu einem gegebenen Zeitpunkt denkt (Vincent, Hans) - viel zuwenig Substanz haben, als daß sie irgendwelche

---

(242) *CP*, 340.
(243) Breslin, *American Poetry*, 217.

weiterreichenden Implikationen enthielten. Charles Altieri gelangt daher zu Recht zu dem Schluß:

> His texture of proper names gives each person and detail an identity, but in no way do the names help the reader understand anything about what has been named. To know a lunch counter is called Juliet's Corner or a person O'Hara expects to meet is named Norman is a reminder for the reader that the specific details of another's life can appear only as momentary fragments, insisting through their particularity on his alienation from an inner reality they might possess. (244)

Darüber hinaus äußert sich die Abwesenheit tieferer Bedeutungsschichten vor allem auch darin, daß einige Wörter, die mehrmals verwendet werden ("light", "wind", "toss", *politesse*, "look", "tells", "Sweden", "go", "blow"), offenbar nicht die Funktion haben, leitmotivartig symbolische Bezüge zwischen verschiedenen Textpartien herzustellen. Die häufig in enger Nachbarschaft auftretenden Wortwiederholungen - etwa: "Vincent *tells* me about his mother's trip to *Sweden* / Hans *tells* us / about his father's life in *Sweden*, it sounds like Grace Hartigan's / painting *Sweden*", "as I *go* to work // where does the evil of the year *go*" oder: "my tie is *blowing* up the street / I wish it would *blow* off" - rufen eher den Eindruck hervor, daß O'Hara bestimmte Wörter einfach deshalb mehrmals einsetzt, weil er spontan Gefallen an ihrer materiellen Beschaffenheit, man könnte auch sagen: an ihrer Oberfläche gefunden hat.

Diese spielerischen, nicht der indirekten Vermittlung zusätzlicher Bedeutungsnuancen dienenden Wortwiederholungen bestätigen zugleich, daß O'Hara, wie schon erwähnt, kein Interesse daran hat, ein kohärentes Sinn-Ganzes hervorzubringen, in dem alle Komponenten konsequent auf ein von vornherein feststehendes Leitthema ausgerichtet wären. Der Lyriker konzentriert sich eben immer nur auf flüchtige Erlebnis-*Augenblicke*, macht nie über den Moment hinaus gültige Aussagen. Dies führt dazu, daß sein Gedicht gewisse Brüche und Doppeldeutigkeiten in sich birgt. So benutzt O'Hara gelegentlich Konjunktionen, die rein äußerlich eine Verbindung zwischen verschiedenen Sätzen oder Satzpartien herstellen, welche auf inhaltlicher Ebene unlogisch erscheint. Beispiele für solche 'Pseudo-Konjunktionen' (245) begegnen uns etwa in den folgenden Textabschnitten: "this country / has everything but *politesse*, a Puerto Rican cab driver says / *and* five different girls I see / look like Piedie Gimbel", "Ionesco is greater / than Beckett, Vincent said, that's what I think, blueberry blintzes / *and* Khrushchev was probably being carped at", "Hans tells us / about his father's life in Sweden, it sounds like Grace Hartigan's / painting *Sweden* / *so* I go home to bed". Außerdem löst der Dichter die an manchen Stellen gegebene sprachliche Ambiguität nicht auf. Zum Beispiel kann

---

(244) Altieri, *Enlarging the Temple*, 113.
(245) Diesen Begriff übernehme ich von Marjorie Perloff; vgl. Perloff, *Poet Among Painters*, 133f.

das Ende der Zeile 11 ("it was also windy") sowohl dem vorausgehenden als auch dem nachfolgenden Satzteil zugeordnet werden (246). Und das in Zeile 32 vorkommende Pronomen "it" ist einerseits ein fester Bestandteil der Wendung "it is cold" und weist gleichzeitig auf die zwei Zeilen zuvor erwähnte Krawatte des Sprechers zurück. Schließlich zeigt sich O'Haras Abkehr von der Gestaltung eines stringent abgerundeten Textgefüges auch darin, daß er in der sich hauptsächlich um verschiedene Ereignisse des Vorabends drehenden mittleren 'Strophe' von "Poem" (Zeilen 12 - 23) zunächst das Präteritum und dann (ab Zeile 17) plötzlich das Präsens gebraucht.

O'Hara präsentiert uns in dem vorliegenden Gedicht also einen spezifischen Denk- oder Anschauungsmoment nach dem anderen und hat dabei weder die Intention, ein harmonisch in sich geschlossenes Ganzes zu schaffen, noch beabsichtigt er, seine einzelnen Wahrnehmungen und Überlegungen zu erklären oder gar zu Aufhängern für symbolhaft verschlüsselte Botschaften zu machen. Sein Ziel besteht vielmehr darin zu konkretisieren, wie rasch ihm immer wieder neue Details durch den Sinn gehen und wie mannigfaltig diese Details sind. Und gerade weil er alles nur kurz anreißt und nie innehält, um hinter die Oberfläche des positiv Gegebenen zu schauen, gelingt es ihm, dem Leser mit einer außergewöhnlichen Lebhaftigkeit und Intensität zu vergegenwärtigen, wie der Prozeß des Registrierens der unterschiedlichsten äußeren Reize und der diesen korrespondierenden inneren Erfahrungen quasi im Rohzustand aussieht. "Poem" illustriert, was Kenneth Koch einmal so formuliert: "His [= O'Hara's] poems don't give profound explanations for the way life is - they give a feeling of what it's like to be alive." (247)

Gedichte wie "Poem", die insofern bedeutungsoffen sind, als es Aufgabe des Lesers ist, die in diesen Gedichten notierten Einzelheiten aus dem Alltagsleben des Autors zu Ende zu denken, zu ordnen und zu werten, überwiegen in O'Haras Oeuvre. Daneben finden sich aber, besonders im Frühwerk des Lyrikers, auch etliche Texte, die in anderer Hinsicht nicht eindeutig umschreibbare Aussagen enthalten. Gemeint sind jene Gedichte, in denen O'Hara uns in großem Umfang mit Bildern konfrontiert, die sich sowohl einer rationalen Faßbarkeit als auch einer symbolischen Ausdeutung entziehen. Es bietet sich an, dies am Beispiel des im März und April 1953 entstandenen Langgedichts "Second Avenue" vor Augen zu führen, da O'Hara ja auch selbst betont

---

(246) Weitere Beispiele für solche in O'Haras Lyrik sehr verbreitete, von Perloff als "floating modifiers" bezeichnete Textelemente liefert: ibid., 134.
(247) Koch / Farrell, *Sleeping on the Wing*, 249. Im Hinblick auf den bewußten Verzicht auf Erklärungen könnte man ergänzend einige Zeilen aus O'Haras Gedicht "Pistachio Tree at Château Noir" zitieren: "what went was attributed to wandering aimlessly off / what came arrived simply for itself and inflamed me / yet I do not explain what exactly makes me so happy today / any more than I can explain the unseasonal warmth / of my unhabitual heart" (*CP*, 403).

hat, dieser Text könne nicht paraphrasiert werden (248). Ich zitiere den elften und letzten
Teil des sich über elf Seiten erstreckenden Gedichts:

```
11
My hands are Massimo Plaster, called "White Pen in the Arm of the Sea"
and I'm blazoned and scorch like a fleet of windbells down the Pulaski Skyway,
tabletops of Vienna carrying their bundles of cellophane to the laundry,
ear to the tongue, glistening semester of ardency, young-old daringnesses
at the foot of the most substantial art product of our times,
the world, the jongleurs, fields of dizzyness and dysentery
before reaching Mexico, the palace of stammering sinking success
before billows of fangs, red faces, orange eyebrows, green, yes! ears,
O paradise! my airplanes known as "Banana Line Incorporealidad,"
saviors of connections and spit, dial HYacinth 9-9945, "Isn't that
a conundrum?" asked him Sydney Burger, humming "Mein' Yiddisher Mama,"
I emulate the black which is a cry but is not voluptuary like a warning,
which has lines, cuts, drips, aspirates, trembles with horror,
O black looks at the base of the spine! kisses on the medulla oblongata
of an inky clarity! always the earlobes in the swiftest bird's-death
of night, the snarl of expiation which is the skirt of Hercules,
and the remorse in the desert shouts "Flea! Bonanza! Cheek! Teat!
Elbow of roaches! You wear my white rooster like a guerdon in vales
of Pompeiian desires, before utter languorousness puts down its chisel,"
and the desert is here. "You've reached the enormous summit of passion
which is immobility forging an entrail from the pure obstruction of the air." (249)
```

Larry Rivers kommt in einem Aufsatz über die gemeinsam mit Frank O'Hara
hervorgebrachte Lithographie-Serie *Stones* am Rande auch kurz auf die
Entstehungsgeschichte von "Second Avenue" zu sprechen: "His long marvelous poem
"2nd Avenue", 1953, was written in my plaster garden studio overlooking that avenue.
One night late I was working on a piece of sculpture of him. Between poses he was
finishing his long poem." (250) In der Tat gibt es in der vorliegenden Textpassage ein
paar Anspielungen auf die Bildhauerei, etwa: "My hands are Massimo Plaster, called
'White Pin in the Arm of the Sea'" oder: "'utter languorousness puts down its chisel'".
Und man stößt auch noch auf einige andere Texteinheiten, in denen explizit von Kunst
die Rede ist oder die zumindest Assoziationen an Malerei oder Plastik wachrufen:
"young-old daringnesses / at the foot of the most substantial art product of our times",
"red faces, orange eyebrows, green, yes! ears" oder: "the black [...] which has lines, cuts,
drips". Doch selbst man weiß, in welcher Situation "Second Avenue" verfaßt wurde, und
auf Grund dieses Wissens in der Lage ist, manche Aussagen oder Aussagefragmente et-

---

(248) S. den unter Anm. 212 zitierten Kommentar.
(249) *CP*, 150.
(250) L. Rivers, "Life Among the Stones", *Location*, Spring 1963, 92. Weitere
Informationen zu O'Haras Arbeit an "Second Avenue" gibt Kenneth Koch: "I remember
that he and I were writing long poems at the same time: I was writing a poem called
'When the Sun Tried [sic!] to Go On' and Frank was writing 'Second Avenue.' We used
to call each other up every day and read what we had written over the telephone. We
inspired each other. Frank went on writing it for a long time." ("O'Hara: Interview with
Koch", *American Writing Today*, 250)

was besser zu verstehen, ändert dies nicht viel daran, daß der zitierte Abschnitt insgesamt ziemlich rätselhaft anmutet. Denn wir haben es hier im wesentlichen mit einer Reihe von bildhaften Äußerungen zu tun, die auch nach mehrmaliger Lektüre ungreifbar und enigmatisch bleiben. So erfindet O'Hara zahlreiche Genitiv-Metaphern, für die sich keine außertextlichen Korrelate benennen lassen, zum Beispiel: "the palace of stammering sinking success", "billows of fangs", "saviors of connections and spit", "kisses on the medulla oblongata / of an inky clarity!", "the swiftest bird's-death / of night", "the snarl of expiation which is the skirt of Hercules", "Elbow of roaches!". Außerdem verwendet der Lyriker diverse Vergleiche, die nicht die ihnen traditionell eignende Funktion haben, die Anschaulichkeit zu erhöhen oder eine Bedeutungsverdichtung herbeizuführen; dies ist beispielsweise in dem Vers "I emulate the black which is a cry but is not voluptuary like a warning" der Fall, wobei der hier benutzte Vergleich bereits deshalb nicht definitiv zu beantwortende Fragen aufwirft, weil er sich entweder auf "I emulate" oder aber auf "the black" oder auch auf "voluptuary" beziehen könnte. Darüber hinaus begegnet man mehreren surrealen Bildvorstellungen, deren Rätselhaftigkeit vor allem daraus resultiert, daß bestimmte Substantive mit nach konventionellen Kriterien inkompatiblen Verben kombiniert werden, etwa: "*tabletops* of Vienna *carrying* their bundles of cellophane *to the laundry*" oder: "the *remorse* in the desert *shouts*".

Die Unzugänglichkeit dieser und anderer Bilder wird noch dadurch verstärkt, daß O'Hara sie fast nie durch unmittelbar einleuchtende Sinneinheiten unterbricht, die einen aufschlußreichen Kontext schaffen würden. Im Gegenteil, die einzelnen Bilder lösen sich - zumal bis auf den letzten Satz alle Aussagen in eine extrem lange und überdies weitgehend elliptische Aufzählungskette eingebettet sind - in der Regel so rasch ab, daß sich der Leser, noch ehe er ein bestimmtes Bild richtig verarbeitet hat, schon mit dem nächsten auseinandersetzen muß. Anthony Libby bemerkt hierzu treffend: "'Second Avenue' projects a flicker of half-formed images [...] The images fade through each eather before they can be fully grasped; it seems impossible not to skim over these 'lightenings of movedness' (*CP*, p. 497) much too quickly." (251)

Ein weiteres Verständnisproblem der in dem obigen Auszug akkumulierten Bilder ergibt sich aus dem in "Second Avenue" durchweg sehr verwirrenden Pronomengebrauch. Zum Beispiel ist es zwar, wenn man über die erwähnten Kenntnisse über die Entstehungsgeschichte des Gedichts verfügt, naheliegend anzunehmen, daß das Pronomen "him" in der Texteinheit "'Isn't that / a conundrum?' asked him Sydney Burger" auf Larry Rivers verweist (um so mehr, als es sich bei Sydney Burger wahrscheinlich um einen Verwandten von Rivers handelt), aber endgültig entscheiden

---

(251) Libby, "O'Hara on the Silver Range", 245.

läßt sich dies nicht. Erst recht unklar ist, welche Referenten die jeweils innerhalb wörtlicher Rede verwendeten Personalpronomina in den Zeilen 18 und 20 haben.

Doch obgleich die meisten der von O'Hara entworfenen Bilder nicht allgemeinverbindlich umschrieben werden können, sind sie durchaus effektvoll. Die in beträchtlicher Anzahl auftretenden Wörter und Wortgruppen, die in irgendeiner Hinsicht emotionale Intensität signalisieren ("scorch", "ardency", "daringnesses", "the most substantial art product of our times", "fields of dizzyness", "paradise", "cry", "voluptuary", "tremble", "horror", "black looks", "kisses", "the swiftest bird's-death", "snarl of expiation", "remorse", "shout", "Pompeiian desires", "the enormous summit of passion"); das Faktum, daß O'Hara sich besonders in der zweiten Hälfte etlicher Ausrufezeichen bedient; die schon angesprochene hohe Geschwindigkeit, mit der ein Bild auf das andere folgt - all dies bewirkt, daß die zitierte Textpassage Energie und Vitalität, ja Leidenschaftlichkeit und Überschwang ausstrahlt. Es wird eine Spannung erzeugt, die sich auch auf den Leser überträgt, selbst wenn er nicht festmachen kann, was eigentlich die Ursache oder der inhaltliche Kern dieser Spannung ist. Man spürt also gut die aufregende Lebhaftigkeit und Kühnheit, die in "Second Avenue" der *surface* als solcher innewohnt. Daß heißt: es ist O'Hara gelungen, seine Intention, die Oberfläche des Gedichts "high and dry, not wet, reflective and self-conscious" zu gestalten (252), sehr eindringlich zu realisieren. Und so kann man unschwer nachvollziehen, warum ein Kenneth Koch die Auffassung vertritt, das von ihm prägnant als "rugged, hard, brilliant, surfacey" charakterisierte "Second Avenue" gehöre zu den "wonders of contemporary poetry" (253).

---

(252) S. Anm. 163.
(253) Koch, "All the Imagination Can Hold", 24. Interessanterweise ist "Second Avenue" generell gerade bei anderen Künstlern auf eine sehr positive Resonanz gestoßen. Der Dichter-Kritiker Richard Howard zum Beispiel sieht in dem Text "a virtuoso *performance* in discourse without composition" sowie "[an] astonishing lode of a poem", und er betont: "each time I read *Second Avenue* I bear off a handful of glittering lines, gold flakes that have quite literally panned out of the sand, but they are never the same lines and never suggest anything converging, opposing or even subordinating in the kind of tension that makes for a unity: 'as in a rainbow, the end keeps leaping toward the middle,' and perhaps the iridescence is enough." (Ders., *Alone with America*, 473, 474) Allen Ginsberg erläuterte unmittelbar vor der Erstveröffentlichung des Gedichts: "Frank O'Hara & Kenneth Koch [...] both wrote at the same time long meaningless poems (O'Hara's called *Second Avenue*, Koch's *When Sun Tries To Go On* [...]) a few years ago to see what would happen, not maybe meaningless, but just composing, bulling along page after page. The result, I guess, they learned how to write, learned the extent of their own imagination, learned how far out they could go (& more, turn up beautiful lines), learned freedom of composition. [...] these are their great, historic, need-to-be-published poems. Certainly anybody hip would [...] find those poems more interesting [...] than poems that are pegged to one arbitrary subject, which everybody can see, etc. Certainly O'Hara loves, should love, *Second Avenue*". (Ders., "Abstraction in poetry", *It Is* 3, Winter / Spring 1959, 75) Und für die Malerin Grace Hartigan ist "Second Avenue" "Frank's greatest poem, one of the great epic poems of our time." Denn Hartigan meint: "It has everything art should have. It has imagery, emotional content, leaps of imagination, displacements of time and place going

Andererseits erscheint es mir aber auch nicht verwunderlich, daß manche Kommentatoren gewisse Vorbehalte gegen diesen Text zum Ausdruck bringen, daß etwa Marjorie Perloff bezweifelt, "whether a poem, especially such a long poem can '*be* the subject, not just about it,' whether verbal structure can be so insistently nonmimetic" (254), daß George F. Butterick behauptet: "The poem is too energized to be a failure, but without a guiding narrator and propelled by change and chance alone, it is all, by now, dead dada" (255), oder daß sogar John Ashbery die Lektüre von "Second Avenue" als "such a difficult pleasure" bezeichnet (256). Nach meinem Empfinden ist es, solange man lediglich eine so relativ kurze Textpassage wie den obigen Auszug zu bewältigen hat, sehr reizvoll zu erleben, wie eine Sequenz nicht-paraphrasierbarer Bilder allein durch ihre Oberflächenstruktur - durch Dinge wie den Rhythmus oder die assoziativen Konnotationen des Vokabulars - eine erstaunlich nachhaltige Wirkung entfalten kann. Es besteht jedoch die Gefahr, daß sich selbst ein sensibler Leser, sobald ihm über mehrere Seiten hinweg ein sich jeglicher Umschreibung verweigernder Bilderstrom präsentiert wird, nach einer Weile überfordert fühlt. Dies ist vielleicht auch Frank O'Hara bewußt geworden. In jedem Fall integrierte er ab ungefähr Mitte der fünfziger Jahre in weitaus geringerem Ausmaß und geringerer Dichte unentschlüsselbare, rätselhafte Bilder in seine Texte.

5.2.3. Kenneth Koch

Die Lyrik von Kenneth Koch zeigt eine insgesamt noch erheblich größere Vielfalt poetischer Stilarten als die Dichtung Frank O'Haras. Es gibt daher in Kochs Oeuvre erst recht ganz unterschiedliche Belege für die Absage des Autors an jede Symbolhaftigkeit und sein Interesse an der Textoberfläche als solcher. Auf der einen Seite des Spektrums angesiedelt sind dabei auch bei diesem New York Poet mehrere hauptsächlich aus den frühen fünfziger Jahren, also aus der gleichen Zeit wie O'Haras "Second Avenue" stammende Texte, bei denen die Konzentration auf die *surface* des Gedichts und der Wunsch, "a very hard, concrete, and shining quality in language" zu erzielen (257), dazu führen,

---

back and forth, flashings of modern life and inner feelings. Name it, name anything, and it's got it." (Hartigan in einem Interview mit Marjorie Perloff am 25. November 1975, zit. in: Perloff, *Poet Among Painters*, 70)
(254) Ibid.
(255) G.F. Butterick, "Frank O'Hara", in: *Dictionary of Literary Biography. Vol. Five: American Poets Since World War II, Part 2: L-Z*, ed. D.J. Greiner, Detroit 1980, 107.
(256) Ashbery, "Introduction", ix.
(257) Shapiro, "Conversation with Koch", 56.

daß sie sich überhaupt nicht in diskursive Sprache übersetzen lassen. Der Verzicht auf die Kommunikation paraphrasierbarer Inhalte ist bei Koch oft noch radikaler als bei O'Hara. Ein besonders frappierendes Beispiel für das, was der Lyriker selber einmal ein "throwing away [of] the ordinary kind of meaning" genannt hat (258), liefert das 1953 entstandene, aber erst 1960 publizierte Langgedicht "When the Sun Tries to Go On" (259). Ich zitiere drei Auszüge vom Anfang, aus der Mitte und vom Ende des in 100 Seiten à 24 Zeilen unterteilten Gedichts:

```
     And, with a shout, collecting coat-hangers
     Dour rebus, conch, hip,
     Ham, the autumn day, oh how genuine!
     Literary frog, catch-all boxer, O
 5   Real! The magistrate, say "group," bower, undies
     Disk, poop, "Timon of Athens." When
     The bugle shimmies, how glove towns!
     It's Merrimac, bends, and pure gymnasium
     Impy keels! The earth desks, madmen
10   Impose a shy (oops) broken tube's child -
     Land! why are your bandleaders troops
     Or is? Honk, can the mailed rose
     Gesticulate? Arm the paper arm!
     [...]
     O badgers, badges, bats, bags, bags is,
15   Black, blacks, rats is, as, is as, as, is,
     Badgers as, is, is, bridges', bags as is
     Business of the fourteen (I noticed "Henry") badgers.
     Dark plantation of these furious sidewalks! First
     Lifted-up usual "Mamie"-hello, dockworker,
20   Pancake, silliness, feet-locker, lower-class,
     Power-gasp, Kokomo, Dithyramb kimono. Whang
     Bang! Collar, bleachers, parachute, delicacy,
     Noun, Janice, dental-work, siren, sirens, boulevard,
     Tarragon, limp May, wine, decency, earth, mountain
25   Sidewalks, decency, earth, sidewalks' happy sirens,
     "Match wrappers! Match wrappers!" Juno, Janice,
     Meat-hooks, Elaine, lilacs, parapsychological
     Cocoa-distinction plasm, jowls of the seedy grocer,
     Monday, disinterest, sea ramparts, banjos, groups
30   Of pineapply-flavored Jericho-lemons. Sleep, sleep.
     [...]
     "O bayou, boom, icicles sesame the contained robber
     Of leaves in chairs, savannah!" Crane? oh heron! Able
     Balance the trip knee, comedy. "In the heap
     Of Maytime lamas I limped upon the knees of
35   An old charcoal. Lemons" for a pound of the
     Oxford! September air! Bun of old leaves of
     Care each musical "Hooray, unpin the gong," sylvan water
     Ape shell-ladder! Egypts! Mezzanine of deciding cuffs'
     Anagrams who tea-tray "sigh them" objects "pay-sign"
```

---

(258) Harrison, "Conversation With Koch", 11.
(259) Bei seiner Erstveröffentlichung erschien das Gedicht in der von dem Maler Alfred Leslie herausgegebenen Zeitschrift *The Hasty Papers: A One-Shot Review*; 1969 kam es dann auch in Buchform heraus, und zwar in einem mit Reproduktionen von 10 Collagen sowie einem Titelblatt von Larry Rivers ausgestatteten Band.

40   "Leaf-boat" "love-object" "base-ball" "land-slide"
     "Tea-ball" "orchestra" "lethal bench." Sum, are, lakes
     "May-nagers" "love-times," sweet
     Counter ale pan-banned gypsy-bin fools cabaña
     Gentle hiatus of sarabande cuckoo seam! (260)

"When the Sun Tries to Go On" fällt nicht nur in dieselbe Zeit wie "Second Avenue", sondern Koch tauschte sich sogar über seine Arbeit daran regelmäßig mit O'Hara aus (dem er den Text dann auch widmete). Das hat der Autor unter anderem in dem autobiographischen Erzählgedicht "A Time Zone" herausgestellt:

Frank and I are writing very long poems
Long is really the operative word for these poems
His is called Second Avenue mine When the Sun Tries to Go On
[...]
I'm smoking it's a little too much I'm not sure I can get through it alone
Frank and I read each other segments of these long works daily on the phone
(261)

Doch während bei O'Haras "Second Avenue" bekanntlich zumindest einige wenige Sinneinheiten mit der außertextlichen Wirklichkeit in Verbindung gebracht werden können, erweist sich Kochs "When the Sun Tries to Go On" durchweg als vollkommen nicht-referentiell. Der Dichter selbst machte 1983 rückblickend darauf aufmerksam, daß dies auch ganz seinen Absichten entspricht: "I didn't use words in the usual syntactical arrangements and didn't try to make 'sense' - in fact, I avoided it" (262). In diesem Kommentar wird zugleich einer der wichtigsten Gründe für die inhaltliche Unbestimmtheit des vorliegenden Texts angesprochen: Koch betreibt hier eine drastische Auflösung der Syntax, und schon allein diese gewagte Unterwanderung gängiger syntaktischer Grundmuster zieht die Konsequenz nach sich, daß die einzelnen Aussagen beziehungsweise Aussagefragmente des Gedichts keine feste Bedeutung haben. Bereits der erste Satz ist symptomatisch für die den gesamten Text prägende Aufhebung syntaktischer Normen: die Konjunktion "and" (welche übrigens auch in ihrer Eigenschaft als Anfangswort die Offenheit des Textes unterstreicht) und das sich anschließende Präpositionalattribut "with a shout" lassen den Leser erwarten, daß irgendwann ein Subjekt und ein Prädikat folgen. Diese Erwartung wird jedoch nicht erfüllt. Statt dessen konfrontiert uns Koch als nächstes mit dem Partizipialsatz "collecting coat-hangers", wechselt dann abrupt zu einer Aufzählung äußerst disparater Substantive über ("Dour rebus, conch, hip, / Ham, the autumn day") und fügt am Ende noch den Ausruf "oh how genuine!" hinzu. Er bildet also einen letztlich ungrammatischen Satz, den man schon deshalb nicht umschreiben kann, weil die Bezüge zwischen den verschiedenen Satzteilen unklar bleiben.

(260) *WS*, 5, 44, 113.
(261) Koch, "A Time Zone", 117. Vgl. auch Anm. 253.
(262) Harrison, "Conversation With Koch", 9.

Ähnlich unvollständig und / oder inkorrekt sind fast alle Sätze von "When the Sun Tries to Go On". Vor allem springt einem bei der Lektüre immer wieder ins Auge, daß Koch sich gern auf stark elliptische Aufzählungen heterogener Textelemente beschränkt. Besonders eklatant ist diese Vorliebe für Enumerationen in dem zweiten oben zitierten Gedichtabschnitt, der keinen einzigen in sich geschlossenen Satz enthält, sondern beinahe ganz aus einer langen Liste überaus unterschiedlicher Einzelwörter aufgebaut ist. Auf diese Weise entstehen Verse wie zum Beispiel "Pancake, silliness, feet-locker, lower-class" oder "Bang! collar, bleachers, parachute, delicacy", in denen auf engstem Raum höchst ungleichartige Details aneinandergereiht werden, zwischen denen jeder Leser, eben weil der Autor sie nicht in einen sinnstiftenden Kontext einbindet, seine eigenen Zusammenhänge herstellen kann und soll. In den Zeilen 14 - 16 fällt außerdem auf, daß Koch lediglich extrem kurze und überdies in ihrer Lautung sehr ähnliche Wörter verwendet, wodurch er den Eindruck, es sei ihm weniger um die Verbalisierung bestimmter Ideen als vielmehr um die Gestaltung einer aufsehenerregenden Oberfläche zu tun, noch intensiviert. Auf andere markante Aufzählungen stößt man am Schluß des Gedichts, und zwar in den Zeilen 38 - 44. Hier tragen neben der elliptischen Syntax auch die folgenden Strategien dazu bei, dem Text eine unkonventionelle *surface* zu verleihen: der Gebrauch einer relativ großen Zahl von - zum Teil erfundenen - Komposita; der offenbar nicht aus rationalen Überlegungen heraus, sondern wohl eher unter optischen Gesichtspunkten vorgenommene Einsatz von Anführungsstrichen; die Benutzung von Kommata dort, wo sie überraschend sind ("Sum, are, lakes") und ihre Auslassung dort, wo sie vielleicht nützlich wären ("sweet / Counter ale pan-banned gypsy-bin fools cabaña / Gentle hiatus of sarabande cuckoo seam!").

Die Probleme bei dem Versuch der Paraphrasierung von "When the Sun Tries to Go On" erwachsen freilich nicht nur aus syntaktischen Eigenheiten des Gedichts. Hinzu kommt häufig, ähnlich wie wir es bereits in "Second Avenue" kennengelernt haben, eine surreale Bildlichkeit. Typische Beispiele begegnen uns ironischerweise gerade in den so seltenen formal korrekten Sätzen, wie in der obigen Textpartie etwa die Äußerungen "Arm the paper arm!" und "'In the heap / Of Maytime lamas I limped upon the knees of / An old charcoal.'" illustrieren. Darüber hinaus bieten selbst jene Texteinheiten, die auf Sachen oder Personen verweisen, welche dem Leser eventuell vertraut erscheinen, keinerlei Interpretationshilfen. Das gilt zum Beispiel für die in unregelmäßigen Abständen eingestreuten Titel verschiedener Shakespeare-Dramen - in den zitierten Auszügen gehören hierzu "'Timon of Athens.'" (Zeile 6) und auch "'Henry'" (Zeile 17) (263) - sowie eine Reihe von Eigennamen, deren Referenten man zumindest dann, wenn einem ein paar

---

(263) Es gibt in "When the Sun Tries to Go On" noch zahlreiche andere stichwortartige Verweise auf Schriftsteller oder deren Werke (von Pindar bis Queneau) sowie auch auf bildende Künstler (von Donatello bis Esteban Vicente), die keine tiefere Bedeutung haben.

zentrale Informationen über Kochs Biographie präsent sind, recht leicht zu identifizieren vermag; so handelt es sich zweifellos um Anspielungen auf die Ehefrau des Lyrikers, wenn in den Zeilen 23 und 26 von einer Janice die Rede ist.

Angesichts all dieser Verständnisschwierigkeiten stellt sich die Frage, wie man denn am besten einen Zugang zu "When the Sun Tries to Go On" finden kann. Eine erste Möglichkeit, sich dem Gedicht zu nähern, liegt meines Erachtens darin, es laut zu lesen und sich seine rhythmischen und lautlichen Qualitäten zu vergegenwärtigen. Man spürt dann rasch, daß Koch, wie David Shapiro zu Recht betont, "a great deal of delight in the sounds of words" hat (264). Dieses Vergnügen am Klang der Wörter manifestiert sich etwa in den schon kurz erwähnten witzigen Laut-Variationen in den Versen "O badgers, badges, bats, bags, bags is, / Black, blacks, rats is, as, is as, as, is, / Badgers as, is, is, bridges', bags, bags as is" oder in den amüsanten Binnenreimen in Textpartien wie "lower-class, / Power-gasp, Kokomo, dithyramb kimono. Whang / Bang!" und "Crane? oh heron! Able / Balance the trip knee, comedy." Was rhythmische Effekte anbelangt, so ist es zum Beispiel sehr reizvoll, sich die Spannung bewußtzumachen, die allein der fast staccatohafte Rhythmus erzeugt, der den zweiten oben wiedergegebenen Passus beherrscht.

Ein anderer fruchtbarer Ansatz der Auseinandersetzung mit "When the Sun Tries to Go On" bestünde darin, sich über die Wirkung Rechenschaft abzulegen, die durch die Art der Kombination und Anordnung der von Koch versammelten Wörter sowie durch das Spiel mit unterschiedlichen Satztypen hervorgerufen wird. Ein Abschnitt wie "Juno, Janice, / Meat-hooks, Elaine, lilacs, parapsychological / Coca-distinction plasm, jowls of the seedy grocer, / Monday, disinterest, sea ramparts, banjos, groups / Of pineapply-flavored Jericho-lemons." mutet nämlich bereits deshalb sehr komisch an, weil gerade die lakonische Aufzählung eindringlich die inhaltliche Disparatheit der hier vereinten Textelemente zur Geltung bringt. Und in etlichen - mitunter direkt aufeinanderfolgenden und daher erst recht unsere Aufmerksamkeit erregenden - Sätzen oder Satzfragmenten schafft der Dichter schon dadurch eine Atmosphäre des Überschwangs, daß er sie mit Ausrufezeichen versieht; von dieser von David Shapiro anschaulich als "exclamation-point exhilaration" (265) bezeichneten Stimmung getragen sind zum Beispiel die Passagen "It's Merrimac, bends, and pure gymnasium / Impy keels! The earth desks, madmen / Impose a shy (oops) broken tube's child - / Land!" und "'Lemons' for a pound of the / Oxford! September air! Bun of old leaves of / Care each musical 'Hooray, unpin the gong,' sylvan water / Ape shell-ladder! Egypts!"

---

(264) D. Shapiro, "When the Sun Tries to Go On", *Poetry* 114, September 1969, 402.
(265) Ibid.

Mit anderen Worten: man wird "When the Sun Tries to Go On" vor allem dann schätzen, wenn man sich - ganz im Sinne der Koch'schen Devise "The surface is the meaning." - auf jene Impulse konzentriert, die von den Besonderheiten der Oberflächenstrukturen dieses Texts ausgehen, wenn man also versucht, primär die äußere Gestalt und nicht so sehr den inneren Gehalt des von Koch verwendeten Sprachmaterials auf sich wirken zu lassen. Es erscheint mir aber - einen ähnlichen Vorbehalt habe ich ja auch gegen O'Haras "Second Avenue" - sehr schwierig, die "glittery, bright, unsyntactical language" (266) des Gedichts über einen längeren Zeitraum hinweg richtig zu goutieren. Auf Grund der Abwesenheit einer kohärenten Argumentationslinie und eines übergreifenden Bedeutungszusammenhangs ist es freilich nicht unbedingt notwendig, bei der Lektüre stets den *gesamten* Text zu erfassen; man kann durchaus, wenn immer man sich mit "When the Sun Tries to Go On" beschäftigt, jeweils nur ein paar Abschnitte oder Seiten auswählen, auf denen man - eher intuitiv als rational - gleichsam im Kleinen nachvollzieht, wie der Autor eine nicht über sich hinausweisende *surface* kreiert und der Sprache verblüffende neue Dimensionen erschließt.

Gedichte in dem Stil, den Koch selbst einmal "the abstract or When-the-Sun-Tries-to-Go-On-style" genannt hat (267), gibt es, wie eingangs bereits angesprochen, vornehmlich im Frühwerk des Lyrikers, das heißt, in jener Phase seiner künstlerischen Laufbahn, in der er sein Bestreben, "to do something with language / That has never been done before" (268), besonders radikal in die Praxis umsetzte. Der Dichter hat zwar bis heute immer wieder auch "mad incomprehensible / Free lovable poems" (269) geschrieben, die deshalb nicht paraphrasiert werden können, weil in ihnen der experimentelle und innovative Sprachgebrauch als solcher im Mittelpunkt steht, doch, insgesamt gesehen, dominieren seit der zweiten Hälfte der fünfziger Jahre im weitesten Sinne narrative Gedichte mit mehr oder minder 'verständlichen' Inhalten. Aber auch in den inhaltlich relativ einleuchtenden Texten bleibt Koch bei seiner strikten Ablehnung jeglicher Symbolhaftigkeit und bei seinem Verzicht auf die Vermittlung eindeutiger Botschaften. Dies möchte ich am Beispiel zweier Auszüge aus dem Gedicht "The Burning Mystery of Anna in 1951" näher erläutern:

2. WHY NOT?

It is satisfying to have a nose
Right in the middle of my face.

---

(266) Diese Formulierung stammt von dem Lyriker selbst; s. Shapiro, "Conversation with Koch", 57.
(267) Ibid., 56.
(268) Diese Zielbestimmung findet sich in dem Gedicht "Days and Nights", in dem Koch assoziativ verschiedene Stationen seiner schriftstellerischen Entwicklung beleuchtet; *DN*, 42.
(269) Diese sprechende Formel entnehme ich Kochs Gedicht "Thanksgiving", *TY*, 52.

You asked me the question and I replied
5   With as much imagination as I could.

Then one foggy morning we met.
We sat in a cold café and compared viruses.

Oh, sure, I'd heard of you a thousand times
From E and L and X and A and Y.

10   What was I trying to hide? Something monstrous?
Is there really anything to hide?

I hate all these guiltmongers. God damn it,
I said to myself one day. I'll let fly!

The story of my existence as I reconstruct it
15   Now is about one sixth part reconstruction.

Suggested to me by plastic instead of cork
In the bottleneck I said, Well, listen, now, well, well, to hell with it! Why not?

[...]

8. WHAT I WAS THINKING OF

The reeds were very sunny. "Yes, he
20   Lived here - Cézanne," you said.

Retiring fom the bicycles and remarking
How painful it was to bike, pleasanter to walk.

Was it the day a man with a moustache, a girl
Anne, three law students and I went?

25   Come on, let's go for a walk!
Bring not the bicycle.

Je crois qu'il exagère, says Marguérite.
Then, twoo-twoo, outside hear a bell.

Up to lunch from the wall about which I wrote
30   The poem "Bricks."

Standing in the sunlight and thinking
Or doing something like that.

First getting up and down the hill
Walking, until I smelled the fields, on two legs. (270)

Der zu Kochs autobiographischen Gedichten gehörende Text "The Burning Mystery of Anna in 1951" ist in acht numerierte Abschnitte untergliedert, die alle eine eigene Überschrift tragen und mit Ausnahme des oben zitierten zweiten Teils aus jeweils acht Verspaaren bestehen. Das Gedicht dreht sich hauptsächlich um Reminiszenzen des Sprechers beziehungsweise Autors an einige offenbar viele Jahre zurückliegende

---

(270) *BMA*, 16, 20f.

Begegnungen mit einer früheren Geliebten. Koch liefert uns freilich weder eine zusammenhängende Schilderung noch eine sorgfältig abgewogene Bewertung der fraglichen Liebesbeziehung, sondern präsentiert uns lediglich eine Sequenz von häufig recht bruchstückhaften Erinnerungen und Reflexionen. Diese Tendenz zur Vereinzelung spiegelt sich schon in der Typographie, in der aus dem Aufbau des Gedichts resultierenden Einteilung in verhältnismäßig kleine, klar voneinander getrennte Textblöcke. Vor allem aber neigt der Dichter zu ziemlich abrupten - und wegen dieser Abruptheit übrigens oft sehr komischen - Sprüngen von einem Detail zum nächsten. So wird zum Beispiel das zumindest partiell, vielleicht sogar ganz auf einen unbestimmten Zeitpunkt in der Vergangenheit zurückweisende emphatische Bekenntnis "I hate all these guiltmongers. God damn it, / I said to myself one day. I'll let fly!" abgelöst durch die nüchterne und wesentlich abstraktere, wohl der Gegenwartsperspektive zuzuordnende Überlegung "The story of my existence as I reconstruct it / Now is about one sixth part reconstruction.", und im Anschluß daran notiert der Lyriker eine Reminiszenz an einen spezifischen Moment einer wiederum irgendwann in der Vergangenheit anzusiedelnden Gesprächssituation: "Suggested to me by plastic instead of cork / In the bottleneck I said, Well listen, now, well, well, to hell with it! Why not?". Oder Koch konfrontiert uns am Ende des achten Teils (Zeilen 29 - 34) mit drei Versspaaren, in denen er jeweils in erster Linie einen Bewegungsablauf umreißt, wobei er aber, indem er sich stets auf kaum mehr als ein paar essentielle Stichworte beschränkt, elliptische Satzkonstruktionen wählt und nur in Nebensätzen finite Verben benutzt, offenläßt, wie die betreffenden Bewegungsabläufe zeitlich zu plazieren und wie sie miteinander verknüpft sind.

Etliche Sinneinheiten von "The Burning Mystery of Anna in 1951" haben also insofern einen mehr oder weniger fragmentarischen Charakter, als der Dichter keine expliziten Verbindungen zwischen ihnen herstellt. Für sich allein betrachtet sind sie jedoch meistens - und dies konstituiert einen fundamentalen Unterschied zwischen dem vorliegenden Text und "When the Sun Tries to Go On" - keineswegs unverständlich. Gewiß, manche Einzelaussagen - etwa: "It is satisfying to have a nose / Right in the middle of my face." oder: "We sat in a cold café and compared viruses." - haben einen leicht verwirrenden Effekt, da sie von einer absurden Komik geprägt sind. Andere Äußerungen sind nicht völlig durchschaubar, weil der Leser wegen der Kontextlosigkeit dieser Äußerungen bei bestimmten Redeteilen nicht zu ermitteln vermag, worauf sie sich beziehen; bei dem Versspaar "You asked me the question and I replied / With as much imagination as I could." zum Beispiel wissen wir nicht, auf *welche* Frage der Sprecher hier abhebt, und die Überlegung "Was it the day a man with a moustache, a girl / Anne, three law students and I went?" ist nicht ganz eindeutig, weil wir nicht erfahren, wo der hier thematisierte Spaziergang hinführt. Aber selbst solche nicht restlos erklärbaren Textpartien bieten noch zahlreiche Anhaltspunkte für eine Übertragung in die dem Leser vertraute Alltagwirklichkeit. Außerdem sind sie wenigstens im Hinblick auf Syntax und Vokabular sehr unkompliziert. Überhaupt eignet dem Gedicht auf sprachlicher Ebene eine geradezu entwaffnende Schlichtheit. "Then one foggy morning we met.", "The reeds were very sunny.", "Come on, let's go for a walk!" - Koch bildet auffallend oft so betont einfache, in einem unprätentiösen Unterhaltungsstil abgefaßte Sätze, die in sich vollkommen transparent, wenn nicht gar banal sind.

In einem Interview bringt Koch einmal zum Ausdruck, daß er in seinen "narrativen Gedichten" ganz bewußt stets extrem simple, eben nicht doppelbödige und bedeutungsschwere Geschehnisse behandelt habe: "I wanted them [= the narrative poems] to be very simple-minded stories, the way I wanted the words to be just words almost in 'When the Sun Tries to Go On.' I wanted the incidents in my narrative poems to be just incidents, to have the same kind of clarity and simplicity." (271) Und wenig später unterstreicht der Schriftsteller, er wolle in seiner Lyrik wie auch in seinem dramatischen Oeuvre grundsätzlich folgendes realisieren: "I don't want it [= theatre or poetry] to be smothered or drowned in meaning and syntax, but to present pure experiences." (272) "Nichts als Ereignisse", "Klarheit und Schlichtheit", "reine Erfahrungen": diese Formulierungen sind, wie aus den obigen Ausführungen hervorgeht, auch gut geeignet, zentrale Merkmale der verschiedenen Einzelaussagen in "The Burning Mystery of Anna in 1951" zu beschreiben. Denn nicht nur bei knappen Hauptsätzen, sondern gerade auch bei jenen elliptischen Sätzen, die statt finiter Verben Partizipien enthalten - zum Beispiel: "Retiring from the bicycles and remarking / How painful it was to bike, pleasanter to walk." oder: "Standing in the sunlight and thinking / Or doing something like that." -, stellt man immer wieder fest, daß Koch hier mit einfachen Worten ohne weiteres einleuchtende, "reine" Handlungen und Erfahrungen verbalisiert, die nicht über sich hinausweisen und nicht - um das eben zitierte, von dem Autor selbst verwendete Bild aufzugreifen - "in Bedeutung und Syntax erstickt oder ertränkt werden".

Die einzelnen Bestandteile des vorliegenden Gedichts bereiten also für sich allein genommen allenfalls geringfügige Verständnisprobleme. Gewisse Interpretationsschwierigkeiten ergeben sich jedoch daraus, daß sich die verschiedenen Sinneinheiten nicht zu einem geschlossenen Text-Ganzen zusammenfügen. Vielmehr verzichtet Koch ja häufig darauf, zwischen aufeinanderfolgenden Verspaaren Übergänge zu schaffen beziehungsweise die von ihm skizzierten Erlebnis-Augenblicke in einen größeren Kontext einzubinden. Unser Wissen über die von dem Lyriker berührten Inhalte bleibt daher lückenhaft, und so ist jeder einzelne Leser aufgefordert, die ein bißchen an Versatzstücke erinnernden Einzelaussagen des Gedichts selbst weiterzudenken und miteinander zu

---

(271) Shapiro, "Conversation with Koch", 57f.
(272) Ibid., 58.

verbinden. Es ist aber nicht möglich, dabei letztlich zu einer allgemeingültigen Deutung des Texts zu gelangen. Auch "The Burning Mystery of Anna in 1951" illustriert mithin, daß Koch es ablehnt, in seinen Gedichten feste Botschaften zu vermitteln, und es durchaus ernst meint, wenn er in "The Art of Poetry" konstatiert: "A reader should put your work down puzzled, / Distressed, and illuminated, ready to believe / It is curious to be alive." (273)

5.2.4. Barbara Guest

Im Unterschied zu den Texten der drei bislang untersuchten New York Poets bestehen die Gedichte von Barbara Guest nur selten vorwiegend aus auf Anhieb einleuchtenden beschreibenden Aussagen über die Alltagswirklichkeit. Solche Aussagen kommen zwar bisweilen auch bei Guest vor, doch sie sind stets von sekundärer Bedeutung. Die Lyrikerin hat sich denn auch explizit gegen "realistic descriptions" und "direct statements" ausgesprochen und betont, es sei ihr, ganz im Gegenteil, sehr wichtig, ihren Gedichten eine "mystic quality" zu verleihen (274). Sie will, anstatt wohl vertraute Phänomene mimetisch zu reproduzieren und "meanings or values" zu artikulieren, die eine "atmosphere of security" erzeugen, eher "etwas Neues" und deshalb eventuell fremd und rätselhaft Anmutendes in Worte fassen (275). Zugleich hat sie die Absicht, immer auch durch irrationale Impulse inspirierte geheimnisvolle Einzelheiten in ihre Texte zu integrieren: "Ideally a poem will be both mysterious (incunabla, driftwood of the unconscious), and organic (secular) at the same time." (276) Bezeichnend ist ferner, daß die Schriftstellerin jene "atmosphere of mystery" als sehr anregend empfindet, die dann entsteht, wenn der Dichter es zuläßt, daß sein Text ein Eigenleben entfaltet - "a secret grip of its own separate from its creator" hat - und infolgedessen eine für Autor wie Leser unter Umständen sehr überraschende Entwicklung nimmt (277).

Guests Lyrik entzieht sich also in insgesamt noch weitaus höherem Maße einer Paraphrase als die Werke von Schuyler, O'Hara und Koch. In allen Schaffensphasen der

---

(273) *AL*, 43.
(274) In einem Gespräch mit der Verfasserin am 18. September 1989; Guest fügte freilich hinzu, sie sei nicht gegen "realism" (im Sinne einer authentischen Wiedergabe der während des Arbeitsprozesses ablaufenden Bewußtseinsbewegungen), und räumte überdies ein: "It is impossible to get away from description altogether."
(275) S. Guest, "Radical Poetics", 2f.
(276) Dies., "Reason for Poetics", 153.
(277) Ibid.

Dichterin existieren jedoch unterschiedliche Grade der Realitätsferne beziehungsweise - nähe nebeneinander. Dabei sind gewisse Korrelationen zum Grad der Fragmenthaftigkeit der verschiedenen Texte, zur stärkeren oder schwächeren Ausgeprägtheit der in Guests Oeuvre bekanntlich weitverbreiteten Collage-ähnlichen Grundstrukturen zu beobachten. Als ein Beispiel für jene Gedichte, die sich einer Umschreibung immerhin nicht vollständig widersetzen und in denen man einigen *relativ* deutlichen Anspielungen auf die Alltagswirklichkeit begegnet, möchte ich "East of Omsk" erörtern:

I am living in the Siberia
of your rose
there is a family of us
and we laugh
5   when the petals fall
in our house
there is a festival every night
called frozen

Which is actually a tree
10   you cannot recognize
through its icicle burrs
at the last station
to Vladivostok
before taking the boat
15   to Yokohama

        Where it rains
and our memory snow
      melts
        Only the beast fur
20   shines in this light of twelve tones
        Radiant as a warm
skeleton whose profile
        in Yokohama
will be drawn to endorse
25   the acacia weather
        of your rainbow homecoming
Better known in the south
where Yalta reproduces those skiffs
on a soft threshing
30   coast of pineapple waves
        Russia! a natural tribute
to have sent this wordgram
        so far
translating "flowers"
35   from under a pelt cap (278)

"East of Omsk" gehört zu den besonders in Guests ersten Gedichtbänden recht zahlreichen Texten, die sich in der einen oder anderen Form auf bestimmte Reisen der Autorin stützen. Guest hat auch selbst darauf hingewiesen, daß das Reisen eine wichtige Inspirationsquelle ihrer Lyrik sei: "Painting has been a major influence on my work -

---

(278) *BS*, 26f.

along with travel - spending at least a few months of the year outside the U.S." (279) In dem vorliegenden Gedicht stehen nun, wie schon im Titel anklingt, Reminiszenzen an eine Reise in die Sowjetunion und nach Japan im Mittelpunkt. Der Sprecher nennt die Namen verschiedener Hafenstädte ("Vladivostok", "Yokohama", "Yalta"), erwähnt (in den Zeilen 12 beziehungsweise 14), daß ein Teil der Reise mit dem Zug, ein anderer Teil mit dem Boot zurückgelegt wurde, und geht auf eine Reihe von mitunter sehr bildhaft formulierten Einzelerinnerungen ein. Letztere haben hauptsächlich visuelle Eindrücke ("the petals fall", "a tree you cannot recognize", "Only the beast fur / shines in this light of twelve tones", "skiffs / on a soft threshing / coast of pineapple waves") und mit dem Wetter zusammenhängende Impressionen ("a festival [...] called frozen", "icicle burrs", "it rains / and our memory snow / melts", "the acacia weather / of your rainbow home-coming") zum Inhalt, aber sie drehen sich auch gelegentlich um Stimmungen, zum Beispiel um Momente der Heiterkeit ("we laugh", "there is a festival every night").

Doch obwohl Guest uns auf recht evokative Weise konkrete Details präsentiert, gewinnen wir lediglich eine vage Vorstellung von der in dem obigen Gedicht reflektierten Reise. Dies ist zum einen darauf zurückzuführen, daß diverse Einzelheiten nicht präzisiert oder näher erläutert werden. So bleibt beispielsweise bei den in "East of Omsk" gebrauchten Personalpronomina meist unklar, wer genau damit gemeint ist: von welchem Personenkreis ist etwa in den Versen "there is a family of us / and we laugh" die Rede? Warum bedient sich die Dichterin in der Aussage "our memory snow / melts" des Plurals? Bezieht sich das Pronomen in "the acacia weather / of your rainbow homecoming" auf den Sprecher oder auf jemand anderen? Für all diese Fragen gibt es keine definitiven, allgemeinverbindlichen Antworten, sondern die einzelnen Leser können individuell verschiedene Antworten finden.

Zum anderen liegt die inhaltliche Unbestimmtheit oder Ambiguität des Gedichts in stilistischen und strukturellen Eigenheiten begründet. Die von Guest verwendeten Bilder zum Beispiel erweisen sich vielfach als ziemlich rätselhaft: wie soll man etwa die metaphorische Ortsangabe "the Siberia / of your rose" interpretieren? Birgt das Bild des "light of twelve tones" eine Anspielung auf die moderne Musik in sich, und, wenn ja, welche Implikationen hat diese Anspielung? Wie ist der Schritt für Schritt immer komplizierter werdende Vergleich des strahlend glänzenden Tierfells mit "a warm / skeleton whose profile / in Yokohama / will be drawn to endorse / the acacia weather / of your rainbow homecoming" zu verstehen? In struktureller Hinsicht verwirrend ist vor allem Guests Neigung zur Verschränkung von Realem und Imaginärem. So scheinen zum Beispiel schon in den ersten paar Zeilen des Gedichts - "I am living in the Siberia / of

---

(279) Zit. in: *Contemporary Authors: A Bio-bibliographical Guide to Current Authors and Their Works*, ed. C. Nasso, Bd. 7 (25-28), rev. ed., Detroit 1977, 292.

your rose / there is a family of us / and we laugh / when the petals fall" - Reminiszenzen an spezifische Reiseerlebnisse und Phantasie- oder Traumbilder nahtlos ineinanderzufließen. Am Ende der ersten Strophe wird dann die zunächst wie eine nüchterne Sachinformation wirkende - und in Anbetracht der vorherigen Aussagen auf *einer* Ebene wohl auch so auslegbare - Bemerkung "there is a festival every night" durch den Zusatz "called frozen" zu einem poetischen Bild weiterentwickelt, das ein durch eisige Temperaturen erzeugtes festliches Glitzern heraufbeschwört. Zu einer ausgesprochen enigmatischen Verknüpfung von bildhaften Assoziationen mit Anspielungen auf real anmutende Ereignisse gelangt Guest schließlich in dem mit dem Ausruf "Russia!" beginnenden letzten Textabschnitt: es ist nicht zu entscheiden, wo bei dem Verweis auf das Abschicken eines *wordgram* und dem Bild des "translating 'flowers' / from under a pelt cap" die Vermittlung von Fakten aufhört und das Imaginieren anfängt.

Die letzten fünf Zeilen von "East of Omsk" sind freilich schon allein wegen des elliptischen Satzbaus kaum zu paraphrasieren. Daß bereits die Syntax beim Leser eine gewisse Desorientierung hervorruft, ist in dem vorliegenden Gedicht jedoch selten der Fall. Der zum Großteil aus vollständigen Sätzen aufgebaute Text ist ansonsten nur deshalb manchmal syntaktisch doppeldeutig, weil Guest bis auf ein einziges Ausrufezeichen keinerlei Interpunktionszeichen benutzt. Daher läßt sich zum Beispiel die Texteinheit "in our house" sowohl mit den vorangehenden als auch mit den nachfolgenden Versen verbinden. Aber wie gesagt: normalerweise entspricht die Syntax den Konventionen diskursiver Sprache und leistet dadurch einen wichtigen Beitrag dazu, daß das Gedicht eine insgesamt durchaus kohärente, lediglich in der Schlußpartie nicht richtig weitergeführte Entwicklungslinie besitzt.

Ziehen wir ein kurzes Fazit: "East of Omsk" enthält einerseits einige recht gut erkennbare Reisemotive und zeichnet sich überdies in relativ hohem Maße durch narrative Linearität aus. Andererseits bleiben im Detail etliche Dinge unklar, und man macht bei der Lektüre immer wieder die Erfahrung, daß Realität und Traum untrennbar verwoben sind. Guest entwirft also letztlich - anders als Koch es in dem ja auch um Erinnerungen an Vergangenheits-Geschehen kreisenden Text "The Burning Mystery of Anna in 1951" tut - eine zwar nicht ganz von der Alltagswirklichkeit losgelöste, aber gleichsam über ihr schwebende Welt, "a world somewhere above the 'real' one" (280).

Neben den zumindest formal verhältnismäßig kohärenten und geschlossenen Texten in der Art von "East of Omsk" umfaßt das Oeuvre von Barbara Guest auch

---

280) Diese Formulierung entstammt einem Kommentar zu Guests Lyrik von Jonathan Cott; s. ders., "The New American Poetry", in: *The New American Arts*, ed. R. Kostelanetz, New York 1965, 153.

etliche Gedichte, die bereits deshalb nicht allgemeingültig umschrieben werden können, weil die Autorin sie einer radikalen Segmentierung in sehr kurze und darum oft schon in sich bedeutungsoffene Aussagefragmente unterworfen hat. Das läßt sich zum Beispiel an Hand des Gedichts "Musicality" veranschaulichen; ich zitiere ungefähr die erste Hälfte dieses Texts:

The wave of building murmur
                   fetid   slough from outside
a brown mouse   a tree mouse.

                      two trees leaning forward
5   the thick new-made emptiness

          Naturalism.

         Hanging apples   half notes
in the rhythmic   ceiling   red flagged
rag clefs

10   notational margins

              the unfinished

                  cloudburst

a barrel cloud fallen from the cyclone truck
they hid under a table the cloud

15   with menacing disc

    Leafs ripple in the dry cyclonic

           levelled crusts -

        for four hands   of chambered
        breeze & cloud   design

20   her imposing composition of cloud weight

upon the sketched-in roof   small jumps over
the roofs

              a sonatina
edges in like sand grains under the orchard trees

25   pitching marbled stripes
of dusk like casino awnings near a vast pool
or contrasting mountain elevation

      light retires in gradations
      flick and flutter

30   "a favorite view" (281)

"Musicality" besteht, wie gleich auf den ersten Blick feststellbar, aus zumeist sehr knappen Texteinheiten, die großzügig über die einzelnen Seiten verteilt und somit schon optisch klar voneinander abgesetzt sind. Dabei beruht die typographische Gestaltung nicht auf einem festen Schema, sondern die Plazierung der Einrückungen, die Größe der unbedruckten Zwischenräume und die Zeilenabstände variieren, ohne daß es hierfür irgendwelche Regeln gäbe. Ähnlich unsystematisch sind die Großschreibung und die - einmal mehr äußerst spärliche - Interpunktion.

Angesichts der Kürze der einzelnen Texteinheiten nimmt es nicht wunder, daß die überwiegende Mehrheit der verschiedenen Sätze beziehungsweise Satzfragmente stark elliptisch ist. Manche Sinneinheiten - zum Beispiel: "Naturalism.", "notational margins", "cloudburst", "design" und: "flick and flutter" - sind sogar auf ein absolutes Minimum reduziert. Dennoch wird deutlich, daß einige Aussagen oder Aussagefragmente, an den Titel anknüpfend, mit Musik zu tun haben: "half notes / in the rhythmic", "rag clefs", "notational margins", "for four hands", "of chambered [...] design", "a sonatina / edges in [...]" sowie vielleicht: "The wave of building murmur" und: "the unfinished". Zu einer zweiten - und insgesamt noch umfangreicheren - Gruppe zusammenfassen kann man verschiedene Textpartien, in denen Natur- und Landschaftsimpressionen verbalisiert werden (282). Zum Teil handelt es sich hierbei um so schlichte, stichwortartige Verweise wie "a brown mouse", "two trees leaning forward", "Hanging apples" oder "light retires in gradations". Mitunter erfindet Guest aber auch Bilder, in denen sie bestimmte Naturerscheinungen phantasievoll verfremdet, zum Beispiel: "a tree mouse", "a barrel

(281) *FR*, 82-84. "Musicality" ist auch, wie schon im zweiten Kapitel erwähnt, 1988 zusammen mit Illustrationen (Zeichnungen von June Felter) einzeln veröffentlicht worden.
(282) Auf Natur- und Landschaftsmotive konzentriert sich auch June Felter in ihren Zeichnungen zu "Musicality".

cloud fallen from the cyclone truck / they hid under a table the cloud // with menacing disc" und: "of chambered / breeze & cloud". In einer anderen Passage spielt sie auf Landschaftsdarstellungen in der bildenden Kunst an: "her imposing composition of cloud weight // upon the sketched-in roof   small jumps over / the roofs". Außerdem entwickelt die Autorin einmal einen verschachtelten, auf Naturbildern basierenden Vergleich: "a sonatina / edges in like sand grains under the orchard trees // pitching marbled stripes / of dusk like casino awnings near a vast pool / or contrasting mountain elevation".

Der soeben zitierte Vergleich ist nicht zuletzt insofern interessant, als Musik- und Landschaftsmotive hier ausdrücklich miteinander in Verbindung gebracht werden. Eine ähnliche Verschränkung oder wenigstens ein Nebeneinander von Einzelheiten, die den beiden Themenkomplexen Musik und Landschaft zuzuordnen sind, ist unter anderem auch in den folgenden Textabschnitten zu beobachten: "Hanging apples   half notes", "notational margins // the unfinished // cloudburst" und: "for four hands   of chambered / breeze & cloud". Es liegt daher nahe, die in "Musicality" anzutreffenden Anspielungen auf Natur- und Landschaftsdetails generell als in irgendeiner Form durch Musik ausgelöste Assoziationen zu begreifen (283). Wesentlich vereinfachen würde dies die Interpretation des Gedichts freilich nicht. Denn selbst wenn man davon ausgeht, daß Guest hier - zumal sie ein paarmal auf Klaviermusik verweist (284) - primär verschiedenartige Assoziationen zu einem Musikstück aufgezeichnet hat, heißt dies noch keineswegs, daß man präzisieren kann, welche Bedeutung diese Assoziationen haben.

Eine erste Schwierigkeit bei dem Versuch der Umschreibung von "Musicality" erwächst daraus, daß die einzelnen Bestandteile des Gedichts, wie erwähnt, durchweg einen mehr oder minder bruchstückhaften Charakter haben und darum vielfach schon für sich allein betrachtet vage und unbestimmt sind. Worauf bezieht sich etwa das durch Position, Großschreibung und Punkt in besonderem Maße isolierte Stichwort "Naturalism."? Auf eine Klavierkomposition, auf die ja auch in anderen Textpartien berührte bildende Kunst oder eventuell sogar auf die Lyrik? Oder wie ist das in der Mitte

---

(283) Dabei wäre es denkbar, daß der Sprecher sich gleichzeitig vorstellt, wie diese Assoziationen in eine Zeichnung oder ein Gemälde übertragen werden könnten. Jedenfalls fällt vor allem im zweiten Teil des Gedichts auf, daß der Sprecher Anspielungen auf die Musik öfter mit Anspielungen auf die bildende Kunst beziehungsweise auf eine nicht identifizierte Malerin (June Felter?) vermischt; es möge genügen, hier nur nur ein Beispiel zu zitieren: "in forest guise the 'theme' / shy of Niebelung thunder requests the artist / who is shy driving her motor / watching big mountain thunder fall on shy trees // the composition is shy" (*FR*, 84f.).

(284) In dem von mir zitierten Auszug denkt man vor allem bei dem Textfragment: "for four hands" an Klavierkompositionen; in der zweiten Hälfte des Gedichts kommt Guest zum Beispiel auf einen Steinway-Flügel zu sprechen und läßt den Nachnamen des Pianisten Walter Gieseking fallen. Sie nennt jedoch nirgends ein bestimmtes Werk der Klavierliteratur.

von Zeile 8 vorkommende, gleichfalls bereits durch die Typographie vereinzelte Wort "ceiling" zu verstehen? Ganz wörtlich als Zimmerdecke oder aber in übertragenem Sinne als Wolkenhöhe oder Höchstgrenze? Doch ob man nun die eine oder die andere Bedeutungsmöglichkeit als die plausibelste ansieht, man kann in keinem Fall tiefere Sinnschichten entdecken, um so mehr, als nicht genau zu ermitteln ist, ob der fragliche Begriff - was rein grammatisch schlüssig wäre - die Wortgruppe "in the rhythmic" ergänzen soll. Als ein letztes Beispiel für schon in sich sehr vage Aussagefragmente sei die überraschenderweise mit Anführungsstrichen versehene Formel "'a favorite view'" herangezogen. Ist dies ein Zitat, und, wenn ja, woher stammt es? Haben wir hier eine weitere Anspielung auf die bildende Kunst vor uns? Und wie könnte man die von Guest nicht weiter ausgemalte "bevorzugte Aussicht" konkretisieren? Die Liste der Beispiele für Sinneinheiten, die solche nicht eindeutig zu beantwortenden Fragen aufwerfen, ließe sich beliebig weiter fortsetzen. Ich möchte mich hier jedoch darauf beschränken, zum Thema der Unbestimmtheit nur noch folgendes anzumerken: ebenso wie in "East of Omsk" sind in "Musicality" manche Sätze oder Satzbruchstücke bereits deshalb nicht recht entschlüsselbar, weil sie Personalpronomina enthalten, deren Referenten wir nicht benennen können; in dem obigen Auszug gilt dies für das "they" in Zeile 14 und für das "her" in Zeile 20.

Ein zweites - eng mit der so ausgeprägten Tendenz zur Fragmenthaftigkeit verknüpftes - Verständnisproblem resultiert aus Guests Verzicht auf die Herstellung expliziter Zusammenhänge zwischen den verschiedenen Bestandteilen von "Musicality". Die Dichterin begnügt sich also damit, die einzelnen Denk- und Anschauungsmomente ganz unverbunden aneinanderzureihen. Und so konfrontiert sie uns etwa gleich in den ersten Zeilen mit einem abrupten Wechsel von einem vermutlich eine Musik-Assoziation beinhaltenden Vers ("The wave of building murmur") zu mehreren Aussagefragmenten, in denen von diversen Naturphänomenen die Rede ist und die ihrerseits plötzlich von der sehr abstrakten und ungreifbaren Texteinheit "the thick new-made emptiness" abgelöst werden. Dieses Springen von einem Thema zum nächsten kennzeichnet das gesamte Gedicht und trägt entscheidend dazu bei, daß "Musicality" erheblich weniger geschlossen und kohärent wirkt als "East of Omsk". Einige Motive kehren zwar in unregelmäßigen Abständen mehrmals wieder - namentlich das Motiv der Wolken, ferner, zum Beispiel, die Motive der Bäume, der Berge und des Zyklons -, aber sie sind jeweils in sehr unterschiedliche Kontexte eingebettet und haben offenbar nicht die Funktion, dem Gedicht Einheit zu verleihen, geschweige denn irgendwelche symbolischen Bezüge zwischen verschiedenen Textpartien zu stiften.

Da "Musicality" also vornehmlich aus extrem kurzen und bruchstückhaften, oft schon in sich vieldeutigen Texteinheiten besteht und darüber hinaus eine nicht-lineare

Grundstruktur aufweist, entzieht es sich der Paraphrase in noch weitaus höherem Maße als "East of Omsk". Guest präsentiert uns eine Art "mobile fiction" (285), ein bewußt nicht auf die Vermittlung fester Botschaften ausgerichtetes lockeres Gefüge mannigfaltiger Impressionen und Assoziationen, das den Leser einlädt, die einzelnen Gedichtbestandteile selber weiterzudenken und gegebenenfalls zu vervollständigen sowie die zahlreichen Lücken und 'Leerstellen' des Texts imaginativ zu füllen. Einen ähnlich großen Interpretationsspielraum wie in "Musicality" hat man auch in vielen anderen Texten dieser Schriftstellerin, die im Rahmen einiger allgemeiner Bemerkungen zu ihrer Lyrik denn auch einmal betonte: "People can react very individually." (286)

5.2.5. John Ashbery

John Ashbery verzichtet noch dezidierter als Barbara Guest auf abbildhafte, diskursive Schilderungen der Alltagsrealität und auf die Artikulation oder gar die planvolle Ausarbeitung fest umrissener Inhalte. Gerade Ashbery bringt ja auch in seinen programmatischen Äußerungen, wie oben ausgeführt, besonders häufig und nachdrücklich zur Sprache, daß er nicht die Intention hat, in seinen Gedichten exakt paraphrasierbare "'meaningful statement[s]'" zu formulieren (287). Anstatt seinen Lesern eindeutige Mitteilungen zu präzis eingegrenzten Themen zu machen, offeriert er ihnen lieber ganz verschieden auslegbare Lektüre-Angebote. Denn auch auf Ashberys eigenes Werk läßt sich übertragen, was er über Gertrude Steins *Stanzas in Meditation* geschrieben hat:

> But it is usually not events which interest Miss Stein, rather it is their "way of happening", and the story of *Stanzas in Meditation* is a general, all-purpose model which each reader can adapt to fit his own set of particulars. The poem is a hymn to possibility; a celebration of the fact that the world exists, that things can happen. (288)

Daß er das Gedicht als "eine Hymne an das Mögliche", als ein loses Textgefüge ohne feste Bedeutung begreift, dokumentieren nicht nur die schon in einem anderen Zusammenhang zitierten Selbst-Kommentare des Lyrikers. Da Ashbery bekanntlich gern

---

(285) Diese sprechende Formel findet sich in Guests Gedicht "The Screen of Distance" (*FR*, 44).
(286) In einem Gespräch mit der Verfasserin am 18. September 1989.
(287) S. den unter Anm. 208 zitierten Kommentar.
(288) J. Ashbery, "The Impossible", *Poetry* 90, July 1957, 251. Vgl. die zum Teil in frappierend ähnlichen Worte gefaßten, unter Anm. 224 wiedergegebenen Erläuterungen Ashberys.

Reflexionen über die eigene Schaffenstätigkeit in seine Texte integriert, begegnet man sogar in seinen Gedichten etlichen Anspielungen auf die Abkehr des Autors von der Verbalisierung klarer Botschaften. So heißt es etwa in einem Text mit dem Titel "What Is Poetry" unter anderem: "Trying to avoid // Ideas, as in this poem?" (289) Auf die hier bekundete Auffassung, daß in der Dichtung genau definierbare Ideen vermieden werden sollten, läuft trotz der unterschiedlichen Wortwahl letztlich auch ein humorvoll-ironischer Abschnitt in der "Ode to Bill" hinaus:

> [...] What is writing?
> Well, in my case, it's getting down on paper
> Not thoughts, exactly, but ideas, maybe:
> Ideas about thoughts. Thoughts is too grand a word.
> Ideas is better, though not precisely what I mean:
> Someday I'll explain. Not today though. (290)

In dieser Passage manifestiert sich sowohl formal als auch inhaltlich, daß Ashbery in seinen Gedichten viele Dinge nicht definitiv entscheidet, sondern bewußt in der Schwebe läßt. Dieselbe Grundhaltung spiegeln einige Verse aus "Indelible, Inedible": "Some things are always left undecided / And regroup, to reappear next year in a new light, / The light of change." (291) Weitere interessante Anspielungen auf die für fast alle Texte dieses Lyrikers typische Offenheit und Unbestimmtheit sind zum Beispiel ein von dem Sprecher von "Litany" gezogener Vergleich des Inhalts dieses Gedichts mit einem "plot of unfinal ecstasies" (292) sowie die in dem Band *Three Poems* vorkommenden, jeweils immer auch mit Ashberys Dichtung zu assoziierenden Bilder "an open field of narrative possibilities" und "the haphazard field of potentiality" (293). Gleichfalls auf einer Ebene auf Ashberys Texte beziehbar ist die Absage an unzweideutige Plots in den folgenden Zeilen aus "Darlene's Hospital": "[...] and no plot is produced / Nothing you could hang an identifying question on." (294) Auf das hier so lakonisch konstatierte Faktum, daß sich Ashberys Gedichte einer Paraphrase in der Regel verweigern, spielt schließlich indirekt auch der Anfang eines schlicht "Summer" betitelten Texts an: "There is that sound like the wind / Forgetting in the branches that means something / Nobody can translate." (295)

Manche Texte lassen sich hauptsächlich deshalb nicht umschreiben, weil sie sich - ähnlich wie Barbara Guests "Musicality" - aus extrem kurzen Fragmenten zusammensetzen und daher schon von ihrer Struktur und äußeren Gestalt her kein

---

(289) *HD*, 47.
(290) *SP*, 50.
(291) *ShT*, 44.
(292) *AWK*, 50.
(293) *TP*, 41 u. 60.
(294) *W*, 59.
(295) *DDS*, 20.

196

geschlossenes Ganzes bilden. Charakteristischer für Ashberys Lyrik - und zugleich origineller - sind jedoch jene Texte, die dem Leser unauflösbare Verständnisprobleme bereiten, obwohl sie unter rein formalen Gesichtspunkten durchaus schlüssig und kohärent erscheinen, Gedichte also, die sich zunächst logisch und sinnvoll anhören, dann aber doch nicht durchschaut werden können. Ein erstes Beispiel hierfür liefert ein Text mit dem Titel "Tide Music":

> Again in the autumn there is a case for it,
> The tastelessness that just curls up and sometimes dies
> At the edge of certain thoughtful, uneventful side walks.
> In the afternoon you can hear what you can't see, all around,
>
> 5   The patterns of distress settling into rings
> Of warm self-satisfaction and disbelief, as though
> The whole surface of the air and the morrow were scored
> Over and over with a nail as heavy rains
>
>   Pounded the area, until underneath all was revealed as mild,
> 10 Transient shining, the way a cloud dissolves
> Around the light that is of its own making, hard as it is
> To believe, and as though the welcoming host in you had
>
>   For some reason left the door to the street open and all
> Kinds of amiable boors had taken advantage of it, though the mat
> 15 Isn't out. All the sky, each ragged leaf, have been thoroughly gone over
> And every inch is accounted for in the tune, the wallpaper of dreams. (296)

Bei einer nur flüchtigen Lektüre von "Tide Music" hat der Leser vielleicht den Eindruck, daß das Gedicht eigentlich recht einleuchtend wirkt: die durchweg vollständigen und syntaktisch korrekten Sätze und der prosanahe Rhythmus suggerieren nämlich, daß die einzelnen Sinneinheiten folgerichtig miteinander verknüpft sind und letztlich ein stimmiges Bedeutungs-Ganzes ergeben. Der erste Eindruck ist jedoch, wie sich rasch herausstellt, trügerisch. Denn wenn man sich eingehender mit den Inhalten der verschiedenen Komponenten des Gedichts beschäftigt, bemerkt man, daß sie sich keineswegs präzis paraphrasieren lassen. Dies liegt vor allem an der den gesamten Text beherrschenden rätselhaften Bildlichkeit.

Daß gerade die Bildlichkeit des Texts erhebliche Interpretationsschwierigkeiten verursacht, zeigt sich insbesondere in dem in der vierten Zeile beginnenden, fast drei Viertel des Gedichts einnehmenden Vergleich. Es handelt sich hierbei um eine komplexe und verwickelte Bildsequenz, innerhalb derer Ashbery eine Reihe von Einzelbildern durch immer neue Details ergänzt und erweitert. Sowohl die Sachhälfte (Zeilen 4 - 6) als auch die Bildhälfte (Zeilen 7 - 15) der Vergleichskette erweisen sich als rational kaum nachvollziehbar. So fängt die Sachhälfte zwar mit einer relativ einfach und verständlich anmutenden Aussage an ("In the afternoon you can hear what you can't see, all around"),

---

(296) *ShT*, 34

doch danach folgt eine Apposition, deren tragende Bestandteile zwei mehr oder minder ungreifbare Genitiv-Metaphern sind ("patterns of distress", "rings / Of warm self-satisfaction and disbelief") und die außerdem die nicht eindeutig zu beantwortende Frage aufwirft, inwiefern sie das Vorhergesagte fortführt: wie soll man die hier geschilderte Bewegung hören können?

Die somit schon in sich enigmatische Apposition ist dann der eigentliche Ausgangspunkt für die sehr verschachtelte Bildhälfte. Diese hat bereits deshalb einen verwirrenden Effekt, weil einige der Teilaussagen, aus denen sie aufgebaut ist, für sich allein betrachtet durchaus sinnvoll erscheinen, aber dadurch eine Verunklärung erfahren, daß sie nicht-umschreibbaren oder (wenigstens nach konventionellen Maßstäben) inkompatiblen Texteinheiten zugeordnet werden. So büßt zum Beispiel der an sich recht unkomplizierte Teilvergleich "underneath all was revealed as mild, / Transient shining, the way a cloud dissolves / Around the light that is of its own making" an Anschaulichkeit ein, weil er in ein Bild eingegliedert ist, für das es keine außertextlichen Korrelate gibt: "The whole surface of the air and the morrow were scored / Over and over with a nail as heavy rains // Pounded the area, until underneath [...]". Ähnliches gilt für den Inhalt der folgenden Zeilen: "[...] and as though the welcoming host in you had // For some reason left the door to the street open and all / Kinds of amiable boors had taken advantage of it, though the mat / Isn't out." Ashbery entwirft hier eine Szene, die in einem anderen Kontext möglicherweise durchaus einleuchtend wäre, in dem vorliegenden Zusammenhang beim Leser jedoch Ratlosigkeit hervorruft, da sie nicht dazu beiträgt, die abstrakte Grundvorstellung, der sie korrespondiert, zu erhellen ("The patterns of distress settling into rings / Of warm self-satisfaction and disbelief").

Aber obwohl die im Mittelteil von "Tide Music" entfaltete Vergleichskette nicht in diskursive Sprache übersetzt werden kann, wird erkennbar, daß Ashbery in der Sach- und in der Bildhälfte ähnliche Wandlungsprozesse skizziert: zentrale Texteinheiten evozieren jeweils einen allmählichen Übergang von einem als eher negativ empfundenen Zustand oder *pattern* ("patterns of *distress*" beziehungsweise "surface [...] scored / Over and over with a *nail* as *heavy rains pounded* the area") zu einem als eher positiv empfundenen Zustand / *pattern* ("rings of *warm* self-satisfaction" beziehungsweise "underneath all was revealed as *mild*, / *Transient shining*", "a *cloud dissolves*", "*welcoming* host", "*amiable* boors"). Da jedoch, wie wir gesehen haben, etliche Einzelaussagen recht ungreifbar sind, kann man diese unterschiedlichen Zustände nicht näher konkretisieren. Das heißt: Ashbery deutet in groben Zügen gleichsam die Richtung eines bestimmten Entwicklungsprozesses an, aber im Detail ist er absichtlich vage oder mehrdeutig, so daß der Vergleich als Ganzes letztlich keine allgemeinverbindliche Paraphrase erlaubt.

Neben dem so dominierenden Vergleich enthält "Tide Music" noch diverse andere nicht-umschreibbare Bilder. Was soll man sich etwa unter jener Apposition vorstellen, in der Ashbery uns mit verblüffenden Personifizierungen der Begriffe "tastelessness" und "sidewalks" konfrontiert: "The tastelessness that just curls up and sometimes dies / At the edge of certain thoughtful, uneventful sidewalks"? Oder wie könnte man das am Ende des Gedichts eingesetzte Bild "the wallpaper of dreams" interpretieren, bei dem noch nicht einmal definitiv zu entscheiden ist, ob wir es hier mit einem Genitivus obiectivus oder mit einem Genitivus subiectivus zu tun haben? Für diese und ähnliche Fragen lassen sich auch bei einer sehr sorgfältigen Lektüre keine eindeutigen Antworten finden. Der Leser ist vielmehr aufgefordert, den ihm präsentierten Bildern, indem er sie zum Ausgangspunkt für eigene Assoziationen macht, einen ganz individuellen Sinn zu verleihen.

Wenn man ein in Ashberys "pseudo-logical discursive mode" (297) abgefaßtes Gedicht nicht zu paraphrasieren vermag, so resultiert dies nicht unbedingt in jedem Fall oder *nur* daraus, daß der Text - wie wir es soeben bei "Tide Music" kennengelernt haben - zahlreiche rätselhafte Bilder in sich birgt. Denn der Dichter bedient sich oft - gleichzeitig oder alternativ - noch einer zweiten Strategie, um die von ihm angestrebte Bedeutungsoffenheit zu erzielen: er verwendet immer wieder Textelemente, bei denen unklar bleibt, auf wen oder was sie sich beziehen. Vor allem benutzt der Dichter häufig Pronomina, deren Referenten nicht genau zu identifizieren sind. Als besonders vieldeutig erweist sich dabei das einmal zu Recht als "Ashberys Fetischpronomen" (298) bezeichnete Pronomen "it", welches in etlichen Texten - was die Desorientierung des Lesers noch verstärkt - so in den Vordergrund gerückt wird, daß man mit David Fite zu dem Schluß gelangen könnte: "Many of Ashbery's poems are, in some way or another, exercises in 'it'." (299) Ein markantes Beispiel für jene Texte, die durchaus logisch klingen, aber wegen der großen Zahl unbestimmter "its" wie auch anderer mehrdeutiger Pronomina zu ganz unterschiedlichen Auslegungen anregen, ist das Gedicht "Saying It to Keep It from Happening":

> Some departure from the norm
> Will occur as time grows more open about it.
> The consensus gradually changed; nobody
> Lies about it any more. Rust dark pouring
> 5 Over the body, changing it without decay -
> People with too many things on their minds, but we live
> In the interstices, between a vacant stare and the ceiling,
> Our lives remind us. Finally this is consciousness

---

(297) Keller, "'Thinkers Without Final Thoughts'", 240.
(298) C.Cooper, J. Sartorius, "Anmerkungen zu den Übersetzungen", in: Ashbery, *Selbstporträt im konvexen Spiegel*, 115.
(299) D. Fite, "On the Virtues of Modesty: John Ashbery's Tactics Against Transcendence", *Modern Language Quarterly* 42, 1981, 69f.

And the other livers of it get off at the same stop.
10   How careless. Yet in the end each of us
      Is seen to have traveled the same distance - it's time
      That counts, and how deeply you have invested in it,
      Crossing the street of an event, as though coming out of it were
      The same as making it happen. You're not sorry,
15   Of course, especially if this was the way it had to happen,
      Yet would like an exacter share, something about time
      That only a clock can tell you: how it feels, not what it means.
      It is a long field, and we know only the far end of it,
      Not the part we presumably had to go through to get there.
20   If it isn't enough, take the idea
      Inherent in the day, armloads of wheat and flowers
      Lying around flat on handtrucks, if maybe it means more
      In pertaining to you, yet what is is what happens in the end
      As though you cared. The event combined with
25   Beams leading up to it for the look of force adapted to the wiser
      Usages of age, but it's both there
      And not there, like washing or sawdust in the sunlight,
      At the back of the mind, where we live now. (300)

Schon der Titel dieses ähnlich wie "Tide Music" von einem ruhigen Erzählrhythmus geprägten und aus grammatisch intakten, zumindest äußerlich folgerichtig aufeinander abgestimmten Sätzen aufgebauten Texts signalisiert, daß Ashbery hier eine "story of 'it'" (301) vor uns ausbreitet. Und in der Tat begegnet man diesem kleinen Funktionswort im Schnitt in jedem zweiten Vers des Gedichts. Manchmal kann man auch ziemlich sicher sagen, worauf ein gegebenes "it" Bezug nimmt (zum Beispiel in Zeile 5 auf "body", in Zeile 9 auf "consciousness" und in Zeile 13 auf "event"), doch in den meisten Fällen ist es nicht möglich, exakt die jeweiligen Referenten zu benennen. So hat man zwar bei den drei "its" in den ersten beiden Sätzen (Zeilen 1 - 4) und in der Texteinheit "You're not sorry, / Of course, especially if this was the way it had to happen" das Gefühl, daß der Sprecher hier stets auf etwas als heikel oder unangenehm, aber unabänderlich Empfundenes anspielt, doch man erhält nicht genügend Informationen, um in der Lage zu sein, diesen Gefühlseindruck zu präzisieren oder definitiv zu entscheiden, ob die fraglichen "its" auf dasselbe Phänomen verweisen oder nicht. Noch vager sind diverse vor allem in der zweiten Gedichthälfte vorkommende "its", die die Assoziationen des Lesers überhaupt nicht in irgendeine Richtung lenken. Solchermaßen bedeutungsoffen sind etwa die "its" in dem Teilsatz "It is a long field, and we know only only the far end of it". Diese sich zunächst ganz einfach anhörende Aussage ist in erster Linie deshalb letztlich rätselhaft, weil sie wohl metaphorischen Charakter hat, wir aber kein eigentlich Gemeintes ermitteln können. Ebenso unbestimmt ist zum Beispiel auch das wenig später in der Texteinheit "if maybe it means more / In pertaining to you" gebrauchte "it", dessen Unbestimmtheit einen um so konsternierenderen Effekt hat, weil es in einen Konditionalsatz eingebettet ist und weil gerade

(300) *HD*, 29f.
(301) Fite, "Virtues of Modesty", 70.

hypotaktische Satzstrukturen das Vorhandensein jener eindeutigen Sinnzusammenhänge suggerieren, die hier fehlen.

Wie bereits erwähnt, gibt es in "Saying It to Keep It from Happening" neben den keine festen Referenten besitzenden "its" noch andere Pronomina, bei denen offen bleibt, worauf sie sich beziehen. So verwendet Ashbery gelegentlich das Personalpronomen "you" (Zeilen 12, 14, 17, 23, 24), ohne daß man genau aufschlüsseln könnte, von wem hier jeweils die Rede ist. Vielmehr läßt das "you" durchweg verschiedene Interpretationen zu, die alle gleich plausibel sind: es könnte auf den Sprecher selbst verweisen, es könnte eine oder mehrere dem Sprecher nahestehende Personen be- zeichnen, und es könnte den Leser meinen. Denn auch in diesem Text kommt zum Tragen, daß Personalpronomina bei Ashbery, wie er selbst herausgestellt hat, generell nicht so sehr auf spezifische Individuen, sondern eher auf ihre Interaktion, auf zwischenmenschliches Kommunizieren als solches abheben:

> Every poet uses the 'I' frequently, but who is 'I'? *Je est un autre*. Similarly, the poet addresses a 'You', who can be either himself, someone he is close to, or an unidentified reader. It seems that is the situation in almost any poetry and I perhaps emphasize this more than most would. [...] It's not specific individuals or people that I'm interested in but the relations among them, the going out towards someone, having something projected back at one. (302)

Ein weiteres Pronomen, das sich unterschiedlich ausdeuten läßt, ist das Demonstrativpronomen "this", welches zum einen in "Finally this is consciousness" und zum anderen in "Your're not sorry, / Of course, especially if this was the way it had to happen" auftritt. In beiden Fällen besteht eine Interpretationsmöglichkeit darin, das Pronomen auf einer Meta-Ebene anzusiedeln, das heißt, auf den vorliegenden Text oder auf die dichterische Schaffenstätigkeit zu beziehen, doch damit ist das Bedeutungsspektrum noch keineswegs erschöpft.

Das Gedicht enthält also zahlreiche unbestimmte Pronomina, unter denen namentlich die geheimnisvollen "its" ins Auge fallen. Überdies läßt Ashbery uns auch bei einigen Substantiven darüber im unklaren, was sich hinter ihnen verbirgt. Auf welche Norm (Zeile 1) spielt er zum Beispiel gleich zu Beginn des Textes an? Von welchem Körper ist in der fünften Zeile die Rede? An welches Ereignis (Zeile 24) denkt der Sprecher im Schlußsatz? Dennoch: obwohl sich etliche Textelemente einer präzisen Paraphrase entziehen, werden viele Leser bei der ersten Lektüre von "Saying It to Keep It from Happening" in noch wesentlich höherem Maße als bei "Tide Music" den Eindruck

---

(302) Murphy, "Ashbery: Interview", 21. Vgl. Ashberys ganz ähnlich lautenden Kommentar in: Bloom / Losada, "Craft Interview", 123f.; vgl. auch die aufschlußreichen Ausführungen zum "unidentified 'you'" in Ashberys Lyrik in: B. Costello, "John Ashbery and the Idea of the Reader", *Contemporary Literature* 23, 1982, 494f.

gewinnen, das Gedicht könne gar nicht so weit von der Alltagsrealität entfernt sein. Dies hängt hauptsächlich mit stilistischen Merkmalen zusammen: während der Stil von "Tide Music" wegen der ausgeprägten Bildhaftigkeit dieses Texts insgesamt - wenn auch verhalten - poetisch wirkt, herrscht in "Saying It to Keep It from Happening" ein prosanaher Erzählstil vor. Das Vokabular ist schlicht und ungekünstelt, besonders in der ersten Hälfte sind etliche Sätze relativ kurz, und allenthalben dominiert ein sachlicher Grundton, der an nüchtern konstatierende Beschreibungen erinnert. Außerdem integriert Ashbery bisweilen recht kolloquiale, wie Bruchstücke aus Dialogen oder Selbstgesprächen klingende Wendungen in sein Gedicht, zum Beispiel "How careless.", "You're not sorry, / Of course, [...]" oder "If it isn't enough, take the idea [...]". Gerade weil "Saying It to Keep It from Happening" durch einen so unprätentiösen, verhältnismäßig eng an die Alltagssprache angelehnten Stil gekennzeichnet ist, erweist sich hier freilich die Spannung zwischen der äußerlich ganz stimmigen und schon allein durch diese formale Stringenz die Anwesenheit rational erfaßbarer Bedeutungen suggerierenden *surface* des Texts und seiner dann doch nie aufhebbaren Vagheit und Unübersetzbarkeit als noch extremer als in Gedichten wie "Tide Music". Aber solche graduellen Unterschiede sind letztlich unwichtig. Entscheidend ist, daß diese Spannung eine Konstante in Ashberys Dichtung darstellt, daß man mithin in der einen oder anderen Form immer wieder eine Erfahrung macht, die Calvin Bedient treffend wie folgt beschreibt: "The writing is wonderfully intelligent, and yet its subject queasily remains just out of control." (303)

Abschließend möchte ich noch einmal auf Ashberys kunstkritische Schriften zurückgreifen und drei mir in dem vorliegenden Kontext sehr interessant erscheinende Kommentare aus Aufsätzen über verschiedene mit dem Dichter befreundete Maler zitieren. Zu einer Reihe von Gemälden von Joseph Shannon bemerkt der Lyriker: "What's happening here is anybody's guess, yet somehow it all has the look of a slice of daily life." (304) Auf eine Gruppe von Bildern Joan Mitchells reagiert er mit den Worten: "we move in and out of these episodes, [...] always with a sense of feeling at home with the painter's language, of understanding what she is saying even when we could not translate it." (305) Und zu einigen Arbeiten von Rodrigo Moynihan hält er fest: "Elements of portrait and landscape seem always on the point of crystallizing in these [...] canvases, yet in the end they do not, and thus leave the spectator's imagination free play." (306) Was Ashbery in solchen Aussagen über die Werke bestimmter bildender Künstler zum Ausdruck bringt, kann man auch auf seine Gedichte übertragen: auch für sie ist charakteristisch, daß der Rezipient sie inhaltlich und / oder sprachlich als in irgend-

---

(303) C. Bedient, "Four American Poets", *The Sewanee Review* 84, 1976, 363.
(304) J. Ashbery, "Joseph Shannon" (1980), *RS*, 293.
(305) Ders., "Joan Mitchell" (1965), *RS*, 101.
(306) Ders., "Kandinsky's road to abstraction: 1902-1912", *NYHT*, 3.5.1961, 7. Vgl. auch die in Kap. 3 unter Anm. 110-114 (Seite 106) wiedergegebenen Zitate aus Ashberys kunstkritischen Texten.

einer Hinsicht vertraut empfindet, sie aber gleichwohl nicht genau zu paraphrasieren vermag und daher bei ihrer Interpretation seiner Phantasie freien Lauf lassen kann.

6. AUSBLICK

[...] in 1950 there was the new painting in San Francisco where I found my peers among painters - Brock Brockway, Lynne Brown, Jess Collins, Harry Jacobs and Lili Fenichel, and their teachers, Still, Hassel Smith, Corbett and Bischoff - who displayed new organizations allowing for discontinuities in space, for more vitality then (variety of impulse) than I had in my work in poetry. (1)

[...] in the middle 50's, the painters, without any question, became very decisive for me personally. And not only for me. I was thinking about this when I saw John Ashbery the other day. At one point Ashbery gave his own sense of the New York School. He said, "Well, first of all, the one thing that we were all in agreement with was that there should be no programme, and that the poem, as we imagined it, should be the possibility of everything we have as experience. There should be no limit of a programmatic order." And then he went on to qualify why painters were interesting to them. Simply that the articulation - the range of possibility - in painting was more viable to their sense of things. And I thought, "That's literally what I would say." That's precisely the imagination of the activity I had. (2)

Diese Reminiszenzen von Robert Duncan und Robert Creeley illustrieren, daß die New York Poets vor allem in den fünfziger Jahren keineswegs die einzigen avantgardistischen Dichter in Amerika waren, die sich intensiv mit der zeitgenössischen bildenden Kunst auseinandersetzten und auch im Hinblick auf grundlegende ästhetische Konzepte einiges mit bestimmten Malern gemeinsam hatten. Vielmehr entfalteten sich namentlich an jenen beiden Orten, die neben New York die wichtigsten Zentren progressiver amerikanischer Kunst waren und in denen Creeley und Duncan zu den jeweils bedeutendsten Dichtern gehörten, das heißt, am Black Mountain College in North Carolina und in San Francisco, mannigfaltige Kontakte und ein reger Gedankenaustausch zwischen Lyrikern und bildenden Künstlern. Am Black Mountain College wurde grundsätzlich eine Vereinigung aller Künste angestrebt, und so befanden sich hier auch Lyriker und Maler kontinuierlich miteinander im Gespräch. In San Francisco gab es - ähnlich wie in New York, doch in wesentlich kleinerem Stil - diverse 'alternative' kulturelle Einrichtungen, wo Repräsentanten aller Kunstgattungen zusammenkamen; besonders wichtig waren der 1952 von Peter Martin und Lawrence Ferlinghetti eröffnete City Lights Bookstore, der nicht zuletzt die zeitgenössische Malerei förderte (zum Beispiel, indem er 1954 begann, im Schaufenster stets ein "Painting of the Month" auszustellen), sowie die 1953 unter anderen von Duncan und seinem Freund, dem Maler Jess (Collins), gegründete King Ubu Gallery (von 1955 bis zu ihrer Schließung im Jahre 1958 The Six Gallery genannt), die nicht nur von bildenden Künstlern, sondern auch von Schriftstellern frequentiert wurde. Gleichzeitig standen etliche der am Black Mountain

---

(1) R. Duncan, "Biographical Notes" (1959), in: *The New American Poetry*, ed. D. Allen, New York / London 1960, 434.
(2) R. Creeley in: L. Wagner / L. MacAdams, Jr., "The Art of Poetry X: Robert Creeley", *The Paris Review* 11, Fall 1968, 167f.

College und in San Francisco tätigen Dichter und Maler sowohl miteinander als auch mit New Yorker Künstlern in Verbindung. Creeley beispielsweise reiste einerseits recht häufig nach New York, um sich dort mit befreundeten Dichtern und Malern zu treffen (3), und veröffentlichte andererseits in dem von ihm zwischen 1954 und 1957 herausgegebenen *Black Mountain Review* gerade auch Texte von Duncan und anderen Autoren aus San Francisco (etwa Allen Ginsberg und Jack Kerouac); ab 1956 lebte er dann selbst mehrere Jahre in dieser Stadt. Duncan führte zum Beispiel bereits ab Ende der vierziger Jahre eine regelmäßige Korrespondenz mit Charles Olson (der von 1947 bis 1956, dem Jahr der Schließung, am Black Mountain College lehrte und es ab 1951 auch leitete), stattete Black Mountain erstmals 1955 einen Besuch ab und hielt dort im Frühjahr und im Sommer 1956 *writing*-Kurse ab. Ebenfalls zeitweilig Gastdozenten am Black Mountain College waren verschiedene Maler aus New York, etwa Franz Kline (Sommer 1952), Robert Motherwell (Sommer 1951), Jack Tworkov (Sommer 1952) und Esteban Vicente (Sommer 1953). Der Dichter Allen Ginsberg hingegen zog 1954 von New York nach San Francisco, verbrachte aber in den folgenden Jahren immer wieder auch mehrere Wochen oder Monate in New York. Ein anderer Dichter - der schon kurz erwähnte, seit Anfang der fünfziger Jahre in San Francisco ansässige Lawrence Ferlinghetti - schrieb von 1953 bis 1955 als *San Francisco correspondent* regelmäßig Ausstellungsberichte für die New Yorker Kunstzeitschrift *Art Digest*...

Dies sind nur einige wenige Beispiele für die bereits bei einem flüchtigen Blick auf verschiedene Künstlerbiographien erkennbaren Beziehungen zwischen avantgardistischen Lyrikern und Malern am Black Mountain College und in San Francisco wie auch für ihre jeweiligen Kontakte nach New York (4). Die diversen Querverbindungen sind überaus komplex, und es wäre natürlich eine hervorragende Ergänzung meiner Arbeit, wenn diese Querverbindungen - sei es im Rahmen einer alle drei fraglichen Orte einbeziehenden Gesamtdarstellung, sei es in Form weiterer auf je einen Ort beschränkter Studien - genauer untersucht würden. Dabei könnte man ähnliche Einzelthemen betrachten, wie sie in der vorliegenden Arbeit in bezug auf die New York Poets erörtert worden sind. Auch am Black Mountain College und in San Francisco haben manche Dichter - allerdings längst nicht im gleichen Umfang wie die New Yorker Lyriker - kunstkritische Texte verfaßt: Creeley zum Beispiel hat eine Reihe von Essays geschrieben, die so unterschiedlichen Künstlern wie Franz Kline, John Chamberlain oder

---

(3) Vgl. Kap. 2 der vorliegenden Arbeit, 46.
(4) Für genauere Informationen verweise ich z.B. auf: T. Albright, *Art in the San Francisco Bay Area, 1945-1980: An Illustrated History*, Berkeley etc. 1985; *Black Mountain Review, Vol. 1-3, 1954-1957*, ed. R. Creeley, New York 1969; M. Duberman, *Black Mountain: An Exploration in Community*, New York 1972; M.E. Harris, *The Arts at Black Mountain College*, Cambridge, Mass. / London 1987; L. Ferlinghetti / N.J. Peters, *Literary San Fancisco: A Pictorial History from Its Beginnings to the Present Day*, San Francisco 1980.

Frank Stella gewidmet sind (5), und Duncan beschäftigte sich wiederholt mit dem Oeuvre seines Lebensgefährten Jess (6). Auch die Black Mountain Poets und die Lyriker in San Francisco, beispielsweise John Wieners und Lawrence Ferlinghetti (7), gehen gelegentlich - indes wiederum erheblich seltener als die New York Poets - in ihren Gedichten auf die bildende Kunst ein. Vor allem aber gibt es, wie die oben zitierten Aussagen von Creeley und Duncan widerspiegeln, in beiden Gruppen hinsichtlich der jeweiligen ästhetischen Leitvorstellungen Affinitäten zu bestimmten Malern, die es wert wären, detaillierter analysiert und mit den Parallelen zwischen den New Yorker Dichtern und bildenden Künstlern verglichen zu werden. Ich möchte hier nur kurz anmerken, daß zumindest das Konzept des Kunstwerks als einem prozessualen Geschehen nicht nur in New York, sondern auch am Black Mountain College und in San Francisco bei Lyrikern wie Malern eine zentrale Rolle spielte beziehungsweise heute noch spielt. Robert Creeley selbst bringt bei einem Rückblick auf die Anfänge seiner schriftstellerischen Laufbahn zum Ausdruck, er sei in jener Phase ebenso wie verschiedene Dichter aus New York und San Francisco von der Direktheit bestimmter bildender Künstler, von ihrer Fähigkeit, spontanen Augenblicksimpulsen zu folgen, fasziniert gewesen und beeinflußt worden: "Possibly the attraction the artist had for people like myself - think of O'Hara, Ashbery, Koch, Duncan, McClure, Ginsberg; [...] - was that lovely, uncluttered directness of perception and act we found in so many of them." (8) Und auch einige Erläuterungen Creeleys zu der Tatsache, daß er und Duncan sich bei der Abkehr von der Gestaltung 'gut gemachter' Gedichte nicht zuletzt an ihren jeweiligen Malerfreunden orientierten, implizieren, daß sowohl diese beiden Lyriker als auch die betreffenden bildenden Künstler das Ziel hatten, Kunstwerke zu schaffen, die nicht schon im voraus zu Ende gedacht werden, sondern in hohem Maße auf unvorhersehbaren Moment-Einfällen beruhen:

> I thought that the literary vocabulary of that time was overloaded with the terminology of the New Critics and ideas concerning the poem "bien fait," et cetera. The same thing went for Robert Duncan, I think, and his relationship to that group of friends on the West Coast, that whole group around Clyfford Still -

---

(5) Die meisten - zum Teil freilich erst nach der Black Mountain-Phase des Autors entstandenen - kunstkritischen Texte Creeleys sind wiederabgedruckt in: R. Creeley, *The Collected Essays*, Berkeley etc. 1989, und zwar innerhalb der Sektion IV: "Artists", 367-460.

(6) S. z.B. die Aufsätze "Iconographical Extensions", in: *Jess: Translations*, AK Odyssia Gallery, New York 1971, i-xiv, und "An Art of Wondering", in: *Jess: Translations, Salvages, Paste-Ups*, AK Dallas Museum of Fine Arts, Dallas 1977, [o.S.].

(7) S. z.B. Wieners' Texte "A poem for Painters", "A poem for museum goers", "Contradicting Picasso", "A Sequel to a Poem for Painters", in: ders., *Selected Poems, 1958-1984*, ed. R. Foye, Santa Barbara 1986, 29-33, 39-41, 74, 184f. sowie Ferlingettis Gedichte "In Hintertime Praxiteles...", "Sarolla's Women in their Picture Hats...", "In Goya's Greatest Scenes We Seem to See...", "Short Story on a Painting of Gustav Klimt", in: ders., *Endless Life: Selected Poems*, New York 1981, 4, 7f., 27f., 142f.

(8) R. Creeley, "On the Road: Notes on Artists & Poets 1950-1965" (1974), in: ders., *Collected Essays*, 371.

Diebenkorn, Ed Corbett, Hassel Smith. In the whole extension of that group he found another vocabulary of energy that was really far more attractive than the professional literary situation either permitted or recognized. All of this was a central influence and then Olson, of course, really gave us the key to the vocabulary with his idea of composition by *field*, as opposed to some structure that has some end in view and works to accomplish it. (9)

Eine interessante Möglichkeit der Ergänzung der vorliegenden Untersuchung besteht also darin, die besonders in den fünfziger Jahren am Black Mountain College und in San Francisco zu beobachtenden Korrelationen zwischen Dichtung und Malerei zu beleuchten und dabei auch der Frage nachzugehen, inwiefern diese Korrelationen den entsprechenden Wechselbeziehungen in New York ähneln und inwiefern sie sich von ihnen unterscheiden. Aber es gibt natürlich noch andere Ergänzungsmöglichkeiten: gleichfalls sehr reizvoll wäre es zum Beispiel, einmal genauer darzulegen, welche Bedeutung die bildende Kunst für die recht zahlreichen jüngeren New Yorker Dichter hat, die von den in meiner Arbeit betrachteten Autoren richtungweisende Anregungen empfangen haben. Denn bereits wenn man sich einen nur oberflächlichen Eindruck von neuer New Yorker Lyrik verschafft, stellt man fest, daß auch diverse jüngere Dichter ein bemerkenswert großes Interesse für die Malerei zeigen. Es möge genügen, hier lediglich vier Autoren beim Namen zu nennen, die sich stets intensiv mit der bildenden Kunst auseinandergesetzt haben: Ann Lauterbach (*1942), David Shapiro (*1947), Marjorie Welish (*1944) und John Yau (*1950). Alle diese Dichter betätigen sich schon seit etlichen Jahren - und zwar wenigstens ebenso professionell, wie wir es etwa bei John Ashbery und Frank O'Hara kennengelernt haben - als Kunstkritiker, Galeristen und / oder Kunsthistoriker. Zugleich thematisieren sie die Malerei des öfteren in ihrer Lyrik. Es wäre daher naheliegend und sinnvoll zu untersuchen, ob auch ihre poetischen Grundkonzepte Parallelen zu den Kunstauffassungen bestimmter Maler aufweisen. Ann Lauterbach zumindest betont explizit: "I'm sure painting has affected my poems." (10) Sollte diese Aussage auch für Shapiro, Welish und Yau gültig sein, so hieße dies, daß die für Ashbery, Guest, Koch, O'Hara und Schuyler so wichtige Beschäftigung mit der bildenden Kunst bei einigen jüngeren New Yorker Dichtern gewissermaßen Schule gemacht hat, ja geradezu zur Tradition geworden ist.

---

(9) K. Power, R. Creeley, "From 'Robert Creeley on Art and Poetry: An Interview with Kevin Power'" (1976), in: *Robert Creeley's Life and Work: A Sense of Increment*, ed. J. Wilson, Ann Arbor 1987, 353. In demselben Interview hebt Creeley - diesmal jedoch nur für sich allein sprechend, also keine anderen Autoren berücksichtigend - auch ganz direkt hervor, daß bestimmte mit der "idea of process" verknüpfte Tendenzen in der Malerei der frühen fünfziger Jahre sehr bedeutsam für ihn gewesen seien; seine Kernaussagen zu diesem Thema lauten: "my senses of painting were already latching me into the idea of process. [...] I was fascinated with the idea of process." (ibid., 350)
(10) Zit. in: J. Yau, "Poets and Art", *Artforum* 23, November 1984, 88.

BIBLIOGRAPHIE

1. Quellen

Anmerkung: Von den überaus zahlreichen, aber oft sehr kurzen Aufsätzen der Dichter über die bildende Kunst werden im folgenden nur jene Texte aufgelistet, die ich im laufenden Text zitiert habe.

John Ashbery:

Some Trees, New York 1956

The Tennis Court Oath, Middletown, Conn. 1962

Rivers and Mountains, New York 1966

Ashbery / James Schuyler, *A Nest of Ninnies*, New York 1969

The Double Dream of Spring, New York 1970

Three Poems, New York 1972

Self-Portrait in a Convex Mirror, New York 1975

Houseboat Days, New York 1977

As We Know, New York 1979

Shadow Train, New York 1981

A Wave, New York 1984

Selected Poems, New York 1985

April Galleons, New York 1987

The Best American Poetry 1988, ed. Ashbery, New York 1988

Reported Sightings: Art Chronicles, 1957-1987, ed. David Bergman, New York 1989

Flow Chart, New York 1991

Ashbery / Kenneth Koch, *(A Conversation)*, Tucson, Ariz. [o.J.]

"The Impossible", *Poetry* 90, July 1957, 250-254

"Americans infiltrate Paris galleries", *New York Herald Tribune*, Paris edition, 8.3.1961, 9

"Kandinsky's road to abstraction: 1902-1912", *New York Herald Tribune*, Paris edition, 3.5.1961, 7

"Savage splendor in Paris Persian art show", *New York Herald Tribune*, Paris edition, 18.10.1961, 6

"Modern old masters on view in Paris; galleries show Ernst, Delaunay, Picabia", *New York Herald Tribune*, Paris edition, 22.11.1961, 5

"Reverdy en Amérique", *Mercure de France* 344, Janvier - Avril 1962, 109-112

"Yugoslavs enter abstract commonwealth", *New York Herald Tribune*, Paris edition, 3.1.1962, 6

"Franz Kline show gives Paris taste of N.Y. painting", *New York Herald Tribune*, Paris edition, 21.3.1962, 7

"American art shows flood Paris; Grandma Moses among exhibitions, *New York Herald Tribune*, Paris edition, 21.11.1962, 6

"Rothko at Paris Musée d'Art Moderne", *New York Herald Tribune*, Paris edition, 26.12.1962, 5

"Dufy's Mozartian range and Dewasne's 'hard edge'", *New York Herald Tribune*, Paris edition, 6.3.1963, 9

"Delacroix, Watteau, Chardin, Boucher, Lancret and American pop art", *New York Herald Tribune*, Paris edition, 15.5.1963, 7

"Italians who made the French renaissance", *New York Herald Tribune*, Paris edition, 25.12.1963, 5

"Rouault - 'unfinished' but best; 200 paintings on show in Paris," *New York Herald Tribune*, Paris edition, 30.6.1964, 5

"9 unknown works by Degas", *New York Herald Tribune*, Paris edition, 3.11.1964, 5

"Paris: from pre-history to outer space", *Art News* 64, Summer 1965, 45-47

"Brooms and Prisms", *Art News* 65, March 1966, 82-84.

"Frank O'Hara, 1926-1966", *Art News* 65, September 1966, 45, 62

"Reviews and previews: John Altoon", *Art News* 65, December 1966, 8

"Up From the Underground", *The New York Times Book Review*, 29.1.1967, 5, 28, 30

"A Game With Shifting Mirrors", *The New York Times Book Review*, 16.4.1967, 4

"In Darkest Language", *The New York Times Book Review*, 29.10.1967, 58, 60, 62

"In Memory of My Feelings", *Art News* 66, January 1968, 50f., 67f.

"Straight Lines Over Rough Terrain", *The New York Times Book Review*, 26.11.1967, 1, 42

"Throughout Is This Quality Of Thingness", *The New York Times Book Review*, 1.6.1969, 8, 25

"Black Pollock", *Art News* 68, March 1969, 28, 66, 68

"Miró's Bronze Age", *Art News* 69, May 1970, 34-36

"Introduction", in: *The Collected Poems by Frank O'Hara*, vii-xi

"In the American Grain", *The New York Review of Books*, 22.2.1973, 3-5

"A Reminiscence", in: *Homage to Frank O'Hara*, 20-22

"John Ashbery Interviewing Harry Mathews", *The Review of Contemporary Fiction* 7, Fall 1987, 37-48

"Introduction to a Reading Given by James Schuyler", *Denver Quarterly* 24, Spring 1990, 10-12

Barbara Guest:

Poems: The Location of Things, Archaics, The Open Skies, Garden City, N.Y. 1962

Guest / B.H. Friedman, *Goodnough*, Paris 1962

The Blue Stairs, New York 1968

I-Ching, Lithographs by Sheila Isham, New York 1969

Moscow Mansions, New York 1973

The Countess from Minneapolis, Providence, R.I. 1976

Fay Lansner, Introduction by Guest, Swarthmore, Pa. 1976

Seeking Air: A Novel, Santa Barbara 1978

Biography, Providence, R.I. 1980

Musicality, Drawings by June Felter, San Francisco 1988

Fair Realism, Los Angeles 1989

"Reviews and previews: Five pictures", *Art News* 51, Summer 1952, 97f.

"Reviews and previews: Mainly abstract group", *Art News* 51, Summer 1952, 120

"Robert Goodnough", in: *School of New York: Some Younger Artists*, 18-23

"Helen Frankenthaler: The Moment & the Distance", *Arts Magazine* 49, April 1975, 58f.

"Avery and Gatch: lonely Americans", *Art News* 59, March 1960, 42-45, 57

"Fay Lansner: Deliberate contraries", *Art News* 62, December 1963, 36f., 67

"Jeanne Reynal", *Craft Horizons* 31, June 1971, 40-43

"A Reason for Poetics", *Ironwood* 12, Fall 1984, 153-155

"Leatrice Rose", *Arts Magazine* 59, Summer 1985, 13

"The Intimacy of Biography", *The Iowa Review* 16, Fall 1986, 58-71

"Tlooth", *The Review of Contemporary Fiction* 7, Fall 1987, 117f.

"Radical Poetics and Conservative Poetry", unveröffentlichtes Typoskript, 1990

"The Vuillard of Us", *Denver Quarterly* 24, Spring 1990, 13-16

Kenneth Koch:

Thank You and Other Poems, New York 1962

Poems from 1952 and 1953, Los Angeles 1968

The Pleasures of Peace and Other Poems, New York 1969

When the Sun Tries to Go On, Los Angeles 1969

Koch / Alex Katz, *Interlocking Lives*, New York 1970

A Change of Hearts: Plays, Films, and Other Dramatic Works 1951-1971, New York 1973

Rose, Where Did You Get That Red? Teaching Great Poetry to Children, New York 1973

The Red Robins, New York 1975

The Art of Love, New York 1975

The Burning Mystery of Anna in 1951, New York 1979

From the Air, Illustrations by Rory McEwen, London 1979

Koch / Kate Farrell, *Sleeping on the Wing: An Anthology of Modern Poetry with Essays on Reading and Writing*, New York 1981

Days and Nights, New York 1982

Selected Poems 1950-1982, New York 1985

On the Edge: Poems, New York 1986

Seasons on Earth, New York 1987

"Poetry as Prose", *Poetry* 93, February 1959, 321-323

"Poetry Chronicles", *Partisan Review* 28, January / February 1961, 130-136

"A Note On Frank O'Hara In The Early Fifties" (1964), in: *Homage to Frank O'Hara*, 26f.

"The Postcard Collection", *Art and Literature* 1, March 1964, 136-160

"To and about Willem de Kooning", in: Hess, *Willem de Kooning: Drawings*, 7-9

"All the Imagination Can Hold", *The New Republic*, 1./8.1.1972, 23-25

"Inspiration and Work: How Poetry Gets to Be Written", *Comparative Literature Studies* 17, June 1980, 206-219

"In Broad Daylight: The Paintings of Jane Freilicher", *Columbia*, February 1987, 32-36

"About Harry Mathews's Fiction", *The Review of Contemporary Fiction* 7, Fall 1987, 110

"James Schuyler (very briefly)", *Denver Quarterly* 24, Spring 1990, 21-23

"A Time Zone", *The Paris Review* 32, Summer 1990, 108-120

Koch / Jim Dine, "Test in Art", *Art News* 65, October 1966, 54-57

Koch / Larry Rivers, "A Song to the Avant-Garde", *Artforum* 26, November 1987, 121-128

Frank O'Hara:

Second Avenue, New York 1960

In Memory of My Feelings: A Selection of Poems by Frank O'Hara, ed. Bill Berkson, New York 1967

The Collected Poems of Frank O'Hara, ed. Donald Allen, New York 1971

The Selected Poems of Frank O'Hara, ed. Donald Allen, New York 1974

Art Chronicles 1954-1966, New York 1975

Poems Retrieved, ed. Donald Allen, Bolinas, Calif. 1977

Standing Still and Walking in New York, ed. Donald Allen, San Francisco 1983

James Schuyler:

Freely Espousing, New York 1969

The Crystal Lithium, New York 1972

Hymn to Life, New York 1974

The Home Book: Prose and Poems, 1951-1970, ed. Trevor Winkfield, Calais, Vt. 1977

What's For Dinner, Santa Barbara 1978

The Morning of the Poem, New York 1980

Early in '71, Berkeley 1982

A Few Days, New York 1985

Selected Poems, New York 1988

For Joe Brainard, New York 1988

"Reviews and previews: Michael Goldberg", *Art News* 57, November 1958, 16

"Reviews and previews: Three", *Art News* 58, April 1959, 13

"Alfred Leslie", in: *School of New York: Some Younger Artists*, 36-41

"9 shows for spring: Michael Goldberg", *Art News* 59, March 1960, 40.

"Poet and Painter Overture", in: *The New American Poetry*, 418f.

"Alex Katz paints a picture", *Art News* 60, February 1962, 38-41, 52

"The Painting of Jane Freilicher", *Art and Literature* 10, Autumn 1966, 147-159

"Immediacy Is the Message", *Art News* 66, March 1967, 32f., 68-70

"The View from 210 Riverside Drive", *Art News* 67, May 1968, 36f., 73f.

"As American as Franz Kline", *Art News* 67, October 1968, 30-33, 58

"'Frank O'Hara: Poet Among Painters'", *Art News* 73, May 1974, 44f.

2. Sekundärliteratur

Abstract Expressionism: The Critical Developments, organized by Michael Auping, London 1987

Action / Precision: The New Direction in New York 1955-60, organized by Paul Schimmel, AK Newport Harbor Art Museum, Newport Beach, Calif. 1984

Adams, Michael, "Kenneth Koch", in: *Dictionary of Literary Biography, Part 1: A-K*, 412-416

Albright, Thomas, *Art in the San Francisco Bay Area, 1945-1980*, Berkeley etc. 1985

Allen, Gilbert, "When Paraphrase Fails: The Interpretation of Modern American Poetry", *College English* 43, 1981, 363-370

Alpers, Svetlana und Paul, "*Ut Pictura Poesis*? Criticism in Literary Studies and Art History", *NLH* 3, 1971-72, 437-458

Altieri, Charles, *Enlarging the Temple: New Directions in American Poetry during the 1960s*, Lewisburg / London 1979

Ders., *Self and Sensibility in Contemporary American Poetry*, Cambridge 1984

Ders., *Painterly Abstraction in Modernist American Poetry: The Contemporaneity of Modernism*, Cambridge 1989

Ders., "Motives In Metaphor: John Ashbery and the Modernist Long Poem", *Genre* 11, 1978, 653-687

Ders., "Sensibility, Rhetoric, and Will: Some Tensions in Contemporary Poetry", *Contemporary Literature* 23, 1982, 451-479

American Artists on Art: From 1940 to 1980, ed. Ellen H. Johnson, New York 1982

American Poetry Since 1960: Some Critical Perspectives, ed. Robert B. Shaw, Cheadle 1973

American Writing Today, Bd. 1, ed. Richard Kostelanetz, Washington, D.C. 1982

An Anthology of NEW YORK POETS, ed. Ron Padgett / David Shapiro, New York 1970

James Applewhite, "Painting, Poetry, Abstraction, and Ashbery", *The Southern Review* 24, 1988, 272-290

Art and Literature, 1-12, March 1964-Spring 1967

Art of the Real: Nine Figurative Painters, ed. Mark Strand, New York 1983

Art USA Now, 2 Bde., ed. Lee Nordness, Luzern 1963

Artists of the New York School: Second Generation, Introduction by Leo Steinberg, AK The Jewish Museum, New York 1957

"Artists' symposium on Jackson Pollock", *Art News* 66, April 1967, 27-33, 59-68

Artists' Theater: Four Plays, ed. Herbert Machiz, New York / London 1960

John Ash, "A Brash Yankee and a Southern Dandy", *The New York Times Book Review*, 20.4.1978, 19

John Ashbery, ed. Harold Bloom, New York 1985

"John Ashbery in Conversation with John Ash", *PN Review* 46, June 1985, 31-34

Ashton, Dore, *The New York School: A Cultural Reckoning*, New York 1973

Dies., *A Joseph Cornell Album*, New York 1974

Dies., *American Art Since 1945*, London 1982

Atlas, James, "A Chronicle of Younger Poets", *Poetry* 113, March 1969, 428-433

Atwan, Robert, "John Ashbery: Why Do It?", *Denver Quarterly* 15, Summer 1980, 107-110

Auslander, Philip, *The New York School Poets as Playwrights: O'Hara, Ashbery, Koch, Schuyler and the Visual Arts*, New York etc. 1989

Avant-Garde Art, ed. Thomas B. Hess / John Ashbery, London 1967

Baker, Kenneth, "Second Generation: Mannerism or Momentum?", *Art in America* 73, June 1985, 102-111

Baro, Gene, "The Achievement of Helen Frankenthaler", *Art International* 6, September 1967, 33-38

Bayley, John, "The poetry of John Ashbery", in: ders., *Selected Essays*, Cambridge 1984, 33-44

Ders., "Richly Flows Contingency", *The New York Review of Books*, 15.8.1991, 3f.

Beaver, Harold, "The Dandy at Play", *Parnassus: Poetry in Review* 9, 1981, 54-61

Bedient, Calvin, "Four American Poets", *The Sewanee Review* 84, 1976, 351-364

Ders., "The Tactfully Folded-Over Bill", *Parnassus: Poetry in Review* 6, 1977, 161-169

Belting, Hans, "Larry Rivers und die Historie in der modernen Kunst", *Art International* 25, January 1982, 72-83

Berger, Charles, "Vision in the Form of a Task: *The Double Dream of Spring*", in: *Beyond Amazement*, 163-208

Berke, Roberta, *Bounds Out of Bounds: A Compass for Recent American Poetry*, New York 1981

Berkson, Bill, "Frank O'Hara and His Poems", *Art and Literature* 12, Spring 1967, 53-63

Ders., "Bluhm paints a picture", *Art News* 62, May 1963, 38-41, 50f.

Ders., "Michael Goldberg paints a picture", *Art News* 62, January 1964, 42-45, 65-67

Berlind, Robert, "Fairfield Porter: Natural Premises", *Art in America* 71, September 1983, 136-143

Bernstock, Judith E., *Joan Mitchell*, New York 1988

Berrigan, Ted, "Painter to the New York Poets", *Art News* 64, November 1965, 44-47, 71f.

Ders., "The Business of Writing Poetry" (1976), in: *Talking Poetics From Naropa Institute: Annals of the Jack Kerouac School of Disembodied Poetics*, Bd. 1, ed. Anne Waldman / Marylin Webb, Boulder / London 1978, 38-61

Beyond Amazement: New Essays on John Ashbery, ed. David Lehman, Ithaca / London 1980

Bildende Kunst und Literatur: Beiträge zum Problem ihrer Wechselbeziehungen im 19. Jahrhundert, ed. Wolfdietrich Rasch, Frankfurt/Main 1970

Black Mountain Review, Vol. 1-3, 1954-1957, ed. Robert Creeley, New York 1969

Blasing, Mutlu Kunuk, "Frank O'Hara's Poetics of Speech: The Example of 'Biotherm'", *Contemporary Literature* 23, 1982, 52-64

Bloom, Harold, *The Anxiety of Influence: A Theory of Poetry*, New York 1973

Ders., "The New Transcendentalism: The Visionary Strain in Merwin, Ashbery, and Ammons", *Chicago Review* 24, Winter 1972, 25-43

Ders., "John Ashbery: The Charity of Hard Moments", in: *American Poetry Since 1960*, 83-108

Bloom, Janet / Losada, Robert, "Craft Interview with John Ashbery" (1972), in: *The Craft of Poetry: Interviews from "The New York Quarterly"*, ed. William Packard, New York 1974, 111-132

Norman Bluhm, ed. Howard Pearlstein, AK Contemporary Arts Museum, Houston, Tex. 1976

Blume, Mary, "John Ashbery: Making Nothing Happen", *International Herald Tribune*, 2.10.1989, 14

Bowers, Neal, "The City Limits: Frank O'Hara's Poetry", in: *Frank O'Hara: To Be True to a City*, 321-333

Brainard, Joe, *The Cigarette Book*, New York 1972

Brechbühl, Beat, *Die Bilder und ich*, Zürich 1968

Brenson, Michael, "'Poets and Artists' Exhibition in East Hampton", *The New York Times*, 16.7.1982, C25

Breslin, James E.B., *From Modern to Contemporary: American Poetry, 1945-1965*, Chicago / London 1984

Brinkmann, Rolf Dieter, "Notizen 1969 zu amerikanischen Gedichten und zu dieser Anthologie", in: *Silver Screen: Neue amerikanische Lyrik*, ed. ders., Köln 1969, 8-32

Broadway: A Poets and Painters Anthology, ed. James Schuyler / Charles North, New York 1979

Broadway 2: A Poets and Painters Anthology, ed. James Schuyler / Charles North, New York 1989

Brown, Merle, "Poetic Listening", *NLH* 10, 1978, 125-139

Burbick, Joan, "Grimaces of a New Age: The Postwar Poetry and Painting of William Carlos Williams and Jackson Pollock", *Boundary Two* 10, Spring 1982, 109-123

Butterick, George F., "Frank O'Hara", in: *Dictionary of Literary Biography, Part 2: L-Z*, 102-112

Campbell, Lawrence, "Reviews and previews: Fay Lansner", *Art News* 55, November 1956, 9

Ders., "Elaine de Kooning paints a picture", *Art News* 59, December 1960, 40-43, 61-63

Ders., "Elaine de Kooning: Portraits in a New York Scene", *Art News* 62, April 1963, 38f., 63f.

Carmean, E.A., *Helen Frankenthaler: A Paintings Retrospective*, New York 1989

Carney, Raymond, "John Ashbery", in: *Dictionary of Literary Biography, Part 1: A-K*, 14-20

Carroll, Paul, "Rhapsody from Cinci", *Poetry* 119, November 1971, 104-106

Castleman, Riva, *Jasper Johns: A Print Retrospective*, AK The Museum of Modern Art, New York 1986

Clemons, Walter, "New York Pastoral", in: *Frank O'Hara: To Be True to a City*, 29f.

Clüver, Claus, "Painting Into Poetry", *Yearbook of Comparative and General Literature* 27, 1987, 19-34

Cohen, Keith, "Ashbery's Dismantling of Bourgeois Discourse", in: *Beyond Amazement*, 128-149

Conoley, Gillian, "The Inescapable Kiss", *Denver Quarterly* 24, Spring 1990, 42-48

Conrad, Peter, *The Art of the City: Views and Versions of New York*, New York / Oxford 1984

Contemporary Authors: A Bio-bibliographical Guide to Current Authors and Their Works, ed. Christine Nasso, Bd. 7 (25-28), revised edition, Detroit 1977

Contemporary Poets, Fourth Edition, ed. James Vinson / D.L. Kirkpatrick, London / Chicago 1985

Cook, Albert, *Figural Choice in Poetry and Art*, Hanover, N.H. 1985

Corn, Alfred, "A Magma of Interiors", *Parnassus: Poetry in Review* 4, Fall / Winter 1975-1976, 223-233

Joseph Cornell, ed. Kynaston McShine, AK The Museum of Modern Art, New York 1980

Costello, Bonnie, "John Ashbery and the Idea of the Reader", *Contemporary Literature* 23, 1982, 493-514

Cott, Jonathan, "The New American Poetry", in: *The New American Arts*, ed. Richard Kostelanetz, New York 1965, 117-161

Crase, Douglas, "Justified Times", *The Nation*, 1.9.1984, 146

Ders., "Plainsongs", *The Nation*, 16.11.1985, 506-510

Creeley, Robert, *The Collected Poems, 1945-1975*, Berkeley etc. 1982

Ders., *The Collected Essays*, Berkeley etc. 1989

Critical Survey of Poetry: English Language Series, 8 Bde., ed. Frank N. Magill, Englewood Cliffs, N.J. 1982

Cummings, Paul, "Conversation with Fairfield Porter" (1968), in: *Fairfield Porter: Realist Painter in an Age of Abstraction*, 49-60

The Dada Painters and Poets, ed. Robert Motherwell, New York 1951

Davenport, Guy, "Dependent on a private understanding of the World", *The New York Times Book Review*, 14.12.1969, 54f.

Davidson, Michael, "Languages of Post-Modernism", *Chicago Review* 27, Summer 1975, 11-22

DeKoven, Marianne, "Gertrude Stein and Modern Painting: Beyond Literary Cubism", *Contemporary Literature* 22, 1981, 81-95

Dickey, William, "Responsibilities", *Kenyon Review* 24, Autumn 1962, 756-764

Dickstein, Morris, *Gates of Eden: American Culture in the Sixties*, New York 1977

Dictionary of Literary Biography, Vol. Five: American Poets Since World War II, Part 1: A-K, Part 2: L-Z, ed. Donald J. Greiner, Detroit 1980

Dijkstra, Bram, *The Hieroglyphics of a New Speech: Cubism, Stieglitz and the Early Poetry of William Carlos Williams*, Princeton 1969

Ders., "Wallace Stevens and William Carlos Williams: Poetry, painting, and the function of reality", in: *Encounters: Essays on Literature and the Visual Arts*, ed. John Dixon Hunt, London 1971, 156-171

Di Piero, W.S., "Lowell and Ashbery", *The Southern Review* 14, 1978, 359-367

Ders., "John Ashbery: The Romantic as Problem Solver", *The American Poetry Review* 24, August / September 1973, 39-42

Di Yanni, Robert, "Kenneth Koch", in: *Critical Survey of Poetry*, 1623-1929

Donoghue, Denis, "New York Poets", *The New York Review of Books*, 14.8.1980, 49f.

Ders., "Critics' Christmas Choices", *Commonweal*, 29.11.1985, 677f.

Doty, Robert, "Interview with the artist", in: *Jane Freilicher: Paintings*, 46-53

Downes, Rackstraw, "Fairfield Porter's 'Unrepeatable Days'", *Art News* 82, April 1983, 94-99

Duberman, Martin, *Black Mountain: An Exploration in Community*, New York 1972

Duncan, Robert, *The Opening of the Field*, New York 1960

Ders., *Bending the Bow*, New York 1968

Ders., *The First Decade: Selected Poems 1940-1950*, London 1969

Ders., *Derivations: Selected Poems from 1950-1956*, London 1969

Ders., *Fictive Certainties: Essays*, New York 1985

Ders., "Iconographical Extensions", in: *Jess: Translations*, AK Odyssia Gallery, New York 1971, i-xiv

Ders., "An Art Of Wondering", in: *Jess: Translations, Salvages, Paste-Ups*, AK Dallas Museum of Fine Arts, Dallas 1977 [o.S.]

Ebert, Teresa L., "The Aesthetics of Indeterminacy: The Postmodern Drip Paintings of Jackson Pollock", *The Centennial Review* 22, 1978, 139-163

Europa / Amerika: Die Geschichte einer künstlerischen Faszination seit 1940, ed. Siegfried Gohr / Rafael Jablonka, AK Museum Ludwig, Köln 1986

Evergreen Review, 1-3, 1957-1959

Fauchereau, Serge, *Lecture de la poésie américaine*, Paris 1968

Faust, Wolfgang Max, *Bilder werden Worte: Zum Verhältnis von bildender Kunst und Literatur. Vom Kubismus bis zur Gegenwart*, Köln 1987

Feldman, Alan, *Frank O'Hara*, Boston 1979

Feldman, Morton, "Frank O'Hara: Lost Times and Future Hopes", *Art in America* 60, March / April 1972, 52-55

Ferlinghetti, Lawrence, *Endless Life: Selected Poems*, New York 1981

Ders. / Peters, Nancy J., *Literary San Francisco: A Pictorial History from Its Beginnings to the Present Day*, San Francisco 1980

The Figurative Fifties: New York Figurative Expressionism, organized by Paul Schimmel / Judith Stein, AK Newport Harbor Art Museum, Newport Beach, Calif. 1988

Fink, Thomas A., *These Decibels: The Poetry of John Ashbery*, Ph.D. dissertation Columbia University, New York 1981

Ders., "'Here and There': The Locus of Language in John Ashbery's 'Self-Portrait in a Convex Mirror'", *Contemporary Poetry* 4, 1981-82, 47-64

Ders., "The Poetry of David Shapiro And Ann Lauterbach: After Ashbery", *The American Poetry Review* 17, January / February 1988, 27-32

Finkelstein, Louis, "The Naturalness of Fairfield Porter", *Arts Magazine* 50, May 1976, 102-105

Finkelstein, Norman, *The Utopian in Contemporary American Poetry*, London / Toronto 1988

Fite, David, "John Ashbery: The Effort to Make Sense", *The Missouri Review* 2, 1979, 123-130

Ders., "On the Virtues of Modesty: John Ashbery's Tactics Against Transcendence", *Modern Language Quarterly* 42, 1981, 65-84

Folder, 1-2, 1953-1956

Folds, Thomas M., "Book Reviews: The Great American Artists Series", *Art Journal* 20, Fall 1960, 52-60

Forrest-Thompson, Veronica, "Dada, Unrealism and Contemporary Poetry", *Twentieth Century Studies* 12, December 1974, 77-93

Fowler, Alastair, "Periodization and Interart Analogies", *NLH* 3, 1971-72, 487-509

Fraser, Kathleen, "One Hundred and Three Chapters of Little Times: Collapsed and Transfigured Moments in the Fiction of Barbara Guest", in: *Breaking the Sequence: Women's Experimental Fiction*, ed. Ellen S. Friedman / Miriam Fuchs, Princeton 1989, 240-249

Fredman, Stephen, *Poet's Prose: The Crisis in American Verse*, Cambridge 1983

Freilicher, Jane / Katz, Alex, "A Dialogue", *Art and Literature* 1, March 1964, 205-216

Jane Freilicher: Paintings, ed. Robert Doty, New York 1986

"Jane Freilicher", *Current Biography* 50, November 1989, 25-28

Friedman, Carmel, *The New York School of Poetry*, Ph.D. dissertation Columbia University, New York 1984

Galligan, Gregory, "An Interview with Helen Frankenthaler: 'There Are So Many More Risks to Take'", *Art International N.S.* 7, Summer 1987, 45-52

Gangel, Sue, "An Interview with John Ashbery", *San Francisco Review of Books*, 3, November 1977, 8-13

Gaugh, Harry, "Dark Victories", *Art News* 87, Summer 1988, 154-159

Geldzahler, Henry, "An Interview with Helen Frankenthaler", *Artforum* 4, October 1965, 36-38

Giantvalley, Scott, "Frank O'Hara", in: *Critical Survey of Poetry*, 2122-2129

Ders., "James Schuyler", in: *Critical Survey of Poetry*, 2476-2484

Gibson, Ann E., *Issues in Abstract Expressionism: The Artist-Run Periodicals*, Ann Arbor / London 1990

Gilbert, Sandra M., "A Platoon of Poets", *Poetry* 128, August 1976, 290-299

Ginsberg, Allen, "Abstraction in Poetry", *It Is* 3, Winter / Spring 1959, 73-75

Ders., "A Poet Writes for the Stage", *The New York Times*, 8.1.1978, D1, D6

Goldberg, Michael, "The Canvas Plane, or Onwards and Upwards", *It Is* 1, Spring 1958, 17f.

Goldin, Amy, "Criticism: Art Chronicles 1954-1966", *Art in America* 63, March / April 1975, 41

Goldwater, Robert, "'Everyone knew what everyone else meant'", *It Is* 4, Autumn 1959, 35

Ders., "Reflections on the New York School", *Quadrum* 7-8, 1960, 17-32

Goodnough, Robert, "Pollock paints a picture", *Art News* 50, May 1951, 38-41, 60f.

Ders., "Kline paints a picture", *Art News* 57, December 1952, 36-39, 63f.

Ders., "About Painting", *Art and Literature* 6, Autumn 1965, 119-127

Gray, Richard, *American Poetry of the Twentieth Century*, London / New York 1990

Greenberg, Clement, *Art and Culture*, Boston 1965

Gregerson, Linda, "My Lady's Damask", *Poetry* 160, February 1990, 351-360

Gruen, John, *The Party's Over Now: Reminiscences of the Fifties - New York's Artists, Writers, Musicians, and their Friends*, New York 1967

von Hallberg, Robert, *American Poetry and Culture 1945-1980*, Cambridge, Mass. / London 1985

Hamilton, George Heard, "U.S. art begins to get a literature", *Art News* 58, September 1959, 43, 56f.

Harbison, Robert, "Thinking prose", *New Statesman & Society*, 9.2.1990, 38

Harris, Mary Emma, *The Arts at Black Mountain*, Cambridge, Mass. / London 1987

Harrison, Helen A., *Larry Rivers*, New York 1984

Dies., "A Conversation With Kenneth Koch", in: *Larry Rivers: Performing for the Family*, 9-12

Hartman, Charles O., *Free Verse: An Essay on Prosody*, Princeton 1980

Harvard Guide to Contemporary American Writing, ed. Daniel Hoffman, Cambridge, Mass. / London 1979

The Hasty Papers: A One-Shot Review, ed. Alfred Leslie, New York 1960

Henry, Gerrit, "Jane Freilicher and the Real Thing", *Art News* 84, January 1985, 78-83

Hess, Thomas B., *Abstract Painting: Background and American Phase*, New York 1951

Ders., *Willem de Kooning: Drawings*, London 1972

Ders., "U.S. Painting: Some Recent Directions", *Art News Annual* 25, 1956, 73-98, 174-180

Hilberry, Conrad, "Simple Poems", *Shenandoah* 29, Spring 1978, 87-97

Hillringhouse, Mark, "James Schuyler: An Interview", *The American Poetry Review* 14, March / April 19855, 5-12

Holahan, Susan, "Frank O'Hara's Poetry", in: *American Poetry Since 1960*, 109-122

Holden, Jonathan, *The Rhetoric of Contemporary Lyric*, Bloomington 1980

Hollander, John, "Poetry in Review: Kenneth Koch, *Selected Poems*", *The Yale Review* 74, Summer 1985, vi-xi

Homage to Frank O'Hara, ed. Bill Berkson / Joe LeSueur, Berkeley 1980

Hoover, Paul, "Seriousness", *The American Book Review* 8, November / December 1986, 14-16

Horvath, Brooke, "James Schuyler's Early Art Criticism and the Poetics of Action Poetry", *Denver Quarterly* 24, Spring 1990, 53-68

Howard, Richard, *Alone with America: Essays on the Art of Poetry in the United States since 1950*, enlarged edition, New York 1980

Hudgins, Andrew, "From First Books to Collected Poems", *The Hudson Review* 41, Winter 1989, 737-744

Hughes, Robert, "A Love of Spontaneous Gesture", *Time*, 12.6.1989, 74f.

Hunter, Sam, *Larry Rivers*, N.Y. [o.J.]

Indiana, Gary, "Larry Rivers: Painter Familias", *Art in America* 71, December 1983, 118-124

"An Interview with John Ashbery", in: *American Writing Today*, Bd. 1, 264-273

"Is there a new Academy?", *Art News* 58, Summer 1959, 34-37, 58f.; *Art News* 58, September 1959, 36-39, 58-60

"Is today's artist with or against the past?", *Art News* 57, Summer 1958, 26-29, 42-46, 56-58; *Art News* 57, September 1958, 38-41, 58, 62f.

Sheila Isham, AK Brockton Art Center, Fuller Memorial, Brockton, Mass. 1972

Sheila Isham: Recent Work, AK Albright-Knox Art Gallery, Buffalo, N.Y. 1981

It Is, 1-5, Spring 1958-Spring 1960

Jackson, Richard, *The Dismantling of Time in Contemporary Poetry*, Tuscaloosa / London 1988

Ders., "John Ashbery, 1981: The Imminence of a Revelation", in: ders., *Acts of Mind: Conversations with Contemporary Artists*, Alabama 1983, 69-76

Ders., "Writing as Transgression: Ashbery's Archaelogy of the Moment - A Review Essay", *Southern Humanities Review* 12, 1978, 274-284

James, Martin et al., "Panel: All-Over Painting", *It Is* 2, Autumn 1958, 72-78

Johnson, Lester, "Cahier Note", *It Is* 5, Spring 1960, 5

Kalstone, David, *Five Temperaments*, New York 1977

Ders., "A poetry of nouns and adjectives", *The New York Times Book Review*, 5.11.1972, 6, 22

Kambartel, Walter, *Jackson Pollock: Number 32, 1950*, Stuttgart 1970

Karrer, Wolfgang, "Sein und Sehen in John Ashberys 'Leaving the Atocha Station': Die Verdinglichung des modernistischen Paradigmas", in: *Tradition und Innovation in der englischen und amerikanischen Lyrik des 20. Jahrhunderts: Arno Esch zum 75. Geburtstag*, ed. Karl Josef Höltgen et al., Tübingen 1986, 163-175

Alex Katz: Prints, organized by Elke M. Solomon / Richard Field, AK Whitney Museum of American Art, New York 1974

Alex Katz: Recent Paintings, AK Marlborough Gallery, New York 1978

Keller, Lynn, *Re-making it new: Contemporary American Poetry and the modernist tradition*, Cambridge, Mass. 1987

Dies., "'Thinkers Without Final Thoughts': John Ashbery's Evolving Debt to Wallace Stevens", *ELH* 49, 1982, 235-261

Kerber, Bernhard, *Amerikanische Kunst seit 1945*, Stuttgart 1971

Kermani, David K., *John Ashbery: A Comprehensive Bibliography*, New York / London 1976

Ketner, Joseph D., II, "The Continuing Search of Grace Hartigan", *Art News* 80, February 1981, 128f.

Klinkowitz, Jerome, *The American 1960s: Imaginative Acts in a Decade of Change*, Ames, Ia. 1980

Klotz, Volker, "Zitat und Montage in neuerer Literatur und Kunst", *Sprache im technischen Zeitalter* 60, 1976, 251-277

Koch, Stephen, "The New York School of Poets: The Serious at Play", *The New York Times Book Review*, 11.2.1968

Koethe, John, "Freely Espoused", *Poetry* 117, October 1970, 54-59

Ders., "An Interview with John Ashbery", *Sub-Stance*, 37-38, 1983, 178-186

de Kooning, Elaine, "Hans Hofmann paints a picture", *Art News* 48, February 1950, 38-41, 58f.

Dies., "The Modern Museum's fifteen: Dickinson and Kiesler", *Art News* 51, April 1952, 20-23, 66f.

Dies., "Subject: What, how or who?", *Art News* 54, April 1955, 26-29, 61f.

Dies., "Stuart Davis: true to life", *Art News* 56, April 1957, 41f., 54f.

Dies., "Pure paints a picture", *Art News* 56, Summer 1957, 57, 86f.

Dies., "Cahier Leaf: Prejudices, Preferences and Preoccupations", *It Is* 1, Sprring 1958, 19

Dies., "Statement", *It Is* 4, Autumn 1959, 29f.

Dies., "Franz Kline: Painter of his own life", *Art News* 61, November 1962, 28-31, 64-69

de Kooning, Willem, "What Abstract Art Means to Me", *The Museum of Modern Art Bulletin* 18, Spring 1951, 4-8

Ders., "Content is a glimpse", *Location* 1, Spring 1963, 45-48

Koriath, Helen, *Larry Rivers: Bildende Kunst in Beziehung zur Dichtung Frank O'Haras*, Frankfurt/Main etc., 1990

Kostelanetz, Richard, *The Old Poetries and the New*, Ann Arbor 1981

Ders., "Reactions and Alternatives: Post-World War II American Poetry" (1970), in: *The Old Poetries and the New*, 16-47

Ders., "John Ashbery" (1976), in: *The Old Poetries and the New*, 87-110

Kramer, Hilton, *The Age of the Avant-Garde: An Art Chronicle of 1956-1972*, New York 1973

Kranz, Gisbert, *Das Bildgedicht: Theorie, Lexikon, Bibliographie*, 2 Bde., Köln / Wien 1981

Kuh, Katharine, *The Artist's Voice: Talks with Seventeen Artists*, New York 1960

Kuspit, Donald B., "Individual and Mass Identity in Urban Art: The New York Case", *Art in America* 65, September / October 1977, 67-77

Labrie, Ross, "John Ashbery: An Interview", *The American Poetry Review* 13, May June 1984, 29-33

de Lallier, Alexandra, "Fay Lansner: Woman As Metaphor", *Woman's Art Journal* 7, Fall 1986 / Winter 1987, 41-46

Langer, Susanne K., *Problems of Art: Ten Philosophical Lectures*, New York 1957

Fay Lansner, AK David Herbert Gallery, New York 1961

Fay Lansner, Introduction by Barbara Guest, Swarthmore, Pa. 1976

Laude, Jean, "On the Analysis of Poems and Paintings", *NLH* 3, 1972, 471-486

Lauterbach, Ann, "Fifth Season", *Denver Quarterly* 24, Spring 1990, 69-76

Lehman, David, "When the Sun Tries to Go On", *Poetry* 114, September 1969, 401-409

Ders., "The Shield of a Greeting: The Function of Irony in John Ashbery's Poetry", in: *Beyond Amazement*, 101-127

Ders., "'Visible Soundtracks'", *Newsweek*, 16.7.1984, 78

Ders., "Back to Classic Koch", *Newsweek*, 16.9.1985, 72

Leibowitz, Herbert A., "A Pan piping on the city streets: The Collected Poems of Frank O'Hara", *The New York Times Book Review*, 28.11.1971, 7f.

Leider, Richard, "New York School: First Generation", *Artforum* 4, September 1965, 3-13

Lesarten: Gedichte, Lieder, Balladen, ausgewählt und kommentiert von Ursula Krechel, Darmstadt / Neuwied 1982

Libby, Anthony, "O'Hara on the Silver Range", *Contemporary Literature* 17, 1970, 240-262

Lieberman, Lawrence, *Unassigned Frequencies: American Poetry in Review, 1964-1977*, Urbana etc. 1977

Lindop, Grevel, "On Reading John Ashbery", *PN Review* 4, 1977, 30-32

Literary Vision, AK Jack Tilton Gallery, New York 1988

Location, 1, Spring 1963, Summer 1964

Loose, Julian, "Day-book of happy moments", *TLS*, 22.6.1990, 673

Lucie-Smith, Edward, *Movements in Art Since 1945*, London 1969

Ders., "An Interview with Frank O'Hara" (1966), in: O'Hara, *Standing Still and Walking in New York*, 3-26

Ludman, Joan, *Fairfield Porter: A Catalogue Raisonné of His Prints*, Westbury, N.Y. 1981

Lussan, Régine, "Rapports de style dans l'oeuvre de Frank O'Hara: de la poésie à la peinture", *Révue française d'études américaines* 7, 1982, 395-410

Lyrik und Malerei der Avantgarde, ed. Rainer Warning / Winfried Wehle, München 1982

Mackie, Alwynne, *Art / Talk: Theory and Practice in Abstract Expressionism*, New York 1989

Malkoff, Karl, *Crowell's Handbook of Contemporary American Poetry*, New York 1973

Manousos, Anthony, "Barbara Guest", in: *Dictionary of Literary Biography, Part 1: A-K,* 295-299

Marshall, Richard, *Alex Katz,* AK Whitney Museum of American Art, New York 1986

Matthias, John, "Travellers", *Poetry* 124, April 1974, 45-55

McClatchy, J.D., "Weaving and Unweaving", *Poetry* 145, February 1985, 291-306

Ders., "Moral Listeners", *Poetry* 149, October 1986, 31-47

McDarrah, Fred W., *The Artist's World In Pictures: The New York School,* New York 1988

McGann, Jerome J., "Formalism, Savagery, and Care", *Critical Inquiry* 2, Spring 1976, 605-630

Merriman, James D., "The Parallel of the Arts: Some Misgivings and a Faint Affirmation", *Journal of Aesthetics and Art Criticism* 31, 1972-72, 153-164, 309-321

Mesch, Harald, *Verweigerung endgültiger Prädikation: Ästhetische Formen und Denkstrukturen der amerikanischen "Postmoderne" 1950-1970,* München 1984

Ders., "Von Re-Präsentation zu Präsentation: Asymbolische Tendenzen in der amerikanischen Dichtung, Kunst und Musik nach 1950", *AAA* 10, 1985, 207-232

Metzler Literatur Lexikon: Stichwörter zur Weltliteratur, ed. Günther und Irmgard Schweikle, Stuttgart 1984

Middleton, Christopher, "Language Woof-Side Up", *The New York Times Book Review,* 17.6.1984, 8

Miklitsch, Robert, "John Ashbery", *Contemporary Literature* 21, 1980, 118-135

Mitchell, W.J.T., "Spatial Form in Literature: Toward a General Theory", *Critical Inquiry* 6, Spring 1980, 538-567

Modern Artists in America, ed. Robert Motherwell et al., New York 1951

Molesworth, Charles, *The Fierce Embrace: A Study of Contemporary American Poetry,* Columbia / London 1979

Moramarco, Fred, "Ashbery's Self-Portrait", *The American Poetry Review* 4, November / December 1975, 43f.

Ders., "John Ashbery and Frank O'Hara: The Painterly Poets", *Journal of Modern Literature* 5, September 1976, 436-462

Moss, Howard, "James Schuyler: Whatever Is Moving", *The American Poetry Review* 10, May / June 1981, 14-16

Motherwell, Robert, "What Abstract Art Means to Me", *The Museum of Modern Art Bulletin* 18, Spring 1951, 12f.

Motion, Andrew, "Some New Strain", *New Statesman & Society,* 26.9.1980, 21f.

Mueller, Lavonne, "Frank O'Hara: Going the Full Length", *West Coast Review* 7, October 1972, 25-29

Munro, Eleanor, *Originals: American Women Artists*, New York 1979

Murphy, John, "John Ashbery: An Interview", *Poetry Review* 75, August 1985, 20-25

Myers, John Bernard, *Tracking the Marvelous: A Life in the New York Art World*, New York 1983

Nemser, Cindy, *Art Talk: Conversations with 12 Women Artists*, New York 1975

The New American Poetry, ed. Donald Allen, New York / London 1960

New York School: The First Generation. Paintings of the 1940s and 1950s, ed. Maurice Tuchman, Los Angeles 1965

Norfolk, Lawrence, "Forever Coming Closer", *TLS*, 17.6.1988, 681

O'Driscoll, Dennis, "Schooled in New York", *Poetry Review* 81, Spring 1991, 61f.

Frank O'Hara: To Be True to a City, ed. Jim Elledge, Ann Arbor 1990

"Frank O'Hara and His Poetry: An Interview with Kenneth Koch", in: *American Writing Today*, Bd. 1, 248-263

Osti, Louis A., "The Craft of John Ashbery: An Interview", *Confrontation* 9, Fall 1974, 84-96

Ostriker, Alicia, "Girls, Ladies, and Women", *Parnassus: Poetry in Review* 3, 1974, 185-191

"Panel: All-Over Painting", *It Is* 2, Autumn 1958, 72-78

Paris - New York: Echanges littéraires au vingtième siècle, AK Bibliothèque Publique d'Information, Centre Georges Pompidou, Paris 1977

Perloff, Marjorie, *Frank O'Hara: Poet Among Painters*, New York 1977

Dies., *The Poetics of Indeterminacy: Rimbaud to Cage*, Princeton 1981

Dies., *The dance of the intellect: Studies in the poetry of the Pound tradition*, Cambridge etc. 1985

Dies., "Poetry Chronicle: 1970-71", *Contemporary Literature* 14, Winter 1973, 97-131

Dies., "New Thresholds, Old Anatomies: Contemporary Poetry and the Limits of Exegesis", *The Iowa Review* 5, 1974, 83-99

Dies., "Frank O'Hara and the Aesthetics of Attention", *Boundary Two* 4, Spring 1976, 779-806

Dies., "'Transparent Selves': The Poetry of John Ashbery and Frank O'Hara", *Yearbook of English Studies* 8, 1978, 171-196

Dies., "Contemporary / Postmodern: The 'New' Poetry?", *Bucknell Review* 25, 1980: *Romanticism, Modernism, Postmodernism*, ed. Harry R. Garvin, 171-180

Dies., "From Image to Action: The Return of Story in Postmodern Poetry", *Contemporary Literature* 23, 1982, 411-427

P[erreault], J[ohn], "Reviews and previews: Norman Bluhm and Frank O'Hara", *Art News* 65, February 1967, 11

Pinsky, Robert, *The Situation of Poetry: Contemporary Poetry and Its Traditions*, Princeton 1976

Poets and Painters, organized by Dianne Perry Vanderlip, AK Denver Art Museum, Denver, Col. 1979

Poets of the Cities New York and San Francisco, 1950-1965, ed. Neil A. Chassman, AK Dallas Museum of Fine Arts, New York 1974

The Poets of the New York School, ed. John Bernard Myers, Philadelphia 1969

Poets on Painters: Essays on the Art of Painting by Twentieth-Century Poets, ed. J.D. McClatchy, Berkeley etc. 1988

Jackson Pollock: A Catalogue Raisonné of Paintings, Drawings and Other Works, 4 Bde., ed. Francis Valentine O'Connor / Eugene Victor Thaw, New Haven / London 1978

Porter, Fairfield, *Thomas Eakins*, New York 1959

Ders., *The Collected Poems, with selected drawings*, New York 1985

Ders., "Rivers paints a picture", *Art News* 52, January 1954, 56-69, 81-83

Ders., "Jane Freilicher paints a picture", *Art News* 55, September 1956, 46-49, 65f.

Ders., "The Short Review", *It Is* 2, Autumn 1958, 28f.

Ders., "Homer: American vs. artist: a problem in identities", *Art News* 57, December 1958, 24-27, 54, 56

Ders., "Poets and Painters in Collaboration", *Evergreen Review* 5, September - October 1961, 121-125

Ders., "Against Idealism", *Art and Literature* 2, Summer 1964, 222-226

Ders., "Joseph Cornell", *Art and Literature* 8, Spring 1966, 120-130

Ders., "Statement" (1974), in: *Fairfield Porter: 1907-1975*, AK Hirschl & Adler Modern, New York 1985, [o.S.]

Fairfield Porter: Realist Painter in an Age of Abstraction, Essays by John Ashbery / Kenworth Moffett, AK Museum of Fine Arts, Boston, Mass. 1982

Fairfield Porter, AK The Parish Art Museum, Southampton, N.Y. 1984

The Postmoderns: The New American Poetry Revised, ed. Donald Allen / George F. Butterick, New York 1982

Poulin, A., Jr., "The Experience of Experience: A Conversation with John Ashbery" (1972), *Michigan Quarterly Review* 20, 1981, 242-255

Power, Kevin, Robert Creeley, "From 'Robert Creeley on Art and Poetry: An Interview with Kevin Power'" (1976), in: *Robert Creeley's Life and Work*, ed. John Wilson, Ann Arbor 1987, 347-369

Praz, Mario, *Mnemosyne: The Parallel Between Literature and the Visual Arts*, Princeton 1970

Ramke, Bin, "Like a Yellow Jelly Bean, an Inner Glow: Schuyler's Hymn to Life", *Denver Quarterly* 24, Spring 1990, 81-88

Ratcliff, Carter, "Joan Mitchell's Envisionments", *Art in America* 62, July / August 1974, 34-37

Ders., "The Short Life of the Sincere Stroke", *Art in America* 71, January 1983, 73-79, 137

Ders., "Selfhood Paints a Self-Portrait", in: *The Figurative Fifties*, 25-36

Rawson, Claude, "A poet in the postmodern playground", *TLS*, 4.7.1986, 723f.

Readings in American Art 1900-1975, ed. Barbara Rose, New York 1975

Reed, Jeremy, "Blue Sonata: The Poetry of John Ashbery", *Poetry Review* 81, Spring 1991, 63f.

Reichardt, Ulf, *Innenansichten der Postmoderne: Zur Dichtung John Ashberys, A.R. Ammons', Denise Levertovs und Adrienne Richs*, Würzburg 1991

Ders., "Umgangssprache und Alltagsmythen in John Ashberys Dichtung: Spiel oder Kritik?", *AAA* 15, 1990, 39-50

Revell, Donald, "Ballads of the Provisional City", *Denver Quarterly* 20 / 21, Spring / Summer 1986, 185-198

Rice-Sayre, Laura, Henry M. Sayre, "Autonomy and Affinity: Toward a Theory for Comparing the Arts", *Bucknell Review* 24, Fall 1978: *The Arts and Their Interrelations*, ed. Harry R. Garvin, 86-103

Richman, Robert, "Our 'Most Important' Living Poet", *Commentary* 74, 1982, 62-68

Rieff, David, "Art and Literature New York, 1985", *Parkett* 6, 1985, 85-91

Rivers, Larry, with Carol Brightman, *Drawings and Digressions*, New York 1979

Ders., "Monet: the eye is magic", *Art News* 59, April 1960, 26-29, 60

Ders., "A discussion of the work of Larry Rivers", *Art News* 60, March 1961, 44-46, 53-55

Ders., "Six Poems", *Locus Solus* 3-4, Winter 1962, 38-48

Ders., "Life Among the Stones", *Location* 1, Spring 1963, 90-98

Ders., David Hockney, "Beautiful or Interesting", *Art and Literature* 5, Summer 1965, 94-117

Larry Rivers. Retrospektive: Bilder und Skulpturen, ed. Carl Haenlein, AK Kestner-Gesellschaft, Hannover 1980

Larry Rivers: Performing for the Family: An Exhibition of Paintings, Sculpture, Drawings, Mixed Media Works, Films and Video 1951-1981, AK Guild Hall Museum, East Hampton, N.Y. 1983

Robertson, Bryan, *Jackson Pollock*, Köln 1960

Rodman, Selden, *Conversations with Artists*, New York 1957

Rogers, Franklin R., with the assistance of Mary Ann Rogers, *Painting and Poetry: Form, Metaphor, and the Language of Literature*, Lewisburg etc. 1985

Rose, Barbara, "The Second Generation: Academy and Breakthrough", *Artforum* 4, September 1965, 54-63

Leatrice Rose, AK Cyrus Gallery, New York 1989

Rosenberg, Harold, *The Tradition of the New*, New York 1959

Ders., *The Anxious Object: Art Today and Its Audience*, New York 1964

Ders., "Rivers' commedia dell'arte", *Art News* 64, April 1965, 35-37, 62f.

Rosenthal, M.L., *The New Poets: American and British Poetry Since World War II*, New York 1967

Ders. / Gall, Sally M., *The Modern Poetic Sequence: The Genius of Modern Poetry*, New York / Oxford 1983

Rosenzweig, Phyllis, *The Fifties: Aspects of Painting in New York*, AK Hirshhorn Museum and Sculpture Garden, Washington, D.C. 1980

Ross, Jean W., "James Schuyler: CA Interviews the Author" (1980), in: *Contemporary Authors: A Bio-Bibliographical Guide to Current Writers in Fiction, General Nonfiction, Poetry, Journalism, Drama, Motion Pictures, Television, and Other Fields*, Bd. 101, ed. Frances C. Locher, Detroit 1981, 445-447

Rudman, Mark, "James Schuyler's Changing Skies", *Denver Quarterly* 24, Spring 1990, 89-101

Russell, John, "Urban and Rural Vistas From Jane Freilicher", *The New York Times*, 4.8.1988, C28

Russo, Alexander, *Profiles on Women Artists*, Frederick, Md. 1985

Sandler, Irving, *Abstrakter Expressionismus: Der Triumph der amerikanischen Malerei*, Herrsching 1974

Ders., *The New York School: The Painters and Sculptors of the Fifties*, New York 1978

Ders., *American Art of the 1960s*, New York 1988

Ders., "Mitchell paints a picture", *Art News* 56, October 1957, 44-47, 69f.

Ders., "The Club: How the Artists of the New York School Found Their First Audience - Themselves", *Artforum* 4, September 1965, 27-31

Santos, Sherod, "The Connoisseur of Loneliness: James Schuyler's 'A Few Days'", *Denver Quarterly* 24, Spring 1990, 102-108

Sartorius, Joachim, "Was in unserem Kopf alles los ist: die Diskurse eines porösen Subjekts", in: John Ashbery, *Selbstporträt im konvexen Spiegel: Gedichte 1956-1977*, aus dem Amerikanischen von Christa Cooper und Joachim Sartorius, München 1977, 116-123

Schmied, Wieland, et al., *De Chirico: Leben und Werk*, München 1980

Schoenfeld, Ann, "Grace Hartigan in the Early 1950s: Some Sources, Influences, and the Avant-Garde", *Arts Magazine* 60, September 1985, 84-88

School of New York: Some Younger Artists, ed. B.H. Friedman, New York 1959

Schultz, Steven P., "John Ashbery", in: *Critical Survey of Poetry*, 57-62

Seitz, William C., *Abstract Expressionist Painting in America*, Cambridge, Mass. / London 1983 (Druckfassung der Dissertation Seitz' von 1955)

Semi-Colon, 1-2, [o.J.]

Shapiro, David, *John Ashbery: An Introduction to the Poetry*, New York 1979

Ders., "Urgent Masks: An Introduction to John Ashbery's Poetry", *Field: Contemporary Poetry and Poetics* 5, Fall 1971, 32-45

Ders., "A Conversation with Kenneth Koch" (1969), *Field: Contemporary Poetry and Poetics* 7, Fall 1972, 53-62

Ders., "Transcendental Meditations", *Poetry* 122, July 1973, 235-237

Ders., "Art as Collaboration: Toward a Theory of Pluralist Aesthetics 1950-1980", in: Cynthia Jaffee McCabe, *Artistic Collaboration in the Twentieth Century*, AK Hirshhorn Museum and Sculpture Garden, Washington, D.C. 1984, 45-62

Ders., "A Salon of 1990: Maximalist Manifesto", *The American Poetry Review* 20, January / February 1991, 37-46

Shetley, Vernon, "Take But Degree Away", *Poetry* 137, February 1981, 297-301

Ders., "Language on a Very Plain Level", *Poetry* 140, July 1982, 236-240

Simon, John, "More Brass Than Enduring", *The Hudson Review* 15, Autumn 1962, 455-468

Sixteen Americans, ed. Dorothy C. Miller, AK The Museum of Modern Art, New York 1959

Skoller, Eleanor Honig, "Franked Letters: Crossing the Bar", *Visible Language* 14, 1980, 306-319

Smith, Alexander, Jr., *Frank O'Hara: A Comprehensive Bibliography*, New York / London 1980

Smith, Roberta, "Report from Washington: The '50s Revisited, Not Revised", *Art in America* 68, November 1960, 47-51

Spender, Stephen, "Can Poetry Be Reviewed?", *The New York Review of Books*, 20.9.1973, 8-14

Spurr, David, "John Ashbery's Poetry of Language", *The Centennial Review* 25, 1981, 150-161

Ders., "Free But Alone", *Poetry* 148, July 1986, 228-236

Ders., "An Interview with Kenneth Koch", *Contemporary Poetry: A Journal of Criticism* 3, Winter 1978, 1-12

Steele, H. Meili, "James Schuyler", in: *Dictionary of Literary Biography, Part 2: L-Z*, 219-225

Stein, Judith E., "Figuring Out the Fifties: Aspects of Figuration in New York, 1950-1964", in: *The Figurative Fifties*, 37-51

Stein, William Bysshe, "Stevens and Ashbery: The Wrinkles on the Canvas of Language", *The Wallace Stevens Journal* 3, Fall 1979, 56-69

Steinberg, Leo, *Other Criteria: Confrontations with Twentieth-Century Art*, New York 1972

Steiner, Wendy, *The Colors of Rhetoric: Problems in the Relation between Modern Literature and Painting*, Chicago / London 1982

Stepanchev, Stephen, *American Poetry Since 1945: A Critical Survey*, New York 1965

Stich, Sidra, *Made in USA: An Americanization in Modern Art, The '50s and '60s*, AK University Art Museum, Berkeley etc. 1987

Stitt, Peter, "Tradition and the Innovative Godzilla", *The Georgia Review* 39, Fall 1985, 635-648

Ders., "John Ashbery" (1980), in: *Poets at Work: The Paris Review Interviews*, ed. George Plimpton, New York 1989, 387-412

Sypher, Wylie, *Rococo to Cubism in Art and Literature*, New York 1960

Theories of Modern Art: A Source Book by Artists and Critics, ed. Herschel B. Chipp, Berkley etc. 1968

Thompson, Robert, "'A Fews Days'", *Denver Quarterly* 24, Spring 1990, 109-118

Truchlar, Leo, "Das Kalkül der Vision: John Ashbery als Lyriker", in: *Essays in Honour of Erwin Stürzl on His Sixtieth Birthday*, ed. James Hogg, Salzburg 1980, 507-512

Tucker, Marcia, *Joan Mitchell*, AK Whitney Museum of American Art, New York 1974

Twelve Americans, ed. Dorothy C. Miller, AK The Museum of Modern Art, New York 1956

Tworkov, Jack, "Four Excerpts from a Journal", *It Is* 4, Autumn 1959, 12f.

Vendler, Helen, "The Virtues of the Alterable", *Parnassus: Poetry in Review* 1, 1972, 4-20

Dies., "Understanding Ashbery", *The New Yorker*, 16.3.1981, 108-136

Dies., "Making It New", *The New York Review of Books*, 14.6.1984, 32-35

Dies., "New York Pastoral", *The New York Review of Books*, 29.9.1988, 11f.

Vernon, John, "Fresh Air: Humor in Contemporary American Poetry", in: *Comic Relief: Humor in Contemporary American Literature*, ed. Sarah Blacher Cohen, Urbana etc. 1978, 304-323

Wagner, Linda / MacAdams, Jr., Lewis, "The Art of Poetry X: Robert Creeley", *The Paris Review* 11, Fall 1968, 155-187

Wasserman, Rosanne, "James Schuyler, *Selected Poems*", *The American Poetry Review* 18, November / December 1989, 5-8

Weisstein, Ulrich, "Literature and the Visual Arts", in: *Interrelations of Literature*, ed. Jean-Pierre Barricelli, Joseph Garibaldi, New York 1982, 251-277

Westfall, Stephen, "Then and Now: Six of the New York School Look Back", *Art in America* 73, 1985, 112-121

Whedon, Tony, "Occasion for Morning", *The American Poetry Review* 18, November / December 1989, 9-15

Wieners, John, *Selected Poems, 1958-1984*, ed. Raymond Foye, Santa Barbara 1986

Williams, Hugo, "The jotter by the ashtray", *TLS*, 19.6.1981, 707

Williamson, Alan, *Introspection and Contemporary Poetry*, Cambridge, Mass. / London 1984

Wolf, Leslie, "The Brushstroke's Integrity: The Poetry of John Ashbery and the Art of Painting", in: *Beyond Amazement*, 224-254

Writers on Artists, ed. Daniel Halpern, San Francisco 1988

Yau, John, "Poets and Art", *Artforum* 23, November 1984, 85-88

Yeaton, Dana, "Compliments Of A Friend: A Review of John Ashbery's *As We Know*", *The American Poetry Review* 10, 1981, 34-36

Ders., "John Ashbery", in: *Dictionary of Literary Biography: Yearbook 1981*, ed. Karen L. Rood et al., Detroit 1982, 21-23

Yenser, Stephen, "New Books in Review. Recent Poetry: Five Poets", *The Yale Review* 70, Autumn 1980, 105-128

Young, Alan, "Keep It Simple", *TLS*, 18.11.1977, 1354

Zavatsky, Bill, "Kenneth Koch: 'I Like Writing'", *The New York Times Book Review*, 10.4.1977, 27, 29

Zinnes, Harriet, "Review of *The Collected Poems*" (1973), in: *Frank O'Hara: To Be True to a City*, 55-58

ABBILDUNGEN

1. Larry Rivers / Frank O'Hara, *Springtemps* (Blatt 2 der *Stones*), 1958, Lithographie, 35,5 x 44,8 cm, The Museum of Modern Art, New York.

2. Larry Rivers / Frank O'Hara, *Love* (Blatt 4 der *Stones*), 1958, Lithographie, 42,3 x 45 cm, The Museum of Modern Art, New York.

3. Larry Rivers / Frank O'Hara, *Melancholy Breakfast* (Blatt 8 der *Stones*), 1958, Lithographie, 39 x 48,5 cm, The Museum of Modern Art, New York.

4. Norman Bluhm / Frank O'Hara, *Poem-painting 15*, 1960, Tusche und Gouache auf Papier, 49,3 x 35,9 cm, Grey Art Gallery, New York University.

5. Larry Rivers / Kenneth Koch, *New York 1950-1960*, 1961, Öl und Kohle auf Leinwand, 175,3 x 213,4 cm, Privatsammlung.

6. Mary Abbott / Barbara Guest, *Wave*, 1961, Öl auf Papier, 109,2 x 177,8 cm, Sammlung Barbara Guest, Southampton, N.Y.

7. Sheila Isham / Barbara Guest, *I-Ching*, Blatt 1, 1968, Lithographie, 41,6 x 82,2 cm, Sammlung Barbara Guest, Southampton, N.Y.

8. Fay Lansner, *Tessera: Poem by Barbara Guest*, 1982, Öl auf Leinwand, 152,4 x 203,2 cm, Sammlung Fay Lansner, New York.

9. Helen Frankenthaler, *Blue Territory*, 1955, Öl auf Leinwand, 287 x 147,5 cm, Whitney Museum of American Art, New York.

10. Giorgio de Chirico, *Il doppio sogno di primavera*, 1915, Öl auf Leinwand, 76,2 x 54,3 cm, The Museum of Modern Art, New York.

11. Joseph Cornell, *Hôtel de l' Océan*, 1959-60, Holzkasten, Würfel aus einem Kinderbaukasten, Briefmarke, Papierausschnitte aus unbekannten Vorlagen, 4 Messingringe an Metallstange, Metallsonne, 21,5 x 36 x 10,2 cm, Museum Ludwig, Köln.

12. Fay Lansner, *Real and Ideal*, 1962-63, Öl auf Leinwand, 193 x 243,8 cm, Privatsammlung.

13. Jackson Pollock, *Number 32*, 1950, Duco auf Leinwand, 269 x 457,5 cm, Kunstsammlung Nordrhein-Westfalen, Düsseldorf.

14. Larry Rivers, *The Studio*, 1956, Öl auf Leinwand, 209,5 x 491,5 cm, The Minneapolis Institute of Arts.

Abbildungen

Abb. 1

Abb. 2

Abb. 3

Abb. 4

Abb. 5

Abb. 6

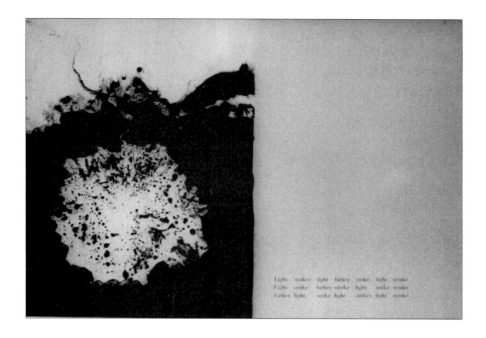

Abb. 7

Abb. 8

Abb. 9

Abb. 10

Abb. 11

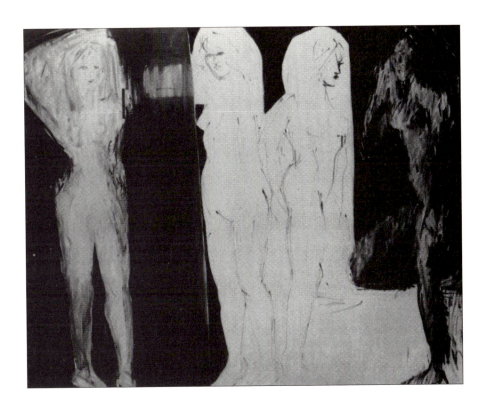

Abb. 12

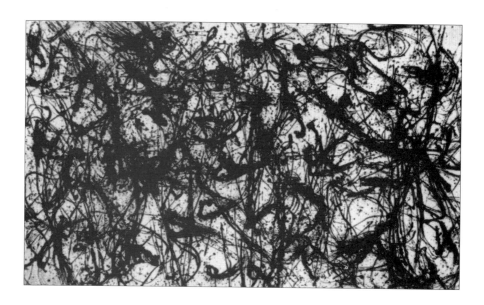

Abb. 13

Abb. 14